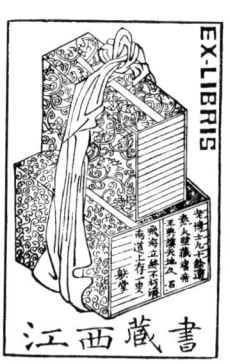

近代江西藏书三十家

毛静 著

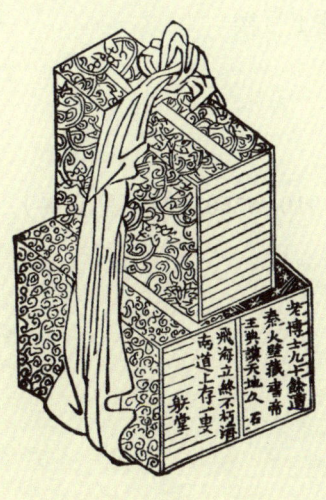

学苑出版社

图书在版编目（CIP）数据

近代江西藏书三十家 / 毛静著. —北京：学苑出版社，2017.5
ISBN 978-7-5077-5205-2

Ⅰ.①近… Ⅱ.①毛… Ⅲ.①藏书家—生平事迹—江西—近代 Ⅳ.①K825.42

中国版本图书馆CIP数据核字（2017）第071939号

出 版 人：孟　白
责任编辑：陈　佳
装帧设计：逸品书装设计
出版发行：学苑出版社
社　　址：北京市丰台区南方庄2号院1号楼
邮政编码：100079
网　　址：www.book001.com
电子信箱：xueyuanpress@163.com
联系电话：010-67601101（营销部）、010-67603091（总编室）
经　　销：新华书店
印 刷 厂：北京赛文印刷有限公司
开本尺寸：880×1230mm　　1/32
印　　张：10.5
字　　数：225千字
版　　次：2017年8月北京第1版
印　　次：2017年8月北京第1次印刷
定　　价：86.00元

序 言

  十余年前,我准备写一篇关于南昌古籍书店的文章,辗转通过关系,联系上了该店的副经理王令策先生,后来因事未能成行。而今为了完成这个稿件准备再到南昌,而此时王经理的联系方式我已无从找到,于是向太原的原晋先生请教。原兄本是太原古籍书店经理,同时兼任山西古籍出版社的社长之职,故而在全国的古籍书店界颇有人脉。

  原兄接到我的电话后,跟我说,南昌古籍书店早已不复存在,且王令策业已退休,他也没有新的联系方式,但可向潘旭辉先生打听,潘先生已经离开上海百衲拍卖行,返回了南昌。原兄所言对我来说是个好消息,潘先生一直主持着百衲公司的古籍拍卖,几年的交往中,我对他为人之坦诚有着很好的印象,而今他回到了南昌,这对我的江西之行当然是一种利好。

  前几年,潘旭辉跟我说,他在江西上饶地区办起了一个文献研究会,该会的会员重点收集乡贤著述,有空之时也在当地进行寻访前人遗迹的活动。他几次邀我前往上饶,一者进行交流，二来也可带我看到许多的历史遗迹。而今潘先生听说我要前往江西，建议我先到上饶而后转到南昌，可惜此时已临近春节，因为春运的关系，难以买到前往上饶的高铁票，所以我还是准备直接去南昌。然而潘旭辉却说他已经返回了上饶，并且近日将在杭州某大学进修，故向我推荐一位南昌对藏书史比他熟悉得多的朋友，并且告诉我，此人叫"毛晋"。

潘旭辉的这句话吓我一跳：难道当今又出了一位大藏书家兼大出版家？我再三向潘先生确认名字，他说确实如此，并且把此人电话发给了我。依我的感觉，仅凭这个名字就足可以说明：无论这位毛晋先生是真名还是笔名，都可以说他是对出版史或者版本目录学堪称"匹于斯"的人物。我的寻访能够找到这样的懂行之人，当然是太好了。我的文化寻踪已经进行了这么多年，按理说，怎么也到达了审美疲劳的阶段，然而因为这个毛晋，让我对南昌之行多了几分期待。

因此，当我见到毛晋先生第一眼时，竟然忘了应有的礼貌，第一句话就问他：你真的叫毛晋？他用肯定地语气回答了我的质疑，并且说这是自己的真名，而后递给我一张名片，上面赫然写着"毛静"二字。明明是"静"嘛，为什么要读成"晋"？毛静先生笑着跟我说，这两个字在江西读音完全一样，更何况他的研究方向正是古代的藏书家，所以他很高兴父母大人给他起了这样一个名字，所以他认为自己的这个偏好是天命使然。

看来我没必要再跟他"商榷"这两个字在北方话中是何等

的不同。接下来的聊天让我深信他真的应该改名,不,应该说叫改字,因为他对汲古阁的藏书历史是如此的熟悉。而尤让我吃惊者,是他对江西藏书史有着条理化的了解和梳理。他说江西省内百分之九十以上的市县自己都已经跑到了,而他的出行目的竟然跟我一样,那就是去探访古代文化遗迹,而他尤其偏好藏书楼和古代的书院。

几十年来,我跟国内外目录版本学家多有交往,虽然这些师友们在学术上都比我有成就得多,但少有人能够像我这样痴迷于到处奔跑,寻找相应的历史遗迹,在这里无意间遇到一位志同道合者,是何等的快乐之事。就专一度而言,我觉得毛静远在我之上,他能立足于一省,坚持深耕细作,为这种寻访,他也曾经身处险境。为了能够在乡间的羊肠小道去做深入的探求,他坚持骑摩托车在省内一个地区一个地区地进行地毯式搜访,有时一天连续骑行十几个小时,甚至有次竟然在高速骑行的过程中睡着,以致于摔得满脸是血,腿上的血将裤子都粘在了一起,而他包扎伤口之后仍然继续前行。这样的描述,于我而言,何止是心有戚戚焉。

根据我的寻访名单,毛静做了细致的安排,在每程途中,我们都聊着彼此感兴趣的话题,他的执着让我钦佩,而后他又聊到了一本书稿,这部稿正在进行一校,问我可否为他的大作写一篇序言。遇到如此的同好,我曷敢不应命,于是拿到了他这部大作的纸样,尽一晚之力拜读一过,且读且看,颇有大快我心之感。

这个书名让我想到了台湾学者苏精先生的《近代藏书三十

家》。苏精的这部书因为出版得早,所以在业界有着广泛的影响,而毛静的这部大作,虽然也是近代,数量也是三十家,却仅限于江西一地,收录范围大大缩小,然而书稿的内容却有着同样的规模,可知该稿在专与精方面,均达到了一定的高度。通读该稿之后,以我愚见,这部书稿有如下几个特色:

其一,注重书史和碑帖史料。例如"庄肇麟"一篇,引用到了曾国藩写给庄肇麟的一封手札,曾跟庄称,他不喜欢带衬纸的书,同时不喜欢纸色太白者,且不喜薄册。曾国藩的这些习惯,恰跟今日市场上出现的古籍有着相反的特点。中国古书的买卖,虽然是按部计价,其实大小部头之间,差价较大,说到底,仍然是以册计价,为此书商会把古书中的一册加上衬纸改装为两册,甚至四册,这有如曾经风行大江南北的注水猪肉。而曾国藩不喜欢这样的书,这一点跟很多爱书人有着同样的癖好,可是他不喜欢白纸,这多少算个怪癖。因为书界一向以白为美,比如宋元刻本中的白麻纸,明代版本中的白棉纸,清初版本中的开化纸,晚清刻本中的连史纸等,这一切都可总结为"一白遮百丑"。

但曾国藩在这点上却不从众,曾为什么有着这样独特的审美情趣,这倒是个值得探究的话题,而毛静的这段引文,肯定给业界的主流意识带来一定的冲击。

印刷界里有着一个重大悖论,那就是活字本问题。宋毕昇发明的活字印刷术,成为了中国人引以为傲的四大发明之一,可是用活字印刷的古籍,却仅占流通至今古籍总量的百分之一、二,如何解读这种现象,业界还没达成共识,但是活字本稀少,却是一个不争的事实。从物以稀为贵的角度来说,古籍中的活字本一向贵于同代的刻本,即便如此,活字本中以木活字为最常用者,其次则是铜活字,而以泥活字最为稀见。虽然毕昇当年所发明者正是泥活字,可是流传至今的泥活字实物,则仅是清道光年间印刷的、为数很少的几个品种,其中以安徽泾县翟金生所印最具名气。可是对于翟金生用泥活字印书的史料,大家却所知不多,然而毛静的这部大作中"黄秩模"一篇却谈到了一些泥活字印刷的史料,这显然是相关学者以及藏书之人大感兴趣的话题。

碑帖收藏一向被视为藏书的一个分支,然而对于碑帖印刷的史料,却同样不多同见,而该书中"欧阳辅"一篇,却引用了几段晚清开智书局影印碑帖的情形,这些引文能够让相应的收藏者了解到当时影印碑帖的主导思想以及相应的选择标准,而这几篇引文也同样不曾为人所留意。

其二,从古人日记中钩沉相关文献。毛静的这部大作中,有多处引用了古人的日记,虽然说几乎所有的文史学者都知道在日记中寻求新线索,可是古人日记留存数量庞大,并且这些日记因为需求量小,故大多未曾点校,因此翻看这些日记没有捷径可走,只能是通过大量的阅读,而后摘取出零星的可用史料,这样的工作可谓旷日持久。而毛静却从这些古人日记中摘录出许多与出版史有关的史料,再将这些史料作为自己立论的依据,显然坚实而有力。

比如该书中的"欧阳成"一篇,文中引用了欧阳成1926年1月3日的两段日记,谈到了欧阳成这天买书的情形,同时也谈到了欧阳成对于《豫章丛书》刊刻者胡思敬的赞语。几年前我曾到南昌寻找到胡思敬藏书楼的遗址,而后写成了小文,当时却未能读到欧阳成对胡思敬刻书的这段评价,同时也不知道欧阳成家族与胡思敬之间在藏书、刻书方面的交往。

其三,考遍堂号出处。《近代江西藏书三十家》中所谈到的这三十人,毛静列出了每人至少一个以上的堂号,文中也多处提到某人堂号的含义及出处,比如庄肇麟除了"长恩书室",另有"过客轩"和"醉竹轩",而毛静认为,庄肇麟因为是客居当地,因此有了"过客轩"之号,这等于从个人的身份上对古人的堂号进行释读。尽管这种释读是基于个人的理解,但至少说明毛静在这方面有认真的推敲。比如吴坤修的堂号中有一个"半晦园",毛静认为,这个"晦"字与曾国藩对吴的教诲和告诫有关。而吴坤修的另一个堂号为"半亩园",毛静认为,该堂号也蕴含了朱熹著名诗句"半亩方塘一鉴开,天光云影共徘徊"之意。这是个很有意思的联想,因为古代堂号中不乏有名"半亩园"者,比如清嘉道间大藏书家麟庆也以此名堂。

然而如果将吴坤修的"半亩园"和"半晦园"联系起来,我倒觉得,这个"晦"字也应当跟朱熹有关,因为朱熹之号乃是晦庵。当然,我的这种释读也是臆断,我并不知道吴坤修起此堂号的真实原因。但无论如何,毛静的这种释读方式,倒可让古人那严肃的堂号变得有趣起来。

不知为什么,毛静对古人堂号中的最常见者——例如"万卷楼"等不以为然,比如许振祎的藏书楼本名为"万卷楼",

这本是古人在藏书数量上的标榜,而毛静认为"其实这个名字并不精雅,与清初南昌藏书家李明睿的'宋版居'一样充满土豪气",所以他坚持把许振祎的堂号写为"扈蒚香馆"。这样的名称读上去何等的拗口,哪里像"万卷楼"那样简洁明了。可见毛静多么希望古代的藏书家都是雅得不能再雅的文士,但若以此推论起来,那黄荛圃的"百宋一廛"跟吴兔床"千元十驾"斗富的故事,岂不也成了书林俗话?我真期待着毛静能够写到这两位大藏书家,我倒想看看他如何替古人回护。

其四,实地考察藏书楼。其实这一条我在前面已有所交待,可能是相关的研究著作中少有与此实施"两重证据法"者,所以我认为有必要慎重地重申一过。显然,这是我的私心,因为我知道寻访藏书楼有着何等的艰辛历程,也正因为如此,我每写一篇寻访书楼之文,都会把相应的细节尽量交待清楚,其实并不是以此来炫功,更多的是想记录下一段鲜活的史料。而作为一位谨严的学者,毛静先生虽然在行文中也有提及,但在这方面的描写文字却是惜墨如金。我在这本书稿中虽然多处看到他的寻访经历,可是他对书楼只是作地理方位的确定,以及书楼内外的描写,文字客观而冷静,他不把自己的心态表达出来,由此可知毛静只愿意呈现自己辛劳的成果,而并不想让别人得知他是如何获得这个结果的。把情感隐在文字之后,这一点也应该算是该书的主要特色之一。

其五,围绕中心人物展开论述。以往关于藏书家和藏书楼的研究考辨之文,大多是本着以楼主一人,进行某个侧面的描写与考证,而毛静却在书稿中将一些藏书家的关系串联起来，做出关联性的论述。三十家中的庄肇麟、吴坤修、许振祎等人都与曾国藩有着密切的关系，这样的叙述方式，能令这些藏书家形象在读者心中立体起来，同时也可以印证：某个地区在某个时段形成一种较有影响力的藏书风潮，必是由一位大人物开风气之先者，而这样的相互印证，也能够探求出不为人知的书界故事。

学界有句熟语：说有易，说无难。对某人做出一句排他性的概括性评语，绝非易事，虽然仅是一句话，但却需要找出一系列的排列与对比，比如毛静称黄秩模为江西籍藏书家中"大规模使用活字印刷第一人"，显然给出这样的断语需要通盘考虑，要排除掉黄秩模之外的所有江西籍藏书家，因此这一语结论，需要万句的考证为依托，这也应当算是藏书界的"一句顶一万句"吧。而对于大藏书家李盛铎，毛静给出的断语是"李氏成为当时中国顶级的藏书家"，虽然说李盛铎藏书确属一流，但因为各种原因，他似乎不如傅增湘等人更有名气，然就藏书实力而言，木犀轩的实际水准绝不在藏园之下，毛静给李盛铎这样的头衔，其实并不是对于乡贤的回护，这也算是一种以正视听式的恢复本来面目吧。

其六，列出每位藏家重要的印书印蜕。我一直很奇怪，西方人最重签字，而中国人却认印鉴，哪怕是用萝卜刻个章，也能蒙混一时。中国何以在两千年的时间内，风行印鉴至今不歇，这只能等着方家们继续探讨吧。但是古人的藏书印却是书籍流传的重要证据，故叙述藏书家藏书楼，则必须谈及他们的藏书印鉴。显然毛静很清楚藏书印对于藏书主的考证有着何等的重要价值，所以他在每文之中，都尽量附上藏书印蜕，而这些图未曾经过修润，这是很好的一种习惯，因为一旦修图，就会产生变形，这对鉴定印章的真伪会产生一定的混淆。站在这个角度来说，该部专著不仅仅是江西一地近代藏书家的传记汇编，而同样重要者，这部书也可以称为一种业界实用的工具书。惟一的小遗憾，是这些印鉴未做释文，当然因为我所见者，只是该书的第一次校样，可能最终呈现给读者的出版物，远比我所见要完善许多。

其七，由古及近，联系市场。虽然该书是一部具有研究性质的古人传记汇编，然而该书的行文中却并不回避当今的古籍拍卖市场，比如"宋育德"一篇，毛静提及了宋氏卷雨楼中曾藏过的明安国铜活字本《颜鲁公文集》，其文中提到该书为明末而实为明中期无锡安氏所印者，此书在2008年嘉德公司秋拍上以268.8万元成交，通过这样的一个成交价格，来印证宋育德藏书质量之高，以及其藏书眼光之独特。

其八，附录表格，清晰明了。本书在卷末有附录，分别列出了近代江西藏书家的分布图以及江西籍近代藏书家之间的关系图，而这两个附录是以往相应著述中少有使用者。以图表的形式清晰明了地展现出这两方面的内容，使得读者对近代江西籍藏书家的了解，方方面面变得立体了起来。而这种做法也正是中国正史中的优良传统之一。

其九，本书还有一个小特色，即每文之中分为数个小单元，每个单元都以一句诗予以概括。在聊天过程中，我无意间得知，毛静先生有填词作赋之好，他有一个这样的朋友圈，圈内的朋友常常一起打诗钟，这样的雅好真令我心羡，这也难怪他将这本专著用诗句来分章节，使得一部严肃的著作增添了几分耐读性。

其实该书的特色还有不少，虽然说中国人讲求十全十美，但我却觉得九为阳极之数，就此打住，给读者留下一些发掘该书优点的空间，也不失为上策。当然，我所点出的这九个特色不过是我的偏好而已，所以，这篇序言也可以视为我对该书先睹为快的读后感。环肥燕瘦，这个词可以作为本序的注脚。

韦力序于南昌赣江之畔

2017年1月11日

目录

序言　　001

宜丰｜庄肇麟｜长恩书室　　001
宜黄｜黄秩模｜蕉阴小榥　　013
高安｜朱　舲｜古欢斋　　023
新建｜吴坤修｜半亩园　　035
南丰｜刘　庠｜紫芝丹荔山房　　045
奉新｜许振祎｜扈蔚香馆　　055
奉新｜帅之宪｜绿满窗　　065
萍乡｜李有棠｜怡轩　　077
丰城｜欧阳熙｜阮斋　　087
萍乡｜文廷式｜知过轩　　097
九江｜李盛铎｜木犀轩　　107
泰和｜欧阳辅｜开智书局　　119
高安｜蓝　钰｜负笈砚斋　　131
南城｜李之鼎｜宜秋馆　　141
泰和｜萧敷政｜退观楼　　151

丰城	熊罗宿	旧补史堂	161
九江	刘廷琛	潜楼	175
宜丰	胡思敬	退庐·问影楼	185
奉新	宋育德	卷雨楼	199
新建	蔡敬襄	蔚挺图书馆	209
吉水	欧阳成	南云精舍	219
武宁	葛第春	永寿砚斋	229
南城	欧阳祖经	秭园	237
彭泽	汪辟疆	小奢摩馆	249
萍乡	文素松	思简楼	259
修水	陈寅恪	金明馆寒柳堂	269
定南	方其道	得庐	279
修水	廖士翘	松泉园	287
万载	龙榆生	风雨龙吟室	297
新建	张　劼	闲云馆	305

附录一　近代江西藏书家分布图　　316
附录二　近代江西藏书家关系图　　317

后记　　318

| 宜丰 庄肇麟
| 长恩书室

牙签万轴绝纤尘,满室芸香著此身。奇籍早经银鹿校,玄机更养木鸡驯。谟觞倾处多知己,古绠收来好度人。试听琳琅说金舫,泻如瓶水口津津。

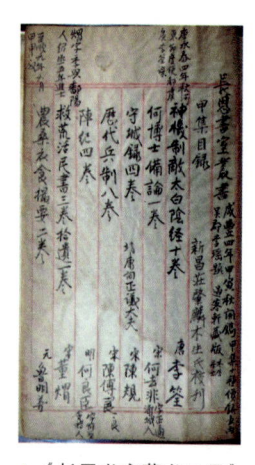

▲《长恩书室藏书目录》

清代中后期，新昌（宜丰）籍藏书家兼书商庄肇麟以书为媒，在南昌经营起他的藏书、刻书、售书事业。他一生好交文人雅士，其中，与林则徐和曾国藩两位中国近代史上的重量级人物有着深厚的友谊。高端客户的成功定位，上层路线的自如游走，使他的事业达到巅峰。

牙签万轴绝纤尘

庄肇麟字木生，是一位客家籍藏书家。他的先世从福建平和县迁到江西新昌县，入籍成为江右"过客"。民国以后，江西新昌县因与浙江新昌重名，遂改名宜丰县。有的学者不了解历史地理学知识和行政区划变迁，误把他的江西新昌籍断为浙江新昌，从而产生误会。

庄肇麟的藏书之所初号"过客轩"，这与

他客籍身份有一定关系。在清代中期，大批闽西客家人迁入地广人稀的赣西北义宁（修水）、新昌（宜丰）、铜鼓、奉新等州县进行开垦，形成了特殊的"怀远人"。这些客家子弟在这里以务农以及种植苎麻、烟草和蓝靛为业，其中就有庄肇麟的曾祖。直到庄肇麟这一代，才摆脱土地山林对他们的束缚，转行进行商业贸易活动。庄肇麟从事的就是藏书与贩书事业，可能庄氏受过比较良好的教育，人既聪明灵活，又有客家人的吃苦耐劳精神，因此他侨居省城南昌，使自己的藏读事业与负贩生涯一样顺风顺水、渐入佳境。

在省城南昌，庄肇麟与江西的文人圈子的交集中是以"书隐"的形象出现，但庄氏本人总觉得自己在南昌有一种无法代入的隔膜感，游走在书生与书贾之间，奔走于红尘与青灯之际，庄肇麟颇感孤寂。他将书斋名叫"过客轩"，除了说明自己是客籍身份之外，也暗喻着自己与这座城市，甚至是理想与现实相互之间的疏离感。他怀念宜丰的竹海禅关，为此他又有一个"醉竹轩"的斋号。竹代表君子风骨，他借此表达自己虽然身处商肆市井的喧嚣，却向往拔俗绝尘、遗世独立的清标与襟抱。

庄肇麟事业的第一个高峰，是意外遇到一代名臣林则徐（1785—1850），从而进入了这

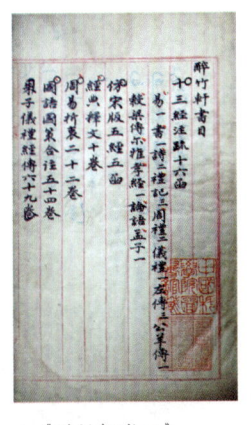

▲《醉竹轩书目》

位民族英雄的视野。九年前,林则徐因虎门销烟而遭重遣发配伊犁,此时正起复委用,在云贵总督任上因病开缺回籍调养。偶然卧疾章门的林则徐,与偶然送书上门的庄肇麟邂逅,成就了二人的交游佳话,成为这位中国第一位"睁眼看世界"的伟人生前最后时光的美好记忆。

作为名宦兼名士的林则徐,一直对藏书有着执着的爱好。从政之暇,尤喜藏书。早年即以"东壁图书府,西园翰墨林。颂诗闻国政,讲易见天心"为志,潜心搜罗前朝及当代各类书籍。藏书楼有"七十二峰楼""云左山房"等,贮书积三十余楹。

林则徐于道光二十九年(1849)十一月底到达南昌养病,问药豫章之余,他仍没有放弃对另一剂"良药"的热情。南昌是林则徐当年担任江西乡试主考的地方,他对这里并不陌生。庄肇麟的到来,林最初只是把他当作一般的书商看待,但一来二往彼此熟稔之后,林则徐发现这位书商与其他争名逐利者有很大不同,庄氏丰富的版本目录学和藏书掌故知识,使林则徐大感意外,有种久旱逢甘霖的欣悦。最后林则徐不但成为庄的朋友,还亲自为这位地位悬殊的前"同乡"书友取了一个"长恩书室"的新斋号,并为他书写了匾额,以示荣宠与欢喜。长恩是传说中司书的鬼神,每年除夕祭祀长恩,可以使藏书"鼠不敢啮,蠹鱼不生"。林则徐以此名其斋,体现了他对书林掌故的熟谙。在林则徐的文集中有一首带序的诗,为我们勾勒出庄肇麟这位藏书家兼儒商的生动形象:

题长恩书室,道光二十九年十二月。

己酉岁暮,寓南昌百花洲养痾。邻有以书来售者,自言本闽之平和人,先世游江右,遂家新昌焉。庄姓名肇麟,木生其字。为余溯各著述缘起,便便然如数家珍,迥非洛阳、西川各书贾所能仿佛。余既以"长恩"颜其室,复题一律于左。

牙签万轴绝纤尘,满室芸香著此身。奇籍早经银鹿校,玄机更养木鸡驯。谋觞倾处多知己,古缗收来好度人。试听琳琅说金舫,泻如瓶水口津津。①

林则徐在诗中对庄氏褒赏有加,并把他与宋代临安著名的藏书、刻书、售书家陈起相提并论。林则徐夙有奖掖士林的美誉,此际得到他的褒扬延誉,一时长恩书室声誉鹊起,庄氏也成为学者们争相结识的名家。一些文人赠以诗词,使长恩书室更是名声大噪。冯询赠诗说庄氏"以书隐于市,搜残补缺,多人间未见书","名公钜卿,到江必访;访必赠诗"②。周寿昌则说他"三箧搜遗,百篇订误,无限门前问字车。非同调,便刘公耽饿,肯售班书"③。说明庄氏还颇有风骨,并不轻易与俗交接。

十年兵火惜焚馀

较之林则徐,庄肇麟与"中兴名臣"曾国藩的际会则有些必

---

① 林则徐:《云左山房诗钞》卷八。林则徐次年三月离昌,十月去世。
② 冯询:《赠庄木生居士有序》,《子良诗存》卷十五。
③ 周寿昌:《沁园春·题庄木生书隐图遗照为其子二溟学博》,《思益堂词钞》卷一。

然的因素。湘军与太平天国作战的主战场就在江西,他们与所谓"长毛"在赣地周旋十多年,曾国藩对江西的山水草木再熟悉不过了。除了地域上的交集,庄、曾还有一个共同的身份——藏书家。

曾氏淹留江右十余载,藏书自然有很大一部分来自江西诸郡。如咸丰七年(1857)其弟曾国荃兵临吉安,他赶紧致信要其购书,"吉安在宋明两朝名贤接踵,如欧阳永叔、文信国、罗一峰、整庵诸公。若乡绅以遗集见赠者,或近处可以购觅,望付数种寄家"。此行果然得《廿二史》七十二函,欧阳修《欧阳文忠公集》廿四册,文天祥《文丞相全集》九册,罗伦《罗一峰文集》七册,罗钦顺《困知记》四册;友朋送书也是大宗,水师副将丁义芳从九江购赠《宋元通鉴》、《明史》等书;弋阳罗澹村赠米芾法帖十六种;咸丰八年(1858)八月,曾国藩在江西刻书中心金溪浒湾,获当地绅士傅时亮所赠李绂《穆堂初稿》、《穆堂全集》五十六册一百五十卷等一大批书;曾国藩在建昌府(治南城县)驻扎半年,崇仁谢希桢、希迁送他《唐宋诗醇》、《唐宋文醇》各一部,自刻《通典》两百卷、《文献通考》三百四十八卷各五部。南城举人程毓龄邀他在城内程氏家庙阅看元熊朋来撰、赵孟頫书《楚国夫人徐君碑》及《蒙古碑文》、《草书歌碑》。曾又赴南城东乡上塘圩观李氏兄弟藏书,其中李甲芸藏书数万卷。不久又传来候选道员李元度在广信府玉山县廉价得书二万余卷,令曾国藩艳羡不已——可以说曾湘乡在江西藏书佚事美谈,庄肇麟是如雷贯耳的。

庄肇麟最早与曾国藩打交道,是在咸丰四年(1854)冬,庄托人赴九江行辕,请曾为自己初刻的《长恩书室丛书》写序。由于双方初次接触，曾作的序写得并不长，颇有应酬的意思。到后来随着两人关系的加深，庄越来越多地出现在曾的日记或书牍中。如咸丰八年六月二十四日，曾复信感谢庄"承费心代购段氏《说文》，并承惠书数种"①；又托购戚继光《练兵实纪》和《纪效新书》②。咸丰八年七月曾短住南昌时，廿二日还到庄肇麟店中拜访，次日庄即"送书十余种"③。九月二十一日，"代买之书，庄木生皆赠送。计《司马温公集》一匣廿四本，《五种遗规摘抄》四本，《观象授时》六本，《观象玩占》十本，缪刻《太白集》四本，江艮庭《尚书》六本"④。咸丰九年二月初七日，庄又寄书一篓，"内有《五代史记注》、《毛诗古音考》、《屈宋古音义》、卢刻《国策》、《唐诗纪事》等书，外附徽墨二匣，皆收存"⑤。咸丰九年五月廿四日，庄肇麟派儿子庄思永送来《宋诗纪事》一部、初印王伯申《经传释词》一部、朱彬《经传考证》一部、《杨文定集》一部。⑥一直到同治二年（1863）四月初六，继承父业的庄思永还给曾国藩捎来《三希堂帖》、《皇甫碑》、《大观帖》等著名法书。

曾国藩是爱书之人，对书籍的版本与装帧颇为讲究。他托人对庄肇麟告白自己收书的标准：

> 弟向来买书，不喜衬纸为胆，不喜纸色之太白太新者，

---

① 曾国藩：《复庄木生》，六月二十四日，《曾国藩全集书信一》。
② 曾国藩：《加庄木生片》，正月十六日。
③ 《曾国藩日记》，咸丰八年八月廿二、廿三日。
④ 《曾国藩日记》，咸丰八年九月廿一日。
⑤ 《曾国藩日记》，咸丰九年二月初七日。
⑥ 《曾国藩日记》，咸丰九年五月廿四日。

不喜钉本太薄。每本钉厚至百叶以外，则好之。不喜天地太短，钉边太窄。便中祈告庄木生，以便查照。①

曾国藩除了接受庄的赠书，也会主动向庄托寻自己想要的一些书，如贵州程春海仿刻乾隆五十五年殿本仿宋岳珂《相台五经》，万刻大板《五经》《玄秘塔》《圭峰碑》拓本等。在没有财物报偿的情况下，曾国藩多次为庄氏题写书法联语，权当书费，以偿雅债。

为了方便转递公文，交换讯息，咸丰八年九月曾国藩决定在省会南昌设立递文所，庄肇麟被曾国藩委任为递文所委员，实际的任务是帮曾国藩物色书籍。庄委员成为曾国藩在江西地区购书的代理人，为其悉心搜访人间典籍，也算对曾的回报罢。

一编脱手千人喜

经历内忧外患以后，庄肇麟和许多士人意识到启沃民智的重要性，因此庄氏毅然投入到刻书事业中。咸丰四、五年间，他刻成军、政、医、农等"救民切要"之书两辑二十种五十八卷，尤其以一些稀见的善本最为宝贵，又强调这些古籍的实用价值，充分体现了庄肇麟的古籍版本目录学功力。江阴何廉昉赠诗称赞此书"玉躞璇题衔甲癸，四部随身左右以。元钞宋椠工模拟，一编脱手千人喜"②，可见当时对此书评价颇高。这两辑丛书目录

---

① 曾国藩：《致丁石舫胡心孚》，咸丰八年十一月初六日，《曾国藩全集书信一》。
② 杨钟羲：《雪桥诗话三集》，北京古籍出版社1991年版，卷十二。

为：唐李筌《神机制敌太白阴经》十卷；宋何去非《何博士备论》一卷；宋陈规《守城录》四卷；宋陈傅良《历代兵制》八卷；宋何良臣《阵纪》四卷；宋董煟《救荒活民书》三卷、《拾遗》一卷；元鲁明善《农桑衣食撮要》二卷；宋董汲《旅舍备要方》一卷；宋韩祗和《伤寒微旨论》二卷；宋王贶《全生指迷方》四卷；西周吕望《六韬》六卷；清孙星衍《逸文》一卷；三国曹操《魏武帝注孙子》三卷；东周吴起《吴子》二卷；西周司马穰苴《司马法》三卷；明许纶《九边图论》一卷；明胡宗宪《海防图论》一卷、《补辑》一卷；宋陈襄《州县提纲》四卷；清陈芳生《捕蝗考》一卷；汉东方朔著《灵棋经》二卷。

前面提到过，丛书有曾国藩题序：

> 咸丰四年冬，师次九江，友人诒余以新昌庄氏所刊丛书甲集。明年在江西会垣，又得观续刊乙集。都二十种，多救民切要之书。而兵家者言，居其疆半。盖古之君子治军之道，常言于自饬，而略于攘外。后世自不密，彼已不审，不可终日之谋，以侥幸于无，中深恃之功效。不待敌之乘我瑕，我之足以自敝者，其道固以众矣！今干戈未息，江介多难，仆以寡昧，谬以戎事，得失利纯，差者其故，因卒读是编，为识简端，用以自愍，亦证后之学者。咸丰五年二月二日曾国藩题。

作为一个有社会担当的藏书家，庄肇麟藏书、校书，还积极校刻用世之书。庄肇麟编有《醉竹轩书目》（稿本）。笔者于2014年8月初至中国科学院图书馆查阅了这本书目稿本。书目记录颇

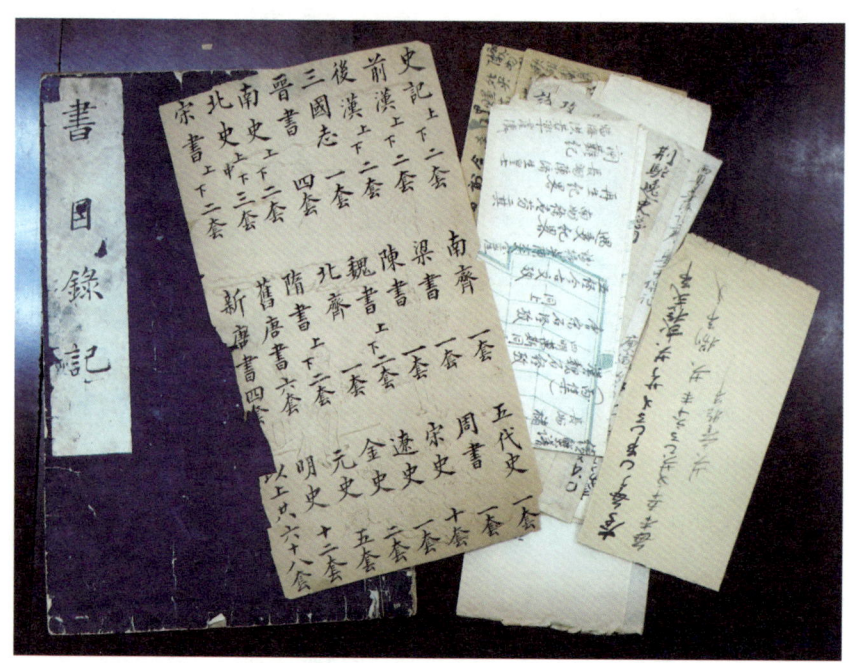

▲ 庄肇麟书目

为草率,还夹有一些随手记录的散页,应该是庄肇麟或其子庄思永的随手档。目录中记载有一些大部头丛书,如《十三经注疏》十三函;《廿三史》七十六函;仿宋版《五经》五函;《钦定子史精华》一百八十卷;《佩文韵府》二十函;《钦定渊鉴类函》二十函四百五十卷;还有《知不足斋丛书》《稗海》《汉魏丛书》《荆驼逸史》等数百卷的大书,以及各种经、史、子、集又数百种,这些书既是自己的藏书,也是用于流通的商品书籍,因此书目上还注有该书有多少套,售价多少等,从此书目中可一窥其经营方向与规模。

从道光到同治,庄肇麟长恩书室经营了数十年光景。书室歇业的时间,应该在同治十年(1871)左右。这一年到南昌的王闿运在日记中记载:

(冬十月)十三日晴,出访邱云斋,与同出寻旧书,询庄木生店,已闭矣。浣薇轩颇有书籍,价不甚贱,只购《诗纪》一册。①

庄氏藏书能聚能散,藏书能嘉惠士林,售书刻书能有益社会,也是一种难得的藏书心态。据说庄氏在晚年,将藏书精华悉付奉新许振祎(仙屏),也算善始善终。

---

① 王闿运:《湘绮楼日记》,商务印书馆1927年版,同治十年辛末,冬十月十三日。

黄秩模

宜黄

蕉阴小棉

每有所见，附识首尾，不轻肆讥评，不擅易章次，不僭改字句，深得古人仍旧阙疑之意，以待天下善读者之自择，慎之至也。

清代道光、咸丰年间的藏书兼刻书家黄秩模，是清代著名"禁烟派"大臣黄爵滋的长子，家庭出身可谓"根正苗红"，但他对政治始终有种疏离感，在官场上他的最高职务仅是署理知县而已。他的历史贡献体现在收藏与编刻书籍上。在江西籍藏书家中，他是大规模使用活字印刷第一人。所刻《逊敏堂丛书》独树一帜，颇有声誉。

书声出廊庑

黄秩模（1808—1868），字子全，号立生，一号正伯，因父亲黄爵滋（1793—1853）号树斋，故又号小树。别号则有耐轩、惕园、惟忍居士、容乃山人、恒耐山人等。黄秩模生于清嘉庆十三年年二月初九日，抚州府宜黄县北山黄家人。① 黄爵滋喜得长子时才十五岁。三十一岁时，黄爵滋与族兄黄迪策同中道光三

---

① （清）黄爵滋：《一峰自记年谱》。

年（1823）进士，此后一直在北京做官。黄秩模因系长子长孙，所以父亲把他留在宜黄侍候祖父，而将他的母亲和弟弟们接到北京。所以说，黄秩模虽然出身名门，但一直生活在故乡近三十年，在事业上却没有得到父亲的帮助，反而是他的胞弟秩林等人直接得到父母的眷顾多一些。道光十六年（1836），父亲曾让他去北京住了两年，以便指导他的学业。黄爵滋的朋友中都是一些著名的政治家和文学家，如林则徐、龚自珍、魏源、艾畅等人，黄秩模在京两载，在父执间耳濡目染，浸淫颇多。道光十八年（1838），已经做到刑部左侍郎兼都察院左副都御史的黄爵滋因积极主张禁烟和对英备战，受到道光皇帝的器重，政务逐渐繁忙，不久又以钦差身份到福建沿海视察海防，便让秩模返乡应试。不久鸦片战争爆发，中国战败，朝廷追究林、黄等主战大臣责任，黄爵滋削职返回江西，遂在豫章书院讲学，此后黄秩模侍奉父亲于省城，或往安徽泾县、金陵等处访书，倒是结识到一些书友和书商。

在功名上黄秩模没有达到父亲的期望，甚至不如中过举人的弟弟秩林和侄子传骥，自己一直只有优廪贡生的身份。到后来他因督修宜黄文庙有功，才保荐了一个候选儒学训导的从七品小官；不久又以助修县城城墙的功劳，加通判衔。① 同治六年（1867）年近花甲的黄秩模得到高安县学教谕的实缺，并以本年赴任，可惜次年四月初一即逝于任上，归葬仙三都官山。②

---

① 同治《宜黄县志》，卷《文苑传》。
② 《北山黄氏十二修族谱》，转引自付琼：《清代江西刻书家黄秩模年谱》，《南昌大学学报》（人文社会科学版），2010年第3期，第96页。

长吟不知倦

与很多藏书家一样,黄秩模的收藏一部分来源于父亲黄爵滋"念劬别墅"里的"仙屏书屋"旧藏。念劬别墅是黄爵滋道光二十四年(1844)在籍守丧时所筑,"为堂一,室十四,门室二。堂室皆有楼,绕以方墙,墙掖以架,循楼而上,可周览焉。书数千卷,可藏可曝"①。念劬别墅是一个很大的建筑群,分别有"逊敏堂""鹄园""咸斋""健斋""芙镜亭""弼教轩""慎思室""松风水月之轩"等名目。黄爵滋和十二个儿女住在一起,大家庭倒也其乐融融。他在别墅西偏所辟仙屏书屋,藏书数千卷,所以后来黄秩模继承的藏书加上自己所藏,应有万卷左右。"仙屏"的名称是因别墅靠近县城西隅固始门外一座叫"仙人石"的山峰,状如屏风,所以得名。

▲ 逊敏堂丛书

▲《仙屏书屋初集》

黄秩模在念劬别墅内有自己的一片小天地,他分别将它们命名"耐轩""惕园",自己别号"惟忍居士""有容山人"和"恒耐山人"等,其实都是他父亲受到政治迫害以后,心有余悸的黄秩模表达的一种人生态度,无不

---

① (清)黄爵滋:《念劬别墅记》,《仙屏书屋初集》卷。

反映"忍耐"、"警惕"和"有容乃大,无欲则刚"的含义。

除了去省城参加乡试,一般情况下他都足不出户,在念劬别墅父亲的仙屏书屋和自己的蕉阴小榥里校书与印书,过着与世无争的隐居生活。著名湘籍学者汤鹏(1800—1844)为他作有《黄立生蕉阴读书图诗三首》云:"梧桐枝向阳,芭蕉枝向北。长吟不知倦,只在青青林。""万卷易销磨,百年多卤莽。君在绿天中,酣歌发长想。""读书何所苦,读书何所乐。说与芭蕉心,芭蕉为君作。"①

万卷易销磨

蕉阴小榥不以藏书数量著称,却以印书数量众多见长。好友姜曾说他"好读书,尤爱梓秘本,发潜惠世,公溥弥昭"。《宜黄县志》称其"生平雅好搜求群贤著述,不惜重赀,为之锓板",所编印活字《逊敏堂丛书》数量与珍罕性,在江西近代藏书家中是无人望其项背的。

黄秩模对活字印刷从感兴趣到熟练掌握和运用,经历了一个过程。在江西地区,活字印刷一般只用来排印族谱。他知道,活字印刷的特点是排字与拆版都很迅速,字模可以反复使用,成本也比刻版低很多,很适合低端客户的需求。但活字印刷本身也有很大弱点,一是受材质与不同刻工的个人因素影响,会出现字体风格与大小不统一,吸墨深浅润枯不一致,排印的版面字距行距各异,甚至让人感觉横竖看一排字都不在同一垂直线和水平线上。当然,如果尽量克服上述困难,追求美观,还是能达到较

---

① 汤鹏:《海秋诗集》25卷,第25页。

好效果的。

舍弃刻印而选活字排印,与黄秩模经济能力有关。他收藏了很多稀见本和他认为很有流通价值的书,认为很有必要介绍给更多人阅读与收藏。清中后期有不少藏家刻过一些丛书,如《津逮秘室丛书》《海山仙馆丛书》《墨海金壶丛书》等,所以黄秩模也想编印一套体现经世致用的丛书,根据《古文尚书》中《说命下》里一句"惟学逊志,务时敏"之意,取名为《逊敏堂丛书》,以广收百家,泽惠士林。南昌著名文士姜曾序云:"黄君立生,善读书者也。又好刻书公诸人,今兹聚刻群书七十余种,都为一部,颜曰《逊敏堂丛书》"[1],正点明了黄氏印书的初衷。

道光二十年(1840),黄秩模首先用木活字排印了丛书的第一部书,即八卷本韩邦靖《朝邑县志》。选印此书的原因,是因为它与康海《武功志》、张鸣凤《桂胜桂故》一样,以言简文约而被称为"明代三大名志",笔者估计他推介此书的原因,是对清代追求高、大、全的修志之风有矫正之意。可能后来黄秩模发现即使是八卷本工程量也不小,印刷质量也不理想,所以他最终放弃了排印大书的想法,改而着眼像《浮梁陶政志》这样小而精的书,而且印刷质量有望提高。道光二十五年(1845),他父亲黄爵滋罢官后曾去安徽泾县桃花潭旅行,偶然与悉心研究泥活字三十年的儒士翟金生(西园)相识,对翟氏排印的一些活字印刷书籍大加赞赏,黄爵滋干脆将自己的《仙屏书屋诗初集》交付给翟氏父子排印四百部。[2] 这件事给黄秩模启发很大,他改进了自

---

[1] 黄秩模:《逊敏堂丛书》,清道光咸丰间刻本。
[2] (清)黄爵滋:《聚和轩泥斗版记》。

己的工艺，开始用徽法排印书籍，使自己的印书质量逐渐提高。

解决印刷质量只是技术层面的问题，而丛书内容的采择取舍，校勘质量的精审与否，才是真正决定其历史贡献的关键。《逊敏堂丛书》的"丛"字，体现的是一个"广采博收"，并不完全拘囿于同一类别的书籍，而是突出珍罕性、实用性、地域性和代表性。所以《丛书》遵循的基本原则和标准，一是篇幅不大，绝大部分是一卷本；二是有裨学术；三是保存文献。《逊敏堂丛书》后来所收的书不再收像《朝邑志》那样的大部头典籍，而是没有太多卷帙，但流传很少，版本价值很高的书籍。黄秩模知道自己居处江西内陆，没有条件获得通都大邑的图书资源，所以比较关注本省人物的稀见刊本，比如丰城明代名将邓子龙的《阵法直指》一卷，原为沈元吉抄本《横戈集》中的一章，从来没有单行过。道光年间傅卧云曾为邓子龙汇刻过一个《横戈存稿》，算是《阵法直指》唯一的刻本。黄秩模考虑到这是比较稀见的乡邦文献，而且此书的军事价值颇高，正好可以服务于当时鸦片战争之后民族危机的大背景——作为参加明末赴朝对日作战将领的战争理论著作，对当时的高层决策者有一定的借鉴作用，所以黄将此书整理单行，其实就反映了他的实用与经世思想。在地方文献方面，除了此书外，他还排印了宋代宜黄乐史《广卓异记》、清代临川李崇礼《章水流经考》等乡贤著述。李氏所著只见于吴志忠所刻《经学丛书》，南昌彭元瑞对李氏考证极为称赏，而吴氏录入时竟不知作者为谁，所以黄秩模决定再版，以广其传，"庶几其名大彰，其书自永垂不朽"。

作为宜黄腔的发源地，黄秩模发现当地名伶徐春实际是一位"隐于伶"的学者，他勇于破除身份偏见，将徐春遗著《四书私谈》和诗集刊入，使其与一些旷世大儒作品同集而列。从编印乡邦文献的层面讲，《逊敏堂丛书》其实已发两刻《豫章丛书》之先声。

尽管黄秩模努力争取在编印前进行规划，但随着编书推出后，发现的好书越来越多，他只好打乱步骤，校勘一本编印一本。所以现在各处所藏，每套种数均不相同，有三十二种、五十九种和七十余种之别。在校勘方面，黄也下了一番功夫。据引为同道的姜曾表示，"予尝谓凡百丛书，岂无疵漏？好事指驳，几成聚讼。若黄君于此书，每有所见，附识首尾，不轻肆讥评，不擅易章次，不僭改字句，深得古人仍旧阙疑之意，以待天下善读者之自择，慎之至也"①。黄氏于书后往往列出校勘记，就表明了他严谨慎重的治学态度。

现在我们可以大致了解《逊敏堂丛书》也遵循传统分类法，涵盖了经、史、子、集几个系列。经学书类，如元代许衡的《读易私言》，清陈懿典《读左漫笔》、毛奇龄《檀弓订误》、陆陇其《古文尚书考》、朱彝尊《尚书古文辨》等；史学书类，如宋洪遵《订正史记真本》，明欧大任《广陵十先生传》，清赵吉士《杨忠烈公传》、《魏忠贤始末》，清黄邦宁《岳忠武王遗事》、《岳忠武王年谱》等；子部以医书居多，如唐代段成式的《异疾志》、侯宁极的《药谱》、韦巨源《食谱》；清代杨守敬的《本草经解要附余》、赵学敏的《本草纲目正误》、郑志昀的《麻疹证治要略》，还有黄秩模自己辑的《奇证秘录》。集部书极少，因为一般作者的诗文集动辄十余卷甚至更多，所以黄秩模采取人重我轻、人轻我重的

---

① 黄秩模：《逊敏堂丛书》，清道光咸丰间刻本。

策略，突出自己的特色。

《逊敏堂丛书》也存在一些问题，就是印发了一些适应市场需求的书籍，如指导官吏行政的官箴书《司牧宝鉴》；指导日常生活的养生用书如《居家宜忌》；杂家类的《学道粹言》；为了服务于科举，他还排印了诸如《登瀛宝筏》《试律须知》等相当于"教辅"的书籍投放市场。这些"未能免俗"的内容，现在成为这套丛书为人指摘的瑕疵之一。

从道光二十年（1840）开始排印《逊敏堂丛书》第一种始，到咸丰二年（1852）为止，十二年间共计印得七十余种、近百卷。由于太平军在三年后挺进江西地区，并在江西与湘军及地方武装展开了十余年的拉锯战，所过糜烂，满目疮痍，黄秩模不得不将财力和精力放在筑城（任总理）、修庙（任督工）和办理团练、推行保甲，以对抗太平军袭扰等活动上，"力疲财乏，刻书遂寡"。加上他只活了六十岁，所以这套书止步于此，不能不说是一种遗憾。

芹蕨芳在俎

回头再说说黄秩模所编的《国朝闺秀诗柳絮集》。选编此书的原因，很大程度上与黄秩模的家庭风气有关。黄的妻子叫万启穟，出身江西丰城著名的世家大族，兄长万启心、万启琛都是进士出身，而且都是坚决的主战派，与黄爵滋可谓志同道合。万氏和黄秩模志趣相合，对丈夫编印两个丛书十分支持。他们的女儿黄传骊，黄的妹妹黄秩蘅，都是擅长诗词的高手。过去人们受到"女子无才便是德"思想影响，很多人对妇女拥有文化知识都带有偏见。随着风气渐开,民风丕变,一些家庭开始鼓励妇女接受教育、学习文化,思想进步的黄爵滋家族就是一例。有鉴于此,黄秩模决定选编一部清代女性诗人作品选集,以为巾帼张目和声援。从这一点上,黄秩模走在了时代前列,堪与乾隆时期安徽歙县汪启淑所辑《撷芳集》、道光时期江苏阳湖完颜恽珠所辑《国朝闺秀正始集》鼎足而三。

  据付琼教授统计,《国朝闺秀诗柳絮集》收诗人一千九百四十九家,诗八千三百四十三首,比《正始集》收诗二千九百六十五首,多出近三倍,是现存最大的清代女性诗歌总集。《国朝闺秀诗柳絮集》自道光二十八年(1848)开始编印,到咸丰三年(1853)止,历时五年印成。含《补遗》、《续编》和《又续编》共有五十三卷。书以韵系人,人各有小传叙其籍里生平;选诗重古体、重本事、重真情,对带有序言或本事的诗尤有意采择;并收入了为其他总集屏而不录的许多诗人。对于研究清代妇女生活史,特别是清代江南妇女生活史,极具史料价值。[1]

  黄秩模殚精竭虑编印《逊敏堂丛书》和《国朝闺秀诗柳絮集》,几乎耗费了全部精力。到他卒于高安任上时,自己的手稿《蕉阴小棍律赋》《蕉阴小棍律诗》《国朝闺秀诗柳絮集》和《近作偶钞》都来不及刊印,导致失传。现在,《柳絮集》已于2011年由人民文学出版社正式出版,黄秩模地下有知,当含笑九泉了。

---

[1] 黄秩模:《国朝闺秀诗柳絮集》,四册,付琼校补,人民文学出版社2011年版。

| 高安 | 朱　舲 | 古欢斋 |

则子孙虽屋有与为欢者，而古人自为之欢，得以长聚勿散，是则舲千万顿首叮咛于百岁后郡县老公祖父母者也。

▲ 朱舲之印

　　同治、光绪年间的高安古唐（今伍桥沽塘）藏书家朱舲（1808—1898）出生在一个藏书世家：他的伯父朱振采，堂兄朱航都是著名的藏书家兼学者，"九芝仙馆"藏书遐迩闻名，至今道来犹能齿颊生芬。但朱舲并没有直接从他的两位亲属那里继承到藏书，"九芝仙馆"三十万卷藏书在太平天国运动中毁于一旦。朱舲慨然在板荡之际筚路蓝缕、重启山林，将家族的藏书事业推向一个新的高峰。

科名早发满园香

　　朱舲没有继承家族藏书，却完美地继承了朱家的藏书传统。他的藏书爱好，受到伯父朱振采即朱栾（1780—1842）的深刻影响。朱振采字冕玉，号铁梅，举人出身，平生爱书如痴,著述有《九芝仙馆文钞》、《豫章经籍志》和《江城旧事》十六卷。九芝仙馆藏书丰富,宜黄黄爵滋说朱振采"生平无他嗜好,惟喜聚书,积卷至三十万卷有奇"①,朱振采除了北上京城搜访古籍之外,光去吴越两处文献渊薮的觅书之旅就有十六次之多,"喜藏书及金石文字,每舟车南北,必购钞累载以归。家有九芝仙馆,藏书逾三十万卷,究览皆遍"②,仅以《江西诗话》一百卷为例,就征引书籍一千三百种。黄爵滋还提到,"今君子航、君弟振本子舲,皆能读君兄弟之书",在黄爵滋眼中,朱振采的儿子朱航(1803—1875)、侄子朱舲,都是能世其业的读书种子。

作为能在藏书方面推陈出新的人物,朱舲的资源可谓得天独厚。他的父亲朱振本是道光辛卯(1831)举人;母彭氏,为四川德阳知县彭香谷之女。朱舲六岁从表叔熊际虞受学,九岁时与堂兄朱航(莲洋)随父亲读书高安瑞相院,"少年颖异,负过人之才"③。道光八年(1828)中副贡,十七年(1837)中拔贡——这是他最高也是最后的功名。此后朱舲蹭蹬场屋,三次赴京会试,虽得黄爵滋和艾畅等先达点拨,仍屡试不第,临行只得到以皇帝名义恩赏下第贡举的荷包一个,黯然南返。此后他辗转就读于省城豫章书院和经训书院,算是资历弥厚的"老前辈"了。奉新许仙屏(振祎)曾推荐他去义宁(修水)凤巘书院教书,但朱舲还抱有对科举的一线希望,所以婉谢了许太史的美意,一直熬到油尽灯枯、皓首如雪。眼见前途无望,无奈之下,朱舲拣选教职,同

---

① (清)黄爵滋:《铁梅朱君墓表》,载《江城旧事》卷末。
② (清)艾畅:《朱振采传》,载《江城旧事》卷末。
③ (清)孙衣言:《古欢斋文录序》,载《古欢斋文录》卷首。

治三年（1864）得授抚州乐安县儒学教谕，以娱晚景。三年后朱偁告老还乡，以读书为事，颐养天年，"回里藉销耗者，总此架上物耳"。同治九年（1870）他曾应巡抚刘坤一之聘，参与《江西通志》并具体负责《艺文志》的编撰，使他对江西文献情况颇有心得，由于囿于篇幅，《通志》中不能尽录，朱偁本想将稿本单行并就此事求助于乡贤陈宝箴，因事功颇巨而未果。

古欢著书不论卷

朱偁的藏书楼叫"古欢斋"，斋名的来历，是他读到全祖望《答太守鹿田》诗句"一行作吏少佳趣，十年读书多古欢"后，因以名斋。他在省城南昌读书和修志期间，还有过一个短暂的斋号叫"荆佳山房"，但以古欢斋的斋号贯穿始终。朱偁谈到"古欢斋"藏书宗旨时认为，"曩以古欢名斋，谓事必师古，必朝夕与古为欢，藉肃心志，见诸贤忠孝节廉"[①]。他笃信藏书读书要意与古会，师古为徒，提倡藏"有用之书"，不标新立异，不好高骛远，所以他的藏书并没用什么炫于人前的秘籍善本，只

▲ 鹿山朱氏古欢斋珍藏

▲ 古欢斋傭

---

① （清）朱偁：《古欢斋砖室后记》，《古欢斋文录》卷四。

是为经世致用而已:

> 家有藏书,闲取窃览,训诂研求,积有年所。先祖剑阁封翁喜读先儒语录,凡有切于身心性命者,写粘四壁。畛于是触目警心,知士君子读书宜使所讲者,皆可见诸行事,然后为有用之学,徒沾沾纤细于事迹同异之间,无益也。近十年往返南北,遇有用书,必购之,合旧所有者近万余卷,为斋以藏之,颜曰"古欢",非敢云世不足与为欢也,亦以见事必师古可耳。①

古欢斋位于古唐村浩公祠右边,是一栋独立砖室建筑。当年朱畛读到黄宗羲写宁波范氏天一阁的文章,想到自己眼前的万卷缥缃,也触动了自己的一丝忧虑,遂决定营建"古欢斋"以藏书,到光绪十三年(1887)基本建成,并按经史子集分类将藏书编成书目。他描述过藏书室的外形结构和内部布置:砖室重屋,纵十尺,横二十余尺,高其墙垣,以隔绝风火。室内正中悬挂着他自撰的"造物因人为位置;国恩闲我是书生"一联。另悬状元洪钧所赠"乃有秘书,博览典雅;皓尔太素,栖峙幽深"楹联。相传朱畛出生时,他的母亲"梦月堕怀",所以金溪籍刻书家、红杏山房主人赵承恩(省庵)于同治十年(1871)以所书"前身是明月"相赠,也挂于古欢斋。② 朱畛的姑姑朱氏号"簪花女史",她能诗善词、精于绘事,曾为朱畛画《寒夜校书图》,

---

① (清)朱畛:《古欢斋藏书自记》,《古欢斋文录》卷二。
② (清)朱畛:《书赵省庵书明月是前身横幅后》,《古欢斋文录》卷二。

也庋藏斋中。①

和许多藏书家一样，朱觞也有抄书和写读书笔记的习惯，所以他的藏书有一部分是自抄本。他所抄之书如曾祖朱大雅的医书《卫生集》十卷；《抄补张金吉藏书志》三十六卷；影写《李氏周易引经通释》十卷等。他所写的读书笔记，或题识文字大都言简意赅，很少长篇大论。保存在他的文集中的题识，有读《后汉书》中的《徐穉论》，有读宋杨万里《诚斋集》、明初新喻梁寅的《石门集》、清初《宁都三魏集》、张南山《听松庐诗话》、徐世溥《刘少保外传》、赵翼《曝书亭集》、谢振定《知耻斋文集》、夏燮《诵芬录》等书的笔记。

藏书家大多有刻书的实绩，朱觞刻书之功主要体现在《朱文端公藏书》上。朱文端公即文华殿大学士朱轼（1665—1736），高安坡山艮山人，算是朱觞同县的同宗。朱轼生前酷爱读书，为后人留下了等身的著述，《朱文端公藏书》十八种不是他的藏书目录，而是朱轼心目中的"子史精华"，林林总总七十二册。此书原为吴学濂所刻，版存高安县城。咸丰五年（1855）十一月，太平军围瑞州，城破后书版被焚毁，朱觞为此奔走呼吁于学政和知县，陆续凑足经费，于咸丰十年（1860）开始将此书重新镂版印行。②此外，他将朱轼六世孙朱瀚所编年谱调整补充，与朱轼的《时文同研集》一起重刻。后者是朱轼在翰林时与文友所作馆课，系从朱轼后人废弃的残编断简中，辑得三十四篇完整文章。另外，咸丰八年（1858），朱觞为恩师袁翼（谷廉）刻过一部十八

---

① （清）朱觞：《家姑簪花女史画跋》，《古欢斋文录》卷一。
② （清）朱觞：《重刻先文端公藏书缘起》，《古欢斋文录》卷一。

卷本的笺注《邃怀堂文集》，以上二书均存。

博求万有心精研

《古欢斋砖室后记》是朱兴谈自己藏书经历的一篇文章。早在嘉庆二十四年（1819），也就是他十二岁的时候，曾在邻居家看到一部《古文析义》，一部《唐诗合解》，尽管还读不懂两部书的内涵，但古书独特的魅力强烈吸引着他，令他爱不释手，便以百钱买下，算是自己的第一批藏书。道光十年（1830）有人将《渊鉴类函》、阎氏《经解钩沉》、邵氏《尔雅正义》、秦氏《五礼通考》、毕氏《灵岩山馆丛书》、《方望溪全集》等数十种，一次性出售给朱兴。朱兴抱书回家，满以为父母会责怪，父亲朱振本却对二十出头的儿子有藏书爱好表示赞许和鼓励，使朱兴的藏书活动从此一发而不可收拾，可以说家学涵养是他藏书的动力之源。[①]

古欢斋藏书有一部分来自朱兴北上应试，寓居北京琉璃厂"炳蔚堂"书肆，以及旅省修志时所购，部分为朋友所赠。如他到高安籍翰林徐镶家拜访，看到徐氏架上有宋代王应麟《困学纪闻》和明代康海《对山集》，爱不释手，徐当即将二书持赠。[②] 奉新张知县则寄赠自己的词集、校刊《西云札记》二册，及冯佳芬《校邠庐抗议》，县丞罗云卿则送给他一部《苏子美集》。为了丰富收藏，他还写信给师友求书。如翰林编修、浙江瑞安人孙衣言（孙诒让之父）为当时著名学者和藏书家，藏书处名"玉海楼"，

---

① （清）朱兴：《古欢斋砖室后记》，《古欢斋文录》卷四。
② （清）朱兴：《书困学纪闻后》，《古欢斋文录》卷四。

藏书量达十万卷。孙氏编有《永嘉丛书》,自著《逊学斋诗文钞》,光绪八年(1882)十月,朱骏便以《重刻先文端公(朱轼)文集、年谱》及为老师袁疏注的《邃怀堂骈文笺注》作为交换,请孙氏惠寄《永嘉丛书》和文集,并为自己的文集求序。①

朱骏性格内向,不喜应酬。他早年曾得到许振祎、陈宝箴、刘坤一等耆宿奖掖,修志局的同道、著名书法家赵之谦,也是他倾慕的对象。一些热心人介绍他结识一些当世江西青年才俊,如在光绪八年(1882),南昌姜拔萃(子将)告诉朱骏,现在江西名公子,有义宁陈伯严(三立)、萍乡文道希(廷式)、丰城毛实君(庆蕃)、九江蔡东孙(金台)等,朱骏对于这些新进,更关心的是他们治学方向,所以静静地回答:"卓卓数君,奈邂逅无由,未审能留意乡邦文献否?火尽薪传,斯人未可少也"②,并没有跟上述人物有实质的交集。

与朱骏保持金石之交的文友有仪征人阮亨(阮元之子)和安徽当涂人夏燮。夏氏为江西永宁(今宁冈)知县,识见赅博,著述宏富,"骏兄弟与先生文字契交几十馀稔"③,非常佩服夏氏著述之勤。朱骏曾在书友黄补之处见到被《四库》列入禁书的吴应箕《楼山堂诗文全集》抄本,他知道夏燮很重视皖人著述收集,赶紧出面借给夏燮雕版刊行,夏氏还据此编成《吴次尾年谱》,朱骏成人之美,自己也认为"诚快事也"。

宜黄籍藏书与刻书家黄秩模是与朱骏交契颇深的一位藏书

---

① (清)朱骏:《与孙琴西方伯(衣言)同年书》,《古欢斋文录》卷二。
② (清)朱骏:《与陈右铭方伯书》,《古欢斋文录》卷四。
③ (清)朱骏:《书夏氏诵芬录后》,《古欢斋文录》卷四。

家。黄秩模为黄爵滋长子,曾选署高安县知县,与朱有通家之好。黄送给他一套自己编刻的《逊敏堂丛书》七十二种,请求朱送他一套吴应箕《楼山堂集》,可惜没等到此书刻成,黄秩模就去世了,令他的同好朱舲遽发人琴之感,临书一恸,大放悲声。①

丰城籍藏书家欧阳熙也与朱舲有过一面之缘。欧阳熙的老师是赣县白鹭人钟秀(官城),朱舲曾与钟一起参与过纂修《江西通志》,曾商榷过艺文志的体例,也为钟的书房"一榻轩"写过记,是朱舲的同道之一。光绪五年(1879)被朱舲称为"手民"的欧阳熙来朱舲处抄书,顺便告知了钟秀的近况,朱于是写信托欧阳氏带回,问候故知。②

晚年的朱舲可以在古欢斋中与古人对话,但他却同样面临古人不能保聚藏书的"老大难"问题。他曾忧心忡忡地说:"迄今俄顷,行年八十,积卷近万……恐后之子孙,无有欢于古者,不知宝护,任一生精力所聚,鼠拖蚁蚀,以致简断编残。更有不肖,换米易薪,至此更不堪设想矣。"他担心子孙"无读书气骨,兼有福分,虽看亦不知爱惜,必至油污尘封,断头绝尾,并不知有易得不易得者也,非读书也,是耗斁也,此等子孙,甚痛恨,千万痛恨!"朱舲对天一阁、传是楼、云林阁、爱日精庐等江浙藏书楼的结局了然于胸,于是他订立一个遗嘱式的规矩:

入此室处,不出户庭。虽至咸好友,概以"荆州"为鉴。
并汝等亦不得以我所买者,妄行割裂,瓜分豆剖。如有不体

---

① (清)朱舲:《书黄立生逊敏堂丛书后》,《古欢斋文录》卷一。
② (清)朱舲:《与钟官城论修志书》、《一榻轩记》,《古欢斋文录》卷一。

我意，不遵我命者，即以忤逆不孝论，请族尊师闻官惩治。则子孙虽无有与为欢者，而古人自为之欢，得以长聚勿散，是则舲千万顿首叮咛于百岁后郡县老公祖父母者也。①

尽管朱舲对藏书的命运处心积虑地谋划长远，古欢斋还是难逃古代藏书楼厄运。上世纪五十年代初，随着"土改"轰轰烈烈展开，古欢斋古籍与蓝钰负笈砚斋藏书一起，被当作废纸运送到南昌出售，只有少部分为王咨臣先生抢救下来，现存于江西省博物馆。从残存的吉光片羽般的典籍中，仿佛能窥见当年古欢斋中，满架缥缃曾经给那位白发苍苍的老人带来的一丝愉悦与欣慰。

---

① （清）朱舲：《古欢斋砖室后记》，《古欢斋文录》卷四。

附：

古欢斋藏书记

（清）袁翼

吴越多藏书故家，予尝谓能藏而不能读，如伏猎侍郎、种桐学士，卢秀才不识周孔，为世所讥。能读而不能用，如李善淹贯古今，不能属辞，人号为"书簏"。读而能用矣，施之于词章小枝、篆刻雕虫，不能体之于身心家国。若此者，有书等诸无书。

忆先世遗书数千卷，一厄于雍正间海啸之灾，二厄于乾隆间禁书之狱，荡无孑遗。迨先君子稍稍购求，半皆坊刻，古本不可复得。迄予桑榆薄宦，无力多购，欲勉十舍之劳，已乏三馀之暇。是真能藏而不能读，能读而不能用，能用而不能善其用，尚敢企古人之学业乎？

高安朱芷汀孝廉，相国文端公五世支孙，予门下士也。聚书八九千卷，构斋以藏，额曰"古欢"，盖取尚友古人，结欢文史之意。初，君祖剑阁封翁喜摘儒先语录，写粘四壁，以自砥砺。君考春坞暨伯父铁梅两孝廉又皆通经嗜古，期于致用。故积书渐多，且谓今人好以重价购求宋元椠本，牙签锦箧，饰为美观，若惟恐油具之污，是欲藏而不读也，亦奚取于藏耶？今孝廉往来南北，益购有用之书藏诸家塾，日与兄弟子侄讲习其中，惟文端不愧读书为文端子孙者。庶几读而善用，荟萃乎儒林文苑之部，参稽乎九流百家之轨，以求古贤所诣，发言则为雄文，植躬则为正学，措诸身心家国，则为盛德大业。昔赵韩王以一部《论语》佐太祖太宗平定天下，而况君之书如是其多乎哉。苏文忠作《李氏山房藏书记》以为既衰且老,无所用于世,欲尽发公择之藏,拾其余弃以自广。今予衰病侵寻,闻有异书,如见猎心喜。他日其许我策马华林,一访瑯环之府否乎?

——《遫怀堂文集》卷三,页二十五

新建 **吴坤修** 半亩园

身外百物吾何有,区区只欲守半亩。回头万骑关山驰,争似持竿钓一池。……醒来诵佛醉辉禅,骊驹促迫出门去。梦魂仍在园中住,插架常储万卷书。

在中国近代史上，"中兴名臣"曾国藩是一位举足轻重的人物。在他的身边有一批重要的江西籍幕僚，他们不仅追随"师相"建功立业，经文济武，同时也继承了曾文正公的藏书癖好，其中便有吴坤修、许振祎、欧阳熙等。

苍黄事戎马，寂寞置琴书

▲ 吴坤修

吴坤修（1816—1872），字子厚，号竹庄，新建县（今属永修县）吴城镇吉山村人。生于嘉庆二十一年闰六月七日，初为国子监监生，屡试不第，厄于场屋，遂另辟蹊径，援例捐纳为从九品的小官，抽签分发到湖南做府经历。其间吴坤修参加过一些赈灾、剿匪等杂事，困顿蹭蹬，襟袍难开，颇有郁郁不得志之慨。适逢不久太平天国运动爆发，湖南、江西等省相继被攻陷，清廷下诏各地办理团练，组织民兵抵抗太平军的进攻。此时在籍的兵部侍郎曾国藩招募湘军，吴坤修在咸丰三年（1853）九月投到曾氏门下，被授管理军械之职，吴氏于是成为曾国藩最早的一批追随者。

咸丰四年（1854），湘军进入江西，其水师被太平军围困于鄱阳湖，曾国藩因吴坤修为当地人，委托其引领水师从南康导往吴城、南昌，遂脱于险。武昌沦陷后，曾令吴坤修跟随罗泽南驰援湖北，相继收复咸宁、蒲圻、崇阳、通城，累擢同知，赐花翎。次年胡林翼令吴坤修率领新募的"彪字营"回援江西，次第收复新昌、上高、安义、靖安，进围奉新。当时军中缺饷，危急关头，吴坤修将家产尽行变卖，毁家纾难，并劝同族富人出银米饷军；又设法筹得白银四万两解往省垣，使守军得到饷银后不致溃散。在吴率军攻克奉新后，得授广东南韶连道，仍留军中效力。咸丰七年（1857）冬，吴所属军队在东乡被太平军击溃，被劾褫职，闲居两载。此后吴坤修被重新起用，组织团练，驻抚州、战贵溪、移德兴、保浮梁、援徽州、克建德、守湖口，大破太平军于余江邓家埠。战功卓著，不但官复原职，后来还加升盐运使衔，吴坤修的才能得以逐次施展。

同治元年（1862），李秀成自苏州援江宁（南京），分兵进攻芜湖，吴坤修又开始参与新一轮的战事，连战金保圩、高淳、溧水、溧阳、东坝等要隘，招降敌众数万，加布政使衔。湘军会战并克复南京，战事渐平，吴坤修得以实授安徽按察使、署布政使、署安徽巡抚，"民生吏治，悉力讲求，非寻常庸庸碌碌者比"。同治十一年九月二十四日，吴氏卒于任上，年五十七。巡抚英翰上疏历陈吴坤修战功政绩，清廷赐恤，赠内阁学士。[①]他的好友方浚师有联吊吴坤修："君为百皖福星，武能戡乱，文足经邦，忆昔年驿馆停骖，曾听乡人歌子产；我念双江旧雨，案有遗书，箧藏赠稿，待他日蠡滨返櫂，定攀墓树吊徐公"，可谓对吴氏的高度评价。

与一般的战将不同，士人出身的吴坤修能书善酒，特别擅写擘窠，曾为省城谯楼题写了"白日青天"门匾，在安徽寿县八公山题"汉淮南王墓"碑，又在六安县题写"古皋陶墓"碑。复善属联，时人梁恭辰所著的《楹联四话》第四卷中说"吴竹庄中丞善制楹联，名重一时"。如其为合肥城隍庙题门联："城郭尚依然，问雨中春树万家，谁是保障；风云多变态，只槛外清波千顷，鉴比须眉。"李伯元《南亭四话》卷五《除夜春联》记载吴坤修为垣西大观亭题写的对联："地隔中原劳北望；天生江水向东流。"他写给曾国藩的挽联是："二十年患难相从，深知备极勤劳，允矣中兴元老；五百里仓皇奔命，未获亲承色笑，伤哉垂暮门生。"

修复古迹从来都是文人职事，吴坤修也不例外。他在芜湖重修鸠江书院，又在安庆重修迎江寺和振风塔。他的家乡吴城是江西四大名镇之一，兵燹之后，众多古迹荡然无存。吴坤修急公好义，倡复了著名的望湖亭，在旁兴建鸿雪轩，请到了恩相曾国藩、彭玉麟等一大批名人为望湖亭等名胜题联。

坤修每于戎马间隙，勉力著书立说，在其物故之后，留下著述及所刻颇丰，自著有《三耻斋初稿》十二卷、《皖江同声集》十卷，主修有《重修安徽通志》三百五十卷、《释氏十三经》、《大

---

① 《清史稿》，卷四三三；《清续碑传集》，卷七十三。

清律例根源》一百二十四卷等，另刻印有《半亩园丛书》三十种行世。

闲与渔樵话清趣，爱收书画当良田

藏书是吴坤修的毕生爱好。"不殖生产，公有园半亩，藏书数万卷。"他在给好友冯询的诗中也表示"果腹只宜多种菜，养心最好是观书"。当初他拜见曾国藩的礼物，就是一部《正谊堂丛书》，以书为帕礼，是文人之间最好的应酬。

吴坤修的藏书之所叫半亩园，地点在故乡吴城。当然，半亩园不仅是说面积只有半亩，也寓含了朱熹著名诗句"半亩方塘一鉴开，天光云影共徘徊"之意。不过半亩园还有另外一个名字叫半晦园。这个"晦"字，与曾国藩对吴的教诲和告诫有关。曾国藩曾在书信中劝诫吴坤修，"阁下昔年短处在尖语快论，机锋四出，以是招谤取尤。今位望日隆，务须尊贤容众，取长舍短，扬善于公庭，而规过于私室，庶几人服其明而感其宽"。希望吴坤修宽以待人，所以吴坤修痛惩已过，以"晦"字提醒自己为人处事要保持低调。

半晦园也好，半亩园也罢，其实它的大小只有数弓之地，但经过吴坤修苦心经营，逐渐形成了一片精致的私家园林。吴坤修给好友钟秀介绍自己半亩园的空间布置："十千幸买园一区，左右修竹风来徐。结屋三间聊可居，孤亭况复增南隅……薄有图书四壁储，相与各探骊龙珠。""彭蠡白浪万马驱，吉山曷敢言名区。旧悬一榻本待徐，萧爽最宜水竹居。园号半亩辟一隅，蒿莱荆棘取次诛。小亭直与云烟俱，随意披览万卷馀。"为了给藏书楼布置一个好环境，吴坤修不惜工本四处寻觅花卉苗木，如为"结岁寒缘馆"就觅得高一丈余古梅一株，又觅得菊、松等环绕，在梅下菊边读书，才是真正的"结岁寒缘"。

半亩园建筑群包括"如愿亭""鹤寮""负暄亭""结岁寒缘馆""鄱西草堂""诗瓢""且观亭""是亦楼""守砚传经莳花种树之室"等名目，林林总总，不一而足。半亩园的常客，就数安徽道台赣县人钟秀（1808—1879）、南昌知府广州人冯询（1792—1867）和吉安知府江阴人何栻（1816—1873）。三人有时联袂往访，有时公余独来，为吴坤修的半亩园留下大量诗文。何栻最为勤勉，为半亩园几乎所有景点都题了联，这些联都记载在吴恭亨《对联话》卷一中，评价它们"秾俊工致，不愧才人之笔"。其题半亩园大门联为："花明树暗全依水；地少人多半借山。"题如愿亭为："一肩风月谁担去；六面湖山自拥来。"题鹤寮为："放出一头真得地；养成六翮便冲天。"题负暄亭为："支颐独引看山兴；曝背闲听击壤歌。"题结岁寒缘馆为："三升椒雨祛寒捷；一榻梨云入梦香。"题鄱西草堂为："鄱水东来争此土；吴城南望爱吾庐。"题诗瓢为："隐居欲起三层阁；蒙叟先开五石尊。"题且观亭为："高处星云归一览；闲时风月胜三休。"题是亦楼为："花香扑座浓于麝；树隙营巢拙似鸠。"题守砚传经莳花种树之室为："因树为庐花当壁；得书如产砚犹田。"这些联语不但是对半亩园景色的描摹，也可以一窥主人衔泥垒石、聚沙集腋般辛苦造园的情景。清代著名版画家吴友如曾于光绪二十七年（1901）左右印过一个石印本《紫光阁功臣小像》，其中就有吴坤修儒服读书像，颇为传神。所绘背景是否就是吴坤修燕居眠食之地半亩园则不得而知了。

很多文献都记载半亩园藏书数万卷，但没有特别名贵的书。他在给钟秀的一首诗中说"破画残书载满船，风来狼藉一篇篇。哎心独替前人惜，被劫犹为故纸怜"，则其藏书很可能来自太平军残破之地，此诗后有小注"近日收书甚多"，但没有说明来源和价格，唯一可以想象的是，他和曾国藩一样，都是从战乱中抢救图书。每次图书聚散都令人感慨万千，只是曾氏藏书及"富厚堂"历经百年沧桑大体保留下来了，吴坤修的半亩园藏书却远没有这么幸运，特别是1938年日寇占领吴城后，图籍灰飞烟灭，古园玉殒香销。吴坤修曾有诗云："身外百物吾何有，区区只欲守半亩。回头万骑关山驰，争似持竿钓一池。……醒时诵佛醉辉禅，骊驹促迫出门去。梦魂仍在园中住，插架常储万卷书"[1]，读来令人唏嘘不已。

最后谈一谈吴刻《半亩园丛书》。这套丛书在江西原籍没有流传，在外省却有着很大的影响和很高的利用率。丛书收书三十种，共二百五十九卷，编刻时间大约从同治四年到同治十一年，前后刻了七八年才刻齐，刊刻地点在安徽安庆（皖城），是吴坤修任安徽布政使署巡抚时完成。全帙交由安庆著名的刊刻书坊陈世镕"独秀山庄"付刻，版心都有"半亩园藏书"牌记。

《半亩园丛书》内容大多采择经世致用之书，"多有关于吏治、民生，表彰忠义、节烈，儒林、文苑及史学、兵法、算法、地舆、医术皆备焉"[2]。指导思想明显受宜丰庄肇麟所刻《长恩书

---

[1] （清）吴坤修：《答和子良司马题半亩园之作》，《三耻斋初稿》卷三。
[2] （清）程鸿诏：《安徽布政使赠内阁学士衔吴君墓志铭》，《续碑传集》卷三十七。

室丛书》影响，两套丛书内容也有很多重复之处，可以很清楚地看出二书之间的传承关系。

《半亩园丛书》的编排也按史、子、集分类，其中以子部为重，子部又细分农书、医书、兵书等内容，如"农书汇编"有宋代董煟《救荒活民书》三卷，元代鲁明善《农桑衣食提取要》二卷，清代刘应棠《梭山农谱》三卷等；医书有宋代韩祗和《伤寒微旨论》二卷，董汲《旅舍备要方》一卷，王贶《全生指迷方》四卷；"兵法汇编"有曹操注《孙子略解》三卷，唐李筌《神机制敌太白阴经》十卷，宋陈傅良《历代兵制》八卷，宋陈规《守城录》四卷，明胡宗宪、郑若曾《海防图论》一卷，明何良臣《阵纪》四卷，许纶《九边图论》一卷，清梁份《秦边纪略》六卷。子部释、道二家之书，以《新刊释氏十三经》为重（细目见后）。道家类的有《太上感应篇》一卷、《南华经解》三十三卷；集部类书的采择，吴氏多选节义名臣别集，如宗泽《宋宗忠简公集》七卷，岳飞《宋岳忠武王集》八卷末一卷，陆九渊《陆象山先生集节要》六卷首一卷，谢枋得《宋谢文节公集》六卷，顾沅编《乾坤正气集》二十卷，元揭傒斯《揭文安公文粹》六卷《遗文》一卷等。子部小学类有清许遁翁、朱玉岑《韵史》二卷补一卷，清姚文田、严可均《说文校议》三十卷，惠栋《惠氏读说文记》十五卷，钱大昕《说文答问》一卷，江声《六书说》一卷，江沅《说文释例》二卷，毕沅《说文旧音》一卷，全书前有同治十年罗聘绘《说文统系图》。《书目答问》说这套说文类书是江都李祖望所刻，未知孰是。除此之外，吴坤修所刻史部书很少，目前笔者只掌握所刻纪年类有清姚文田《历代建元重号》一卷，传记类有清刘开辑《广列女传》二十卷等。

▲ 吴坤休《三耻斋初稿》

　　刊刻《释氏十三经》是吴坤修佛教倾向的有力证明。经他发愿陆续辑刻《新刊释氏十三经》，以笔者目力所及，大体有唐代释佛陀多罗踯《大方广圆觉修多罗了义经》二卷，魏康僧铠译《无量寿经》一卷，姚秦释鸠摩罗什译《阿弥陀经》一卷，刘宋噩良耶舍译《观无量寿佛经》一卷附校勘记一卷，贞松堂藏西陲秘籍丛残《大集经残》一卷，刘宋释求那跋陀罗译《楞伽阿跋多罗宝经》四卷，姚秦释鸠摩罗什译《维摩诘所说经》三卷，贞松堂藏西陲秘籍丛残《摩诃般若波罗蜜经残》一卷（存卷九），姚秦释鸠摩罗什译《摩诃般若波罗蜜残》一卷（存大品第廿四），姚秦释鸠摩罗什译《佛说金刚般若波罗蜜经》一卷，唐释玄奘译《金刚般若波罗蜜多心经》一卷，敦煌石室遗书《般若波罗蜜多心经》

一卷，姚秦释鸠摩罗什译《妙法莲华经》七卷，《佛垂般涅槃略说教诫经》一卷，释续法撰《首楞严神咒灌顶疏一卷附密宗纲要译释陀罗尼九章》，《纯阳祖师金刚般若波罗密经注讲》一卷，另外还有一种是禅宗名著明瞿汝稷《指月录》三十二卷，以上诸书版心都有"半亩园藏书"牌记，表明了他们是同一个版本系统。这些书后来经金陵刻经处和上海一些石印书局翻印，现在都是比较常见的书了。

刘庠

南丰

紫芝丹荔山房

好古绩学,笃嗜许书,其文讨论经义,研深性术,是正文字,敷陈曲要,博征而不芜,文约而不陋,忠义节烈事不惮言之再三,其于义理词章考证可谓详实。

清末南丰人刘孚京在一篇文章中自信地说:"吾郡(建昌府)统县五,惟南城、南丰及新城尤多闻人,科目仕宦不绝。"① 刘氏所指的是清代中晚期,建昌府所属的南城、南丰、新城(黎川)出现了南城李氏、新城陈氏、鲁氏这样延续数代的仕宦家族,仅在书画领域就有陈希祖、刘凤起、鲁琪光、饶芝祥、赵世骏等一大批书画家;与此同时出现南城李之鼎、南丰刘庠这样的学者兼藏书家,也就不足为奇了。

故家海内回头数

刘庠(1824—1901),字慈民,号钝翁,南丰城西人,经学家、《说文》学家和方志学家,也是前面提到的刘孚京的伯父。刘家是南丰著名的簪缨世家,刘氏的祖先可以上溯到元代学者刘埙,所著《隐居通议》颇为有名。明清时期刘家零星出现过一些

---

① (清)刘孚京:《王考商州府君行状》,《求放心斋文集》卷二。

进士举人，但真正使家族不负书香门第名声，还得从刘庠的祖父、仕至道台的刘衡说起。刘衡最后入了《清史稿·循良传》，他两个儿子中，长子刘良驹官至两淮都转盐运使，次子刘良驷官至陕西商州知州。刘庠就是刘良驹之子，他的堂弟也就是刘良驷之子刘庆，由举人官至礼科给事中。刘庆之子就是刘孚京，早年追随伯父刘庠读书，后由进士仕至刑部主事，与同乡毛庆蕃、陈三立交谊颇笃。刘去世以后，传列《清史稿·儒林传》和《清儒学案》，可以说是晚清著名的江西籍学者。

刘庠问学，转益多师。早年随父刘良驹在北京，亲承庭训；再拜父执曾国藩为师，得其亲炙；成家后又从岳父吴国宾学桐城派古文，所以能多源并蓄，蔚为一宗。刘庠早年也曾对仕进颇为留意，考中咸丰元年（1851）顺天乡试举人，官内阁中书，充国史馆、方略馆校书，但他很快就发现自己过不惯"体制内"的无聊日子，极力想回到书桌前安静治学，不久即以奉养老亲为名，弃官南下，蛰居乡里，精研学术。此后刘庠声誉日隆，学名颇著，交游亦广，其名字频繁出现在曾国藩、翁曾翰、翁同龢、李慈铭、张文虎、赵烈文等名家日记中。他先后主讲徐州云龙书院、淮海书院、海州（连云港）敦善书院、清江浦崇实书院三十多年，培养了罗振玉、沈铭昌、张伯英等弟子，可谓桃李盈门，这也是奠定他的学术地位的原因之一。

刘庠有一个奇特的别号，源自至老不倦的藏读生涯——他曾手抄《十三经》全文，故自号"写十三经老人"，一见读书之勤，二见腹笥之富，在历代读书人中，可能只有李尧栋的"写十四经室"的名称可与之相媲美。刘庠抄书也是为了治学，现在我们从他的藏书批校可以知道，他有在读书时随时记录自己所思所想的习惯,经常是批校盈书,有时还要另外附纸贴在书上。后来他的侄子刘孚京专门搜集伯父的读书批校,编成《俭德堂读书随笔》交付毛庆蕃于苏州刊刻印行。

刘庠治学深受乾嘉学派影响,为文则从桐城派。但不论为文为学,以及日后的书院讲学,都主张笃诚行实,学以致用。《清儒学案》引柯逢时为刘庠写的传,称赞刘庠"其教人以勤学笃行为主,尝慨近世学者稍有所知,即泰然自足,或更务为高远以欺世而盗名。故其说经于汉宋诸儒之学,融会而贯通之,一洗党伐之习。年逾六十,嗜学弥笃。日有课程,不以一日废。每见后进,必劝以读有宋诸子书。江淮髦俊游其门者,成就甚众"。① 时人公认刘氏的经学和方志学水平,"为文昭旷清澈,不析门户","好古绩学,笃嗜许书,其文讨论经义,研深性术,是正文字,敷陈曲要,博征而不芜,文约而不陋,忠义节烈事不惮言之再三,其于义理词章考证可谓详实 ②"。

刘庠著述颇丰,有《后汉职官考》《后汉郡国职方表》(钞本藏湖北省图书馆)《唐藩镇名

▲ 慈民所藏经籍金石书画印记

---

① 徐世昌:《清儒学案》,卷一百三十九。
② 刘声木:《桐城文学渊源考》,黄山书社 1989 年版,卷四。

氏年表》《通鉴校勘记》《班许水道类记》《意林补》《文选小学读史随笔》《汉魏音补辑》《俭德堂文集》《俭德堂易说》《俭德堂读书随笔》《紫芝丹荔山房诗集》《说文蒙求》《说文谐声谱》等。另主编有《徐州府志》，也算是一代名志；《紫芝丹荔山房诗集》笔者未曾一读，只知刘庠能词，《樽酒消寒词》存其词作十八阕，颇为爽籁。治学诗词而外，刘庠还能撰联，看得出他并不是那种皓首穷经、不通文理机趣的老学究，他的诗词楹联也多有佳作。如他题黄州快哉亭联云："十里露华清，人影衣香，并作陌头秋色；万条烟柳重，晓风残月，带来城上春声。"题马鞍山太白楼联云："荐汾阳再造唐家，并无尺土酬功，只落得采石青山，供当日神仙啸傲；喜妃子能谗学士，不是七言感怨，怎脱去名缰利锁，让先生诗酒逍遥？"从这些字句中，倒能看出这位藏书家的旷世情怀。

毫无疑问，出身名门的刘庠藏书的习惯，也是深受祖父刘衡和父亲刘良驹影响。父亲的职掌是主管国家专营的盐业，天天跟徽、扬盐商打交道，家底肯定非常殷实。刘家席金腰玉，却能保持廉能家声，全凭诗书节义一以贯之。何况刘衡和刘良驹还是当时有名的数学家，其《六九轩算书》《篆学备考》直到现在都还有点校本。刘良驹也是嗜书成癖，晚年客居苏州，曾国藩说他"目盲，以夜间好看书所致"。刘庠继承了父祖的严谨家风，没有一点富家子弟的纨绔习气。他不改勤俭本色，身有余赀就去买书，最后终于家藏万卷，为一代藏书名家。

说到刘庠藏书的典故，就不得不提起曾国藩。曾是刘良驹的同仁和书友，对刘庠常以"世兄"相称，自称"鄙人"（见曾氏致刘往来书信），其实曾氏不但是刘的长辈，还对刘有知遇之恩。

曾国藩在江西抗击太平军期间,曾数度延揽在籍乡居的刘庠。如咸丰九年(1859)夏秋之际,曾氏驻节抚州,遣使迎聘,刘庠以父病为辞。次年曾氏移师祁门,遣李元度、李文忠亲自登门聘请,并为此推迟进军二日,刘庠仍以父亲病重婉谢。直到后来曾国藩任两江总督,刘良驹去世,刘庠才应聘赴徐州教职。我们从曾国藩的书信中就能窥见两家的世谊,如咸丰九年七月曾国藩驻扎江西抚州时,就写信给侨寓在南昌的好友刘良驹,请他嘱咐刘庠弄些书帖来给儿子曾纪泽练字:

> 慈民行箧所携谢刻《荀子》,省城能代觅一部否?往在京师亦得一初印本,今未运归也。小儿纪泽好作字,而家中苦无帖,恳慈民便中觅购《书谱》一册,西安、同州《圣教》各一册,皆须略旧者。此外,如《三坟记》《迁先茔记》《张猛龙碑》《道因碑》及昭陵各碑,能为鏪得二三种者为荷;春湖先生刻《庙堂碑》能觅得罗纹纸初拓本,尤以为幸。①

还有几通书信,也是曾国藩与刘庠父子谈藏书之事。在曾国藩眼中,刘庠不但是读书种子,还是版本目录学家,对于刻本优劣了然于胸,所藏多为精刊善椠,难怪陈三立要说"吾乡刘舍人,所藏号匪劣"了。

---

① 曾国藩:《曾国藩全集·书信》,岳麓书社1991年版,第1011页。

缥囊缃揭有辉光

刘庠藏书楼之名，有"俭德堂""钝叟居"等名目，最有名则属"紫芝丹荔山房"。"钝叟"是自谦，"俭德"出自《易》"君子以俭德辟难"，《尚书》也有"慎乃俭德，惟怀永图"的句子。而"紫芝丹荔山房"，则一反刻板常态，颇为诗情画意。刘庠的藏书印，常见者有"刘庠之印""慈民""多闻阙疑实事求是""慈民所藏经籍金石书画印记"等。

现在人们说刘庠藏书的数量一般都说"过万卷"，但没有具体的数目。由于秉承学以致用的思想，因此刘的藏书以经学为主，特别是许慎的《说文解字》，他就刻意收藏了历代名家的注疏和引证，这样才能有利于自己"辨章学术，考镜源流"。由此延伸到历代碑刻的收藏，一是为了考证文字和书体的嬗变过程，另外也满足了自己练习书法的需要。从他的"通用"藏书印"慈民所藏经籍金石书画印记"可知，他的藏书不外乎经籍、金石、书画等项。为了考证古文字，紫芝山房刻意访求蓄藏金石碑刻。比较著名的《天发神谶碑》，他就藏有一通精拓本，可与端方的同款藏品媲美。另有《砖塔铭》等数种，可惜在那次八国联军进北京的"庚子之乱"中，"其家苍黄出售"，遂归安徽贵池籍道员刘世珩所得。[①] 还有他人有关金石碑刻的研究成果，刘庠也

---

① 陈三立：《题陶斋尚书陶公亭雪夜评碑图图后为天发神谶精拓本》《刘聚卿观察饮席观所藏碑揭书画赋贻一首》，见《散原精舍诗文集》（增订本上），上海古籍出版社2014年版，第207页、第179页。

细心予以考订。如嘉庆十七年关中书院刊徐朝弼著《淳化阁帖释文集释》十卷,刘庠据宋拓残本及大观、宝贤堂、郁冈斋诸帖勘文字,以米芾、黄庭坚、姜夔、姚鼐等人前说勘内容,于同治元年(1862)在怀宁、次年在北京汲园、同治七年在南丰尚有西斋,七年间三次进行精校,极大丰富了碑学内容,所以著名文献学家王欣夫有幸收藏并见到此书上的刘庠校注内容后说"凡此诸考释,上自史事,下及里语,无不精当,举此一斑,如窥全豹。昔人以碑志则考经史,于法帖多言摹画。故乾嘉时学风极盛,而治帖学者纪瞻、覃谿、姬传而外,实鲜其人。慈民此书,可为后劲,其胜徐右亭远矣"①。

王欣夫先生还藏有刘庠自著手稿本《意林校补》五卷,是书为刘庠取福建覆刻殿本唐代马总《意林》所作的校订和辑补。《意林》五卷原书已佚,现存最早的本子是明代嘉靖己丑廖自显刻本,但明人治学空疏,多有衍讹文字,即使是清代学者进行过辑补,也不全面。所以刘庠在光绪五年开始,在徐州云龙书院双柏轩悉心对此书进行校补,他从《文选》等书辑出原文进行校勘,在书中文字两边密密麻麻增补辑文,大量还原了此书原有风貌。所以王欣夫感叹先儒治学之严谨,称赞刘庠"兼收校勘辑佚之功,不愧为读书者之藏书也"②。

碑帖之外刘庠藏书也有不乏精善者,如明万历十六年(1588)吴怀保刻本《晏子春秋》四卷,全书楷体写刻,白棉纸精印。卷首均钤有"刘慈民藏书印""刘庠之印"。此书后来流入北京,

---

① 王欣夫:《蛾术轩箧存善本书录》之《辛壬稿》卷二。
② 王欣夫:《蛾术轩箧存善本书录》之《辛壬稿》卷三。

文革期间被康生窃取,并堂而皇之地在刘庠印后加上大大的"康生"白文印。①

当代藏书家黄永年,也曾入藏刘庠旧藏。他曾在1950年国庆节于苏州琴川书屋以旧币八千元的"贱价",买到《说文解字》校本四册,此书原系清代朱淑华以毛晋汲古阁原刻版片重刷,书根题有"仪真阮氏依宋本校《说文》",书中盖有"慈民所藏经籍金石书画印记"和"刘庠之印"两枚白文方印,知为文献故家流出,黄永年曾向顾廷龙先生询问过有关情况,初言"刘氏清末人,苏州籍,生平事迹待考",并断言上面一些校注是阮元所校,但又发现"卷中校笔字迹有两体,不审何人笔",其实阮元只校到此书九下而止,另一笔迹即出自刘庠。②

作为晚清著名学者和藏书家的刘庠,今人多不能道其姓名,更何况他富于美感的"紫芝丹荔山房",以及身后星散的藏书了。历代藏书家都难逃所谓"四厄"甚至更多磨难的光顾,刘庠而外,可以说是不胜枚举,形成了一个难以逃脱的怪圈;但只要人们还能记住藏书家的一些人事典故,记住他们曾经的雪泥鸿爪,就足以相慰泉壤了。

---

① 吴希贤辑汇:《历代珍稀版本经眼图录·明代版本》,中国书店出版社2003年版,第126页。
② 黄永年:《跋阮元校本〈说文解字〉》,见《黄永年古籍序跋述论集》,中华书局2007年版,第15页。

奉新
许振祎
扈蒿香馆

学有本源，持躬廉谨，所至创建书院，以振兴文教为己任；力除积弊，与吏民相更始。

▲ 许振祎

在曾国藩等人所缔造"同治中兴"的功劳簿上,其幕僚、部将可谓功不可没。其中有两位官至巡抚的江西籍官员,后被人们称为"西江二雄",一位是湖南巡抚、修水人陈宝箴,还有一位就是广东巡抚、奉新人许振祎。许振祎以书生起家,襄助曾国藩创立不世之功;自己也位跻大僚,巡抚岭海。连他家的僮仆张勋,日后也成为长江巡阅使、"复辟"先锋。朱祖谋说许氏"善为歌诗,以寓讽喻……宏奖雅才,曾文正后一人而已"①。

---

① (清)朱祖谋:《诰授光禄大夫头品顶戴花翎兵部侍郎兼都察院右副都御史广东巡抚奉新许公墓志铭》,载《罗塘许氏族志》,卷二。

万里惊涛赋壮游

许振祎(1827—1899),字仙屏,号大泽村人,江西奉新北乡(今奉新县赤田镇高冈村)人。仙屏出身读书人家,兄弟五人,他排行第五,长兄振礽,道光进士,仕至翰林侍读学士。振礽和振祎兄弟均由父亲许献琛亲授书经。

许仙屏生性聪颖,九岁即能属文,十二岁已小有名气。后来考中拔贡,却因太平军与清军的战事骤起,导致学业中辍。咸丰六年(1856)太平军攻陷南京后折回江西,连陷五十余州县,曾国藩急募三千湖南平江乡勇驰援江西,许仙屏应募从军,协助湘军收复进贤、东乡等县。许仙屏凯旋而归,面见坐镇南昌督师的曾国藩,慕名而投曾国藩幕下,从此成为曾的得意门生和重要幕僚。许仙屏前后追随曾国藩十六年,深受曾文正公的倚重,凡是军国大计,许都参与献替决断,"襄军事、治宦书、起信稿、任书启",有时候战事方殷,许仙屏挑灯帮曾国藩作书启、调度军务,最多一次一个晚上写了八十多通,连曾国藩都很佩服他的才思敏捷。湘军与太平军争夺瑞州、吉安等战斗,许氏"转战数千里,无役不从",在曾战事失败,人生最为失意的时候,许多追随者陆续离去,只有许仙屏不离不弃,始终追随左右,直到局势扭转。曾国藩对爱徒青眼有加,一路保举,使许仙屏由内阁中书的虚衔,逐渐积功为同知、知府衔。[1]

---

[1] (清)刘可毅:《清诰授光禄大夫头品顶戴兵部侍郎都察院右副都御史广东巡抚许公墓志铭》,载《罗塘许氏族志》,卷二。

与左宗棠等人一样，注重科举正途出身的许仙屏，也对战功所得职衔并不措意，他在咸丰九年（1859）抽空参加江西乡试中了举人，同治初年战事略为缓解，他不赴池州知府之任，要求去北京赴试，并得到曾国藩的理解和支持。许仙屏不负重望，果然中式清同治二年（1863）进士，选入翰林。后来他出任贵州乡试副主考、陕甘学政、河南彰卫怀道道台、河南按察使，迁江宁布政使。光绪十四年（1888）因赈灾有功，改任东河河道总督。光绪二十一年（1895），迁广东巡抚，三年后奉调入京。不久乞假归养，光绪二十五年二月初二日病逝于家。① 遗著有《督河奏议》《治炜集》《度岭草》等，《清史稿》卷四五十有传。

纵观许仙屏一生，他都以书生始，书生终，即使历仕戎幕，也手不释卷，不改本色。他后来成为方面所寄，也是恢复教育、倡导人文、兴办书院、奖劝良俗。如在甘肃学政任上，力推陕甘分试，为甘肃争取了独立的试点，使甘肃学子不必到陕西考试。又强调"储才之基莫如书院"，率先捐资重修著名的泾阳味经书院，购书两千部颁给士子。在广东巡抚任上，

▲ 诒炜集

---

① 《前河东道总督广东巡抚许振祎故后曾经奏请恤典并历官事实节略》，载《罗塘许氏族志》，卷二。

他严厉禁止当地有借乡试押宝赌博行为，肃清考纪。许氏博古通今，雅好考据，《炳烛里谈》记载他在江宁修复古迹，用西洋机器将沉陷土中的卧钟牵引而起，并筑亭翼护。

《清史稿》说许仙屏"学有本源，持躬廉谨，所至创建书院，以振兴文教为己任；力除积弊，与吏民相更始"。他所到之处兴办书院、藏书兴学的举动，不但为他赢得了好名声，甚至帮他化解过一次政治危机。众所周知，许振祎在曾国藩幕府共有十六年，几乎历经了太平天国战争的整个过程，师生两人建立了非同寻常的关系。据《药里慵谈》记载，曾国藩去世以后，他的弟弟曾国荃任两江总督、南洋大臣，许仙屏在他手下当江宁布政使。许以曾国荃为一介武夫，自己是他先兄的嫡系，所以有时候先斩后奏，不向曾请示汇报，引起曾国荃部下的不满，乘机挑唆曾国荃弹劾许氏。奏章即备，尚未发出，许得知后十分后悔，急召六合知县姚允平商议。最后许仙屏决定以最快的速度在长白街八府塘购买一处大宅，按书院的格局改建，并取名"文正书院"。同时又请状元张謇出任山长，订立书院章程，还购买大量书籍充实其中。书院落成时，他向各级衙门发请柬邀请共同为文正书院举行揭牌仪式。由于书院纪念亡兄曾国藩，曾国荃不好不来。一进

▲ 仙屏

▲ 许振祎印

▲ 扈蒿香馆书画印

门他就看到正厅悬挂曾国藩遗像,像边挂着许仙屏亲书"瞻拜我惟余涕泪;生平公本爱湖山",主持祭祀的许仙屏跪拜痛哭,握着曾国荃的手更是触景生情,泪如雨下,搞得曾国荃也陪着掉泪,反倒不好意思起来,回去就把奏章撤了,不久许仙屏升任东河总督。这是光绪十六年(1890)的事,仙屏的机智与真诚,可见一斑。

不妨觞咏集诗人

古来文人必好书,许仙屏也不例外。其读书藏书思想,除了家学渊源的因素外,受曾国藩直接影响很大。曾氏一有空闲,就劝人读书,自己也率先垂范,不论读书著书和藏书,都有一套完整的理论。在许仙屏赴京及在地方任职以后,曾、许师徒二人之间书信往来频繁,其中不乏有谈买书和读书的事。如曾国藩曾问许仙屏"近年京师书籍甚贵,阁下颇有所购获否?"许则告诉老师,买书之法,可以先借给书商资本金,然后到他的店里挑好书,不限定时间,直到这笔钱充抵完为止,大概许本人就是这样购得好书的。曾国藩《复许仙屏太史》一函记载此事及自己买书情况,并托付许氏代为购书:

> 承示购书一法,借本于书贾,令其广收,弃糟粕而取精华,在彼既无奇可居,而复有微利可获,人己两裨,用意极为精到。惟仆近年精力衰颓,看书极少,因之驽钝收之兴亦减,不欲以汗牛之巨册,徒作贵人之豪举。《二十四史》一项,前何廉昉曾代买殿版一份,虽有挽配之种,尚不失为中

等之货。后又得毛寄云赠送新会陈家新刻《全史》一份,此后可不再买。钦定《七经》一项,惟《周易折中》有初印最精者。其《诗》《书》《春秋》之汇纂,三《礼》之义疏,闻从无初印绝精之本,似亦可存而不论。至殿版初印《注疏》一项,殿版初印《九通》一项,仆于前托阁下外,又于去年续托薛抚屏于京中购买,托莫子偲于苏浙购买。其《皇清经解》中之单行本,亦托子偲代买。计敝处所需者除《注疏》《九通》外,别无巨册,似不必借本于书贾,为此大加网罗之。计其零种可收者,请阁下与抚屏一商,免致重复。殿版《史记》亦在可收之列,兹寄去百金,请便中留意购办。承嘱索拙书三种,俟三月折弁到京,再行奉寄。①

许仙屏最初的一大笔图书入藏,受自江西近代藏书家庄肇麟,也就是林则徐、曾国藩的书友兼书商庄木生。庄原籍福建,生于新昌(宜丰),所开设的"长恩书室"则在南昌。庄氏年老,无力经营,便将其中一些比较有价值的书送给了许仙屏。其实他的藏书主体来自历年积累,半为购买,半为友朋相赠。他的同年孙锵鸣就送过一些古籍给许。同治以后战事消歇、烽烟渐弭,许利用在籍养病的机会,在故乡买地兴造了一座大型庄园。因老宅曾长出紫芝数十朵,故以"玉芝"名园,名义上是献给自己的父母养老,奉园娱亲,其实是他历仕多方、登山临水之后,倾慕烟霞泉石的宁静生活,所以想在和平年代,构建经营自己的胸中后壑,以比物取象,目击道存,于是就有了玉芝园的建立。

---

① 《曾国藩书信》,卷三十二。

玉芝园占地百亩，大约经始于同治九年、十年（1870—1871）间，建成则在光绪二年（1876）左右。玉芝园设计精巧，亭台错落，叠石为山，穿土为池，构木为楼为阁，门首榜"督学第"，内有"恩养堂""南楼""舫斋""杨柳池台""碧栏桥""鸥湖""鹿岩""拳石岛""听泉亭""水边篱""青珊馆""万卷楼""柳帘香榭""紫藤花下""桂丛""秋籁阁""烟雨楼""在山泉""蓉堤""来青亭""度月廊""蔬香圃""飞来三岛"坊等名目。其间遍种奇花名卉，缀以琅玕玉版。在建造前后，许仙屏请得曾国藩等人题写匾联，曾氏集苏东坡诗句撰联云："玉芝紫笋生无数，凤雏骥子日相高。"其他为园中建筑题写序、记、诗、词、匾、联的名流时贤也不在少数，因此他的后人还修成一部《玉芝园志》，卷首刻有光绪二年赵镈绘刻《玉芝园全图》，志中收有诗文歌咏，是方志中弥足珍贵的逸品。笔者曾亲赴奉新考察过玉芝园，只惜残存"东轩"等建筑，各处屋宇颓坏，池沼淤壅，繁华荡然，不一而足。此园本来苦心经营，保存七十余年，期间先毁于日寇，后毁于1949年后的历次政治运动，藏书也逐渐散失，据说一位民办老师就取走数箱，至今秘不示人。园中原堆造假山，也被拆运一百余里到南昌营建人民公园，现

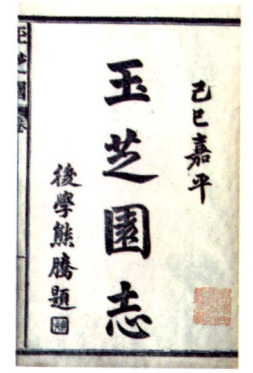

▲ 玉芝园志

在的公园假山,大多为玉芝园旧物。

玉芝园中,"万卷楼"即为许仙屏藏书之所,其实这个名字并不精雅,与清初南昌藏书家李明睿的"宋版居"一样充满土豪气。其实许氏真正的书房斋号叫"扈蒚香馆",其得名原因不得而知,但许氏藏书上钤盖的都是这个印,其中辛秘,也许只有他自己知道。

既然许仙屏自己标榜藏书万卷,数量上是没有问题的;其藏书的精品或者说是代表藏品,非明末大藏书家毛晋钞本《九僧诗》莫属。宋初刻版原书流传稀少,欧阳修就说过它很是罕见。后世均有不同版本的翻刻,流传到明末,毛晋、毛扆父子影宋精钞,平常珍若拱璧。此钞本流传到清代,归大学者仪征人阮元的娜嬛仙馆所有;百余年后许仙屏任官江宁,偶得此钞,购归奉新。1962年,许仙屏的次孙许汪度(1909—1986)因"出身"问题入狱劳改十余年,出狱后变卖家藏,此书遂售与姻亲王咨臣,今为新风楼特藏之一。

许仙屏藏书的归宿颇有传奇色彩。许仙屏有个孙女嫁给了南丰籍儒商包金坡(南昌包家花园即同族包金竺所建),1937年日寇轰炸南昌,包金坡带着妻儿老小避居奉新岳父家,一家十多口人就住在偌大的玉芝园中。后来包金坡的女儿包畅敏在玉芝园嫁给了著名藏书家王咨臣先生,"土改"后许家藏书陆续散出,王咨臣先生因系许仙屏姻亲,致力于抢救许氏遗物,所得甚多,其中以手札最为珍贵,多为许仙屏与当时的名流往来书信,因此王咨臣先生命名一间书房为"千简斋",恭敬收藏。后来他又从南昌旧书店石渠阁重金购得《玉芝园志》,与许氏所遗书牍聚首,也成就了一段佳话。

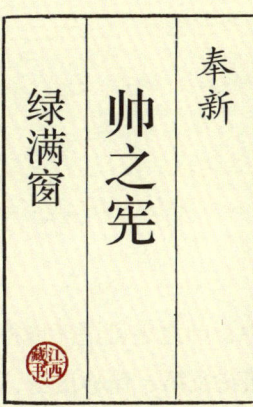

读书之乐乐何如？绿满窗前草不除。

在近代江西藏书家中，帅之宪可谓环境得天独厚，成就也是独树一帜：他的父亲是探花及第、翰林出身，自己继承了家族的优良传统，并将家族的读书、藏书与刻书事业推向高峰。此外，帅之宪有其他藏书家所不具备的一门绝活，即是一名优秀的篆刻大师。在治印方面从不假手他人，藏书所钤之印皆出己手。

琳琅天禄小探花

帅之宪（1828—1902），字叔度，一字石生，号慎斋、淑慎，出身于奉新著名的仕宦大族锁石帅家。在帅之宪出生以前，族祖帅我、帅念祖、帅仍祖、帅光祖、帅家相等几十位举人、进士，在从康熙到嘉庆这一百多年里，已经把家族的科举史推向了一个鼎盛的巅峰时期。他的父亲帅方蔚（1790—1871），更是一举考中道光六年（1826）丙戌科进士第三，即令人艳羡的三鼎甲中的"探花"。帅之宪是帅方蔚的次子，他母亲胡氏怀上他的时候，正是父亲做翰林院庶吉士回家探亲，把一家人接到北京之际。到道光八年八月二十六日他呱呱坠地时,正碰上帅之蔚奉旨外放山东乡试副主考的大喜事,怎么不令双喜临门的帅方蔚欣喜异常?帅之宪与在奉新乡下出生的、出生时正是帅方蔚最落魄时的哥哥帅汝悫是要受宠得多,被帅家寄予厚望。加上帅之宪人也聪明,最后这位"探花小郎"继承帅家的事业,也是情理中事。帅方蔚为儿子聘下的婚事,也是非同小可:帅之宪的老丈人,就是新建大塘程家"一门三督抚"中的江苏巡抚程焕采。日后帅之宪得到老泰山的垂顾与照拂,也为其藏刻事业助益不少。

作为簪缨世家的锁石帅氏,族人们不但做官很在行,读书、藏书也是经营得有声有色。当时的锁石村著名的书斋,就有帅我的墨澜亭,帅念祖的树人堂,帅仍祖的嗜退山房,帅光祖的老树轩,帅继祖的墨庄,帅家相的三十乘书楼,帅载祎的筱霞轩。帅方蔚藏书楼命名方式比较简单,因自己字子文,取谐音名之为"紫雯轩",考中进士后再取谐音改名"咫闻轩",读过《天咫偶闻》的人都知道,这是取离"天"只有咫尺之遥的意思,暗示了楼主的京官身份,何况帅方蔚的确多次在紫禁城和圆明园受到道光皇帝的召见,得睹天颜。现在锁石村帅方蔚旧宅旁有一栋"五千卷书室",它是不是帅方蔚的藏书楼之一不得而知,五千卷书室虽然不及帅家相的"三十乘楼"那么霸气,因为这个"乘"可以表示是一辆车,则三十乘就是三十车(书);另一个含义是古代以四为一乘,则可以表示一百二十箱或一百二十架(书)。不管怎样,三十乘书楼与其他藏书楼一样不复存在,藏书自然也荡然无存,但五千卷书室的建筑却完好保存至今。

帅方蔚的藏书事业起于早年游学及教馆时期,从读书省城的豫章书院,到南京、池州进行陪读生涯;后来又任教于靖安双溪书院、金溪仰山书院、南丰琴城书院、省城经训书院；中进士后在北京、山东、广东等地游宦，退归林下后又执掌庐山白鹿洞书院十多年，行迹半中国，蓄书甚富。轮到帅之宪这一代，锁石村在经历了太平军两次洗劫，他们父子的藏书几乎全部被毁。和长江中下游一带的众多藏书家一样，累世所积藏书，遇上"洪杨之乱"就在劫难逃了。帅家先是咸丰三年（1853），"初刻《紫雯轩诗草》《经义稿》《馆课录》及此《日记》板皆寄存章江门外，癸丑岁粤匪围城，悉遭兵燹"（《词垣日记》跋），帅方蔚自己的作品不保，何况所藏之书？等帅之宪在奉新辛辛苦苦将父亲著作重新刻好，还未及印刷，赶上咸丰十一年（1861）石达开部自临江入瑞州，奉新官民逃徙一空，帅方蔚父子仓皇躲到省城避寇，四月太平军攻占奉新县，六月焚毁了帅方蔚居宅，他的藏书及手录各种诗文杂著草稿、衣服器物悉付祝融，无一幸存。八月军退，九月帅氏父子还家时，家中已是一地狼藉，满目疮痍。这就意味着，帅之宪从父亲那里已无藏书的实物可以继承，他唯一能学到的是他父亲在文史学方面的素养。帅方蔚是江西为数不多的既参加过国史（《食货志》），又参加过方志（《江西通志》、《奉新县志》）与两次《帅氏族谱》的主要编修人员之一，他侍

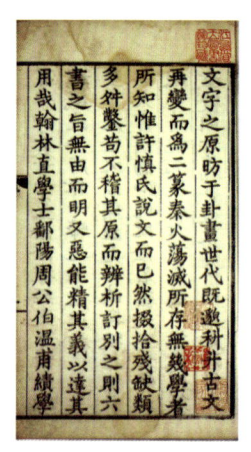

▲ 帅之宪藏《说文字原》

父舌耕笔耘,识见自然不凡。

帅之宪没有父亲这样巍科鼎甲的荣耀,却同样表现出了对藏书的热忱。《石生公传》记载,这位仅有"内阁中书"虚衔的世家子弟对功名不屑,却把自己的藏书事业推向一个炉火纯青的境界:

> 公嗜书,家所蓄藏富,悉披阅,各书纸版必手自鉴别,晚年尤专攻考据,自篆"古稀希古"印章,盖以纪实云。书之外,好珍藏古器、金石、竹木,鉴赏无讹。于古人书画,尤能辨别真赝。其搜罗研究,原不仅以张抡《绍兴内府古器评》、《清河书画舫》诸书为鉴也。①

帅之宪将自己的藏书楼命名为"绿满窗",有时简称"绿窗",这是一个比较奇特却很有生态,且颇具诗情画意的名字,语出宋代诗人翁森《四时读书乐》中的诗句:"读书之乐乐何如?绿满窗前草不除。"尽管现在锁石村已经无法寻找到"绿满窗"藏书楼的确切位置,但四周良好的生态环境,让我们可以想见帅之宪在绿荫掩映的乡间小楼读书、校书、刻书及从事篆刻与书画品鉴的情景。

掬得清芬绿满窗

帅之宪最大的事功,在于编刻《帅氏清芬集》。这部丛书

---

① 余子和:《石生公传》,江西奉新锁石《帅心逸公支谱》卷十二,《艺文》,页八六。

▲ 光绪刻本《帅氏清芬集》

是有清一代帅氏诗文总集，共有五十九卷、三十二册。其中一半是帅之宪搜集汇刻的帅方蔚的作品，计有十二种二十八卷十六册，内容分别是《紫雯轩经义稿》一卷一册，《紫雯轩馆课录存》五卷二册，两种均为帅方蔚所作经义制艺；《咫闻轩诗草》十卷四册、《咫闻轩剩稿》四卷四册、《咫闻轩遗稿》一卷一册，均为诗文集；《词垣日记》一卷一册，所载为帅方蔚殿试中式前后过程的大事记，对研究清代科举史具有很高的史料价值；《左海交游录》一卷一册，是帅方蔚与在京朝鲜使臣和文士交流倡和之作，是研究汉文化圈士人交往的第一手资料。《重宴鹿鸣录、崇祀乡贤录、行述、附录》四卷一册，实际上是帅方蔚的荣哀录。

《帅氏清芬集》中其他帅氏先贤的作品，有帅我《帅子古诗选》一卷，《墨澜亭文集》二卷；帅念祖《树人堂诗》二卷和《多博吟草》《宗德文钞》各一卷；帅仍祖《嗜退山房稿》五卷、帅光祖《老树轩诗集》五卷；帅继祖《墨庄乐府钞》一卷；帅家相《卓山诗集》十二卷；最后是帅之宪自己的《绿满窗前草》一卷。另有《清芬集萃编》一卷，刻于光绪十四年，是编刻先贤的作品未能成集，散见于族谱、县志等处者，或是已刻著述之后新发现作品的

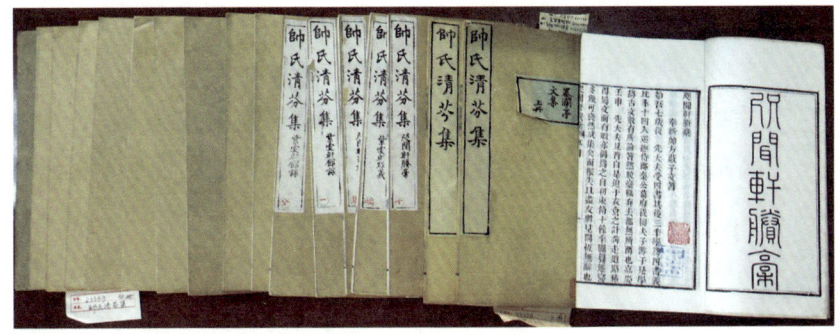

▲《帅氏清芬集》

汇编,有辑佚和补遗的意思。而帅寿昌《筦谭诗剩》、帅载祎《筱霞轩诗草》、帅嵩龄《汇存笔记》、《职思录》因与帅之宪同时代,或其未见,或以健在之人尚不宜编入《清芬集》,遂先后各自单独镂版梓行。

光绪六年帅之宪在跋《墨澜亭文集》时,叙述编刻缘起时说:

> 自咸丰叠遭兵燹,尤为不可复有。余不揣固陋,参欲蝟刊先辈各稿,都为一集,颜曰《帅氏清芬集》,乃搜访数年,至己卯岁,始梓《树人堂诗集》、《多博吟草》。是秋有安义茂才熊枥亭廷骥,邮寄《墨澜亭文集》刊本,余奉读之下,即幸手泽之长存,益叹幽光之莫掩,惜其本序次未编,中缝亦多未刻,殆初刷样底,非全书也。

帅之宪为编刻这部丛书，从光绪四年到十四年，花费十年之功，所耗精力财力自不待言，其中苦楚也是冷暖自知。他有时要去族人中征集遗著、反复开导，劝说他们配合工作，拿出底稿或存本来付刻，有的族人还算支持，有的则根本不买他的账，如帅燧遗著《四书人物备考》，"族中有钞本，可奈私为秘宝，不欲公诸同好"，亲族之人，反不似外姓同道之热情。

为了编好《清芬集》，帅之宪排除困难，尽量搜集不同底本进行校刻，以求还原作者本意。笔者曾见其手校《墨澜亭诗草》，丹铅点读，并一一注明与通行本的差异，可以证明他治学的严肃态度。以他校刻帅家相作品为例，他在集尾跋云：

> 按《卓山诗集》，既获自录原本，又寻自刻各本及石刻拓本、家刻全本，会刻选本，自幸搜罗大备，互校重刊诗集，庶免遗珠之憾矣。而《运甓阁古文》独佚，此叙跋采之《潜氏集》，谕则录于家乘，非谓是为运甓阁古文也。抑藉是存十一于千百尔。

又如族祖帅念祖因故谪死塞外，帅之宪通过多方努力，搜集到他的遗著《多博吟》，他在书跋中说：

> 《树人堂诗》既经采陈，《多博吟》则云未见。二诗寒族均无藏本。乃搜访数年，幸得全帙，即依原钞八则又知，所获在前，其所咏人情、风俗、衣服、饮食，以至于土音、土产，非身阅其地、究心民瘼者不能叙述。诗虽九章，要与图理琛《异域录》、陈伦炯《海国见闻录》等书，皆足以供志地

为考据之资，独惜收罗时竟漏珊网。将此重镌，不又有俟于辅轩之征采，而非弟为家藏计也。顾传写多讹，即悉心校雠，不无鱼鲁，惟祈大雅垂示更正，不胜厚望。

现在常见的三十二册本《帅氏清芬集》，卷首是作者名讳，然后是他编次，儿子大伊校刻之署款，中缝版心署"帅氏清芬集"，再列该册书名，下为"绿满窗刊"。每书前面有牌记，所写书名书体不一，背面落款有某年刊于"绿窗"、"绿满窗"或"静寄东轩"，书尾末页大多刻有"江右翰墨居郑文贵镌刻"或"江右翰墨居郑海原刻字"字样。由于刊刻时间前后花费了十年之久，因此虽为丛书，版式也有不同之处。每集一般半页八行，满行却有十九字和二十字、二十一字之别。字体通用宋体，虽然因刻工不同略有差异，但总体风格一致，只有《重宴鹿鸣录、崇祀乡贤录、行述、附录》一册却是楷体写刻。值得注意的是，由于帅之宪熟稔古今文字，书中刻字所用生僻古体字触目皆是，对从事古文献工作确是一个考验。

除《帅氏清芬集》之外，帅之宪还刻有宋儒罗从彦《罗豫章集考证》十七卷，《绿满窗前草》一卷。没来得及刊刻的有《昭代书家姓氏录》二卷、《识字编韵》十二卷，最为可惜的是稿本《绿满窗书目正本》四卷、《别本》四卷、《绿满窗书画录》二卷，均不知是否尚存人间。

最后再谈谈帅之宪的书画鉴赏和刻印方面的成就。他在藏书上常钤用的藏书印，有"江右奉新帅氏探花小郎藏于绿满窗""探花小郎""臣之宪""帅石生鉴定"及"淑慎""学诗""吟香"等闲章，多为帅之宪挑选良石，手自刊刻。他曾向任奉新知县的著名

▲ 绿窗主人

▲ 江右奉新帅氏探花小郎藏于绿满窗

▲ 探花小郎

▲ 帅印

篆刻大师赵之谦求教，因此技艺精进。谱传在谈到他的书法篆刻成就时说：

> 又常以书画篆刻陶情，书初学褚（遂良），中年后任意挥洒，如风行水上，自然成文。仿各帖，皆逼肖。少时尝与邑名士彭子千讨论绘事，法效南田（恽寿平），然不轻染翰。如黄长睿、杨无咎、张伯禹善画，而不以画行。尤喜铁笔，研求缪篆，得吾丘衍之《学古篇》，于三十五举，详加揣摩，镂蝎雕虫，刻印章千百余颗，布白分朱，雅尚汉法……前邑令如张公束、赵㧑叔、钟泽生诸儒吏，慕公名，投刺纳交，笺牍往还，只评骘文字，商略古今，无一字涉公庭刑案，人亦以是重之。①

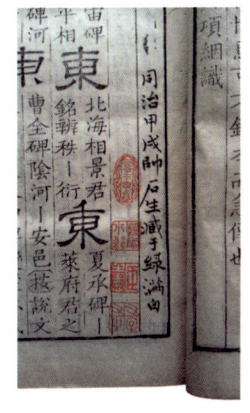

▲ 帅之宪藏书题记

晚年帅之宪除了品鉴诗书，还在村中与几位退休林下的族绅一起结成"锁石五老会"，他们五个加起来岁数过了四百岁，这些老诗人常常分题赓韵，诗酒流连，直至一个个撒手人寰，端的是晚清江西一道空前绝后的风景。

奉新帅氏藏书在帅之宪物故之后，逐渐

---

① 余子和《石生公传》，江西奉新锁石《帅心逸公支谱》卷十二《艺文》，页八六。

散出，大部分归藏江西省图书馆。现在馆藏除了《帅氏清芬集》原刻及新刊之外，列入善本的尚有帅之宪藏并题记的帅我《奉新帅氏制艺》及《墨澜亭诗草》手稿；帅之宪藏明嘉靖元年于鳌刻本元代鄱阳周伯琦著《说文字原》、明嘉靖十九年魏希明刻本《六书精蕴》(有"绿窗叟"即帅之宪题记)等，每书卷首均钤有"江右奉新帅氏探花小郎藏于绿满窗"或"帅石生审定"之印，至今朱墨灿然，触手如新。

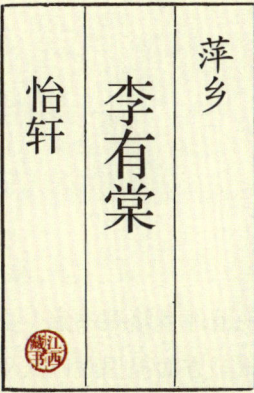

萍乡

李有棠

怡轩

学至此,其庶乎!考道论经,匡时论史,躬行实践论文章,著述已千秋,九重天恩旨颁来,回首比重精力果。

▲ 李有棠

晚清萍乡籍藏书家、史学家李有棠,是一位在藏书方面提倡藏以致用、学术上标榜治学严谨的学者。他所著《辽史纪事本末》和《金史纪事本末》,是中国古代纪事本末体史书之一,书成后受到光绪皇帝的表彰,钦赐内阁中书;同时,李有棠也是江西藏书家群体中践行"藏学兼重",并在藏书与治学两方面都取得重要成果的代表人物。

几度麻纱校始真

李有棠(1837—1905),字芾生,今萍乡市上栗县赤山镇周江村人。与其他藏书家不同,李有棠并不出身书香门第,甚至他的祖父李宝旈字都不识。李宝旈通过苦心经营,一跃成为上栗首富,但因没读过书,经常受到人们的讥诮。李宝旃尽管没有文化，但对读书人既羡慕又尊重，一次他恳请一位秀才为自己题写一柄扇面，秀才题写后，李宝旃展示人前，却沦为当地一个大笑话。原来这位秀才故意捉弄李，上面写的是"家有万顷良田，如何上摆下摆？胸无半点墨水，到底左难右难"。当老人受到如此侮辱后，发誓一定要让子孙读书做官，一湔前耻。为此李宝旃拿出重金，延聘一位萍乡名师来教育子孙，甚至不惜半夜亲自起床为塾师倒便桶，令那位塾师感动不已，于是倾尽全力来教辅李氏诸孙。到了李有棠这一代人，便出了一个总督，还有众多的秀才，李家逐渐跻身社会名流，光是名列《昭萍志略》立传的就有八人，可以说，李有棠的祖父为家族的精英化功不可没。

李家最有名的人物，就是李有棠和李有棻两兄弟。这两兄弟一个成为大学者，一个成为封疆大吏。两人年龄相差五岁，却是兄弟情深。有棠对二弟有棻极为呵护，从年幼时指导他的学习开始，直到有棻做了大官，有棠都会写信指导弟弟为政或读书。据说两兄弟最初就对事业进行过分工，李有棠做学问，李有棻做官。在李有棻做到广东高廉钦兵备道时，祖母、母亲年老，为了让有棻安心宦业，有棠便毅然辞官归里，让弟弟尽心王事，以任其才，自己则乡居著书，成就学术。李有棻最后做到护理两江总督、江西铁路大臣，多赖长兄大力护持。所以李有棻升至二品大员后，首先想到的是为兄长请封，为李有棠争得"资政大夫"的二品头衔。[①]

[①] 李蓁非：《先世旧闻——关于李有棠、李有棻的主要事迹》，见萍乡市政协文史资料研究委员会、萍乡市志编纂委员会：《萍乡文史资料》第7辑，1987年编印，第64页。

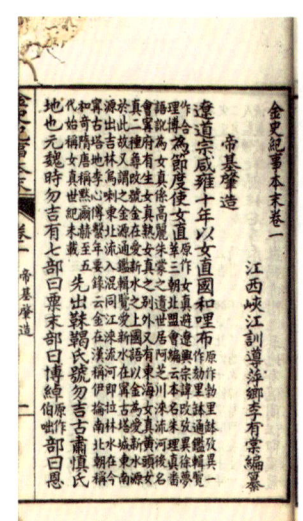

▲ 李桴鄂楼《金史纪事本末》

与当时许多读书人的想法一样，李有棠最初走的是"学而优则仕"的科举道路。咸丰八年（1858），李有棠时年二十二岁，以府试第三名的身份考入袁州府学。他在府学昌黎书院刻苦读书，三年之后又以超等第一名的成绩成为府学廪生，享受国家发给粮食。同治三年（1864），李有棠考取辛酉科优贡第一，赴京朝考后选授江西峡江县儒学训导，这年他才二十九岁。可由于他对科举本身没有太浓厚的兴趣，所以放弃了继续参加科举考试的想法，安心教职，奉养老亲，在峡江训导的任上一干就是三十年，一直到光绪十九年（1893）五十七岁时才解任回籍，颐养天年。

真正使李有棠醉心的，是经史典籍。他在年轻时就留心学术，特别是那些经时济世的学问更是孜孜以求。他主张读书要尊重经史原典，不能恣意曲解，穿凿附会；同时要注重经史与经世结合，不读无用之书，振兴实用之学。而学者所学知识，无不蕴藏在经史原典之中。用他自己的话说，就是"有用之学，无不自经史酝酿而出"。这既是他的治学思想，也是他的藏书倾向。

李家两代富足的财力，为李有棠搜求到江西及大江南北诸省的好书提供了有利条件。江南一带经历太平天国运动的祸乱之后，名家藏书或损或毁，也有渐次流失市面的珍籍，李有棠都闻讯设法多方访求，不惜重金购入，辇归萍乡。据故老相传，他曾利用自己北上应试的机会，或是借助弟弟李有棻在各地任职的便利，先后斥资两万两白银，在北京、南京、广东等地陆续购入大量古籍，"好收善本古籍，虽金价亦不惜购之"[1]，等到他年老辞官回乡时，已经是蔚为壮观的一方藏书大家了。

李有棠读书藏书之处在上栗故居正宅"栲鄂楼"之侧，总共有瓦屋三间，一厅两室，上下两层，楼下读书，上面藏书。房前间种花木，庭院可供友朋宴谈。他把藏书楼命名为"怡轩"，颇有超然洒脱的意味。从字里行间，我们仿佛能窥见李有棠坐拥书城，怡然自得地在"怡轩"或吟哦咕哔，或点读丹铅的身影。我们不知道怡轩藏书的具体数量、代表性藏书，也找不到他相关的记述和藏书印，但他的藏书指导思想还是得到充分体现的。

有趣的是作为藏书家和学者的李有棠生活节俭，读书细心，对饮食却跟袁枚一样很是讲究。据说李有棠兄弟六人食量都很惊

---

[1] 吴宗慈：《江西通志稿》，卷六十二，《萍乡人物传》。

人,一餐煮十多斤肉,兄弟几个能一扫而光。怡轩院中,花前月下,觥筹交错,大快朵颐,这也算是藏书家的赏心乐事吧。

李有棠读所藏之书还有一个习惯,就是随手做读书笔记。做笔记有两个好处,一是加强记忆,记录全书主旨纲要;二是积累资料,便于将来著书时随时征引。他把自己读书所得写成笔录,积累到一定时间分类整理,誊抄成册。李有棠这一习惯保持终身,还以身作则,给弟弟们和子侄垂范,特别是他几十年如一日地写读书笔记,到他晚年时,读书笔记积累成帙,洋洋大观。李有棠以藏书之处,将读书笔记命名为《怡轩杂著》,总数有数十卷之多,可惜没有来得及刊印。此书和另一部重要的手稿《历代帝王正闰统总纂》一样,均在1949年后的历次政治运动,特别是"文革"浩劫中被焚毁。[①]

一束琅函叠次遗

与许多藏书家一样,李有棠也是一位出色的学者。他的代表作,就是《辽史纪事本末》四十卷、《金史纪事本末》五十二卷。这两部书是李有棠在峡江训导任上,积十年之功的力作。二书自光绪十年(1884)开始撰稿,到光绪十九年(1893)第一版在上海用石法印行,此后陆续多次校订,最后一版为光绪二十九年(1903)家刻本,这个版本只刷印了一千套,较十年前的首版又有很大进步。两部书在李有棠生前就印行,避免了手稿容易散

---

① 李蓁非:《李有棠的生平事迹》,见《萍乡文物志》编辑部编:《萍乡古今》第4辑,1984年编印,第43—44页。

失的危险。他自述"余自潜心书史以来,每于历代事实,手录成帙,求其详尽,以贻后人。故所编纂,不一其类。而《纪事》二书,幸先告成",言辞之间充满欣慰之情。同年十月,江西学政吴士鉴奏荐表彰他"潜心经籍,富有述作,独于史学尤为专门,著辽、金二史纪事本末九十二卷,于两朝政治、掌故区别条疏,穷源竞委,其体例悉仿宋袁枢《通鉴纪事本末》、明陈邦瞻《宋、元纪事本末》,而于他书互异同者,详加质证,注于其下。名曰考异,臣细读其书,纪述淹赅,考订完密",所以向光绪帝南书房进呈此书。最后,李有棠被赏赐内阁中书衔,以示奖励,连李有棠自己也受宠若惊,"文人际遇,可谓荣矣",此时距他去世不到两年时间。此后二书风行天下,至今都是史学家案头常备之书。可以说,从皇帝到普通读者,社会各阶层对二书的认可,是对他最大的慰藉。①

李有棠撰写两个异族政权的史书,是很有眼光和胸襟的。按他二弟李有棻的话说,此前李有棠读明代江西高安学者陈邦瞻所著《宋、元史纪事本末》时,发现陈书虽然内容多涉辽、金,却对这两个朝代人名、官爵和事件不熟悉,所以屡有错讹之处,"采摭弗广,漏脱者众"。加上陈书视宋朝为正统,对异族政权有一些歧见,因此就会出现一些有失偏颇的地方。鉴于上述原因,李有棠决定撰写辽、金二史本末,以填补空白,这是李氏动笔的初衷。

其实在李动笔之前,就受到一些条件制约。二史成书于元代,越往后资料越少。加上元代史官撰写二书的速度太快,《辽

---

① 刘斌总纂:《江西省人物志》,方志出版社2008年版,第293—294页。

史》不足一年，《金史》也只有一年零七个月，求快就难免会有很多遗漏与错误的地方。李有棠发现这种情况之后，着手进行两方面的工作，一是加强叙事的完整通顺；二是对原书史实进行大规模的考订。真正体现学者水平的不仅仅在叙事能力，而是考据功夫，李书的价值就体现在这里。李有棠收集了大量辽、金时期的正史、野史、笔记、杂说等资料，极大地丰富了原书的不足。以《金史纪事本末》为例，其考异部分，占到了全书一半以上的篇幅，与正文叙述各占一半，以"小注双行，分载每条之下"，方便参阅，所引史料总数达 510 种之多。他娴熟地利用这些史料相互印证，相互发明，厘正讹误，补充阙遗。如该书卷三十七曾考证《金史·章宗纪》所载泰和六年七月所杀"宋夏统制"是谁没有说明，李有棠就根据《金史·阿喜传》的记载，令人信服地指出这位"夏统制"即夏兴国。又如他在该书卷十九中指出，《金史》卷六十六《特进挞懒传》和卷七十七《挞懒传》，传主分别是两个人，后者叫完颜昌，但两人传中都出现了相同的事件，"破杞县军，获胡直孺、擒石琎"，明显混淆为一人。①

正是因为李有棠的学术水平，使辽、金二史研究步入了一个新的高度，因此，《中国史学史》作者认为"两书在编撰方法上有新的特点，显示出纪事本末体史书推进到新的阶段"。

光绪三十一年（1905），李有棠积劳成疾，遂致风痹，去世前几日仍奋力为族谱撰序，并为当地的宾兴会制定章程。李有棠去世以后，最为伤心的要算他的弟弟李有棻，他特意撰写一副

---

① 《〈金史纪事本末〉出版说明》，见曾贻芬、崔文印：《古籍校刊说略》，巴蜀书社 2011 年版，第 272 页。

长联描述自己内心之痛，也高度总结了长兄一生的为人与治学：

> 学至此，其庶乎，考道论经，匡时论史，躬行实践论文章，著述已千秋，九重天恩旨颁来，回首比重精力果；兄非他，我师也，居家教孝，出仕教忠，处世为人教廉耻，死亡遽一旦，六十载训言犹在，伤心何日泪痕干？①

李有棠去世后三十年，由于子孙多夭，加上时局动荡，天灾人祸使后人不能守住世业，怡轩藏书逐渐散失，至今荡然无存，连收藏古籍颇为丰富的萍乡市图书馆也罕有李有棠所藏之书，这不能不说是一件令人遗憾的事。

---

① 萍乡市政协城关区文史资料研究委员会：《萍乡城关文史资料（第 1 辑）萍乡楹联》，1987 年编印，第 123 页。

| 丰城 | 欧阳熙 | 阮斋 |

典衣负债,购书数十万卷,悉精本,批阅点勘。

在近代江西众多藏书家中，我们会发现一个有趣的现象：姓欧阳的藏书家显得相对较多。比起一些地方大姓而言，江西姓欧阳的人口并不占优势，也许是文章宗主欧阳修人格魅力感召，使欧阳氏后人以文章节义自励，因此产生出欧阳熙、欧阳辅、欧阳成、欧阳祖经这样的藏书家，并积极投身藏书、刻书事业，在他们看来，这些名山事业纯属"分内之事"。

极品头衔岁贡生

欧阳熙（1840—1899），字耿辉，一名凤熙，号恬昉，斋号阮斋，道光二十年十月十七日生于丰城九坊南溪（今丰城市董家镇南庄村）。

欧阳熙生平经历颇为曲折：他出生前，父亲欧阳尚文连举六子不育，遂发愿往泰山求子，次年生下欧阳熙。欧阳熙五岁发蒙，十三岁时，父亲因受人诬陷破家，愤而外出经商，结果客死他乡。欧阳熙无人管束，偶然偷学武术，结果失手误伤同伴，几乎闹出人命。欧阳熙只好逃离故乡，改过向学。二十二岁时，他为生计所迫，往投驻节安庆江南大营的曾国藩处供事，曾命之奉职忠义局。不久欧阳熙听说祖母病重，遽然辞归。临行曾国藩劝他继续完成学业，约定"得秀才可再来"，并送银二十两为助。次年欧阳熙考入南昌府学，寄寓松云精舍梅龛上人处读书。在省城，他有幸得识赣县白鹭人、著名学者钟秀（官城），便追随钟氏读书问业，并参加钟氏主盟的赣州"恬园诗会"。光绪十八年（1892），欧阳熙的才学为学政洪钧器重，咨送南昌经训书院肄业，先后受知于乐平籍翰林石景芬和浙籍学者赵之谦。

经训书院有别于一般纯粹只为科举服务的传统书院，书院名师黄爵滋、皮锡瑞、王棻、萧浚兰均以经世致用为鹄的，倡导中西并重的宗旨和务实学风，在全国书院界都算开明的。欧阳熙用心课艺，锐意学诗，与同学新建勒深之、陶福履和瑞金陈炽等志趣相投的诗友结为诗社，并合刊《四子诗录》，人称"江西四子"。"四子"中陈炽、陶福履先后考中进士，勒深之也以"廷试第一"拔贡供职京华，只有心气最高的欧阳熙"凡应岁科试八十一场"，屡试不第，最后不得不以岁贡身份，由学政黄卓元保荐，选官为瑞金县儒学训导。① 到任八个月后即光绪二十五年（1899）十月十六日，欧阳熙卒于瑞金任上，归葬南昌进贤门外风雨亭曲尺池。他自己著述并不太多，校辑有同治十二年（1873）江西粮署刻李续宾《李忠武事实》；遗著有《荣雅堂诗》《江西金石考》《阮

---

① 《申报》1897年12月13日，第8859号，第12页；1899年4月24日，第9346号，第10页。

斋经说》和《经训书院课艺》等。①

审音未碍琴无弦

欧阳熙自幼喜欢读书,只可惜家境不裕,"家亡升斗储",因经济拮据,几次差点中断学业,所以他知道为学不易,读书特别用功。为了在萧然四壁的陋室中隔离出一隅读书的区域,他将书箱累成柱状,中间夹住草席为壁,这就是他最初也最为简陋的"书房"。欧阳熙坐卧其中读书,困了就在里面睡,醒来就继续读书,有时一天都吃不上几顿饭。冬天实在太冷,就将一些破棉絮塞在缝隙中堵风,如此六七年,村里无人过问这位苦学少年,更没有人能想到这位家徒四壁的穷孩子日后会成为藏书家。

尽管欧阳熙家境窘迫,但他仍节衣缩食,开始了艰苦卓绝的藏书之旅。他自认为,买书是为了学以致用,当初他"苦无师承,不知为学",没有名师指点,只能向书中讨取学问,"次第因博观先贤名儒传状,以窥见其途径"。买书的钱,只能从牙缝里抠出来,有时只能典衣换书,"过市辄质衣购书数种归。力不能得者,坐店观之"。由于他博闻强记,过目成诵,"一览即可背书,不伪一字",所以从书店出来后,即能默写出来。先后默写而成的书,成为他书房中特殊的一批藏品。

欧阳熙的藏书处名叫"阮斋",这是因为他最倾慕当世大儒阮元的道德文章,所以就取了这个斋号。他还有一个不太常用

---

① 欧阳溥存、心存、瀚存:《先考阮斋府君行述》,载董家南庄《欧阳氏族谱》,卷首。

的斋号叫"圆容阁",应该是早年的斋号名称,他曾用此斋号进行过一些古籍校勘,如跋抄本元代泰和梁兰著《畦乐先生诗集》一卷附录一卷(曾经曹寅等递藏,今藏湖北省图书馆)云:

> 此吾乡元泰和梁不移先生诗也,镌本早不可见,此钞本尤为难得。前有长白敷槎、曹楝亭两印,想为二公所藏之本,《江西诗徵》未知载此名否?俟考之。丰城欧阳凤熙识于圆容阁……同治八年九月晦日。①

▲ 凤熙之印

▲ 恬秘昉藏

在经训书院读书期间,因为有官方的"膏火"津贴,欧阳熙生活条件大为改善,但他仍啬自供奉,将羡余投入藏书活动,使自己藏书的规模逐渐扩大。据欧阳熙之子溥存、瀚存等所述,父亲阮斋藏书的规模达"数十万卷","典衣负债,购书数十万卷,悉精本,披阅点勘"。这里说的"悉精本",令人不禁感慨,一个财力有限的藏家,却能披沙拣金、探骊得珠,以很少的钱买到善本书,如果不是眼力独到,时机把握得好,是不可能有这样"捡

---

① 阳清青:《稀见明人文集别录》,载《上海高校图书情报学刊》1993年第1期,第54页。

漏"的美事。他先后师从的钟秀、赵之谦，都是在版本目录学有造诣的大家，可以指导他从高起点从事版本目录和校勘学的学习，加上他本人勤学苦练，识见精进，所以能入藏不少善本秘籍。

欧阳熙藏书后散归北京、上海、武汉等地公私藏家。我们现在能知见的欧阳熙藏书颇多精品，卷前所钤有"恬昉秘藏""丰城欧阳氏藏书""欧阳凤熙之印""阮斋所见书画金石"等数种。阮斋比较有名的藏书，有稿本《四库全书总目提要》底稿三册十六卷，先经欧阳熙收藏，后归南城李之鼎所有，1961年国家博物馆自琉璃厂购得；明代罗曰褧撰《咸宾录》八卷，清初写本，迭经宛平王氏、黄虞稷千顷堂递藏，后归欧阳熙阮斋所有，傅增湘说"此书极罕见，拟为涵芬楼收之"①，后应归商务印书馆所有；明万历三十四年刻本唐代欧阳詹撰《唐欧阳先生文集》八卷附录一卷，欧阳熙藏，后归九江刘廷琛潜楼②；明崇祯六年刻本南昌万时华撰《诗经偶笺》十三卷，为阮斋所得，后归番禺梁鼎芬；清康、雍间朱墨二色抄本《仪礼钞释》二册，今藏武汉大学图书馆。

差幸传经有子孙

在清末注重经学的风气影响之下，一批经学典籍重新得到整理、校勘和刊行。欧阳熙的老师乐平石景芬曾想整理、刊刻江西

---

① （民国）傅增湘：《藏园群书经眼录》，中华书局2009年版，第458页。
② 吴希贤：《历代珍稀版本经眼图录》，中国书店2003年版，第265页。

籍经学家的作品，但因自己公务繁忙，未克遂行。他告诉欧阳熙和陶福履（1853—1911）等门生，当年阮元在南昌府学刻《皇清经解》，是临川李宗瀚、李联绣父子出的钱，编校则是新建夏氏；阮元编刻《十三经注疏》，其《校勘记》其实是武宁卢氏起的草稿，但里面却没有一本江西人的著作收入，难道江西没有一个人研究经学的吗？所以石景芬把编辑一套江西经学家著作汇编的任务，郑重交给了"笃好汉学，暇则讨论"的欧、陶两位得意门生。光绪十八年（1892）陶福履中进士、入翰林，请假归里，欧阳熙觉得自己没有财力与影响力完成老师的遗愿，而陶福履家境比自己稍好，现在的身份又是新科进士、钦点翰林，让他主持此事的条件和时机都比较成熟，便将三十年前石景芬的心愿再次向老同学提起，陶福履听后欣然同意。不料此时陶母病故，陶很是悲痛。欧阳熙劝慰他说，也许这正是上天想要君化悲为礼，利用三年守孝的时间编刻丛书的时机啊。于是两人决定尽快开始着手，并商定将这套丛书取名为"豫章丛书"。为了坚定陶的信心，欧阳熙将阮斋所蓄有关书籍悉数"奉藏本界君，君益以己本参勘，付之手民"①，使《豫章丛书》陆续刊成，这种境界，非一般藏书家所能比拟。

陶刻《豫章丛书》共三集，分别刊成于光绪十九年（1893）、光绪二十年（1894）和光绪二十一年（1895）。三集共计收书二十六种四十八卷，有经部八种、史部五种、子部九种、集部四种，均为明清江西籍人士的著作。所收均属《四库全书》未收而又很重要的著作，忠实体现了石景芬"表彰先哲，津逮后学"的

---

① 《豫章丛书序》，载《豫章丛书》第一集，卷首。

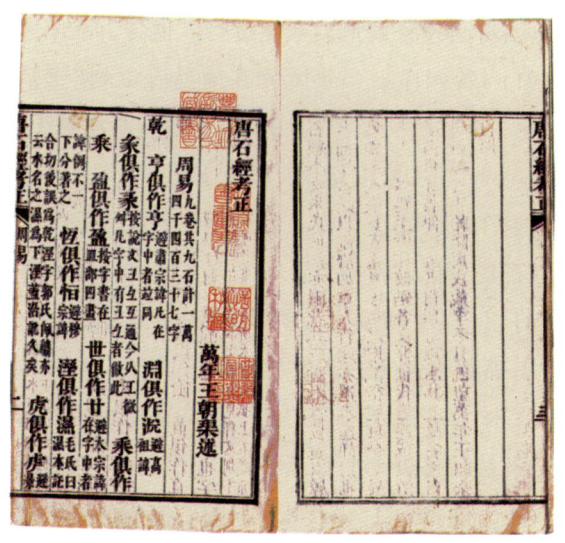

▲ 欧阳熙藏《唐石经考正》

意愿，我们从欧阳熙、喻震孟及皮锡瑞分别为这三集所作序文中，都可以看到当时的江西学者反复强调重读原典、转易风气的重要性。这套丛书，与后来胡思敬编刻的第二套《豫章丛书》，共同成为江西第一批地方文献集成，至今影响深远，其中欧阳熙的功绩是不可替代的。陶在刻书中多处提到欧阳熙的功绩，如明末清初新建人欧阳斌元的《交食经》等四卷，传世只有欧阳熙的抄本，假以刊布；广昌黄永年著《春秋四传异同辨》一卷，原附刻《静山集》中，也为欧阳熙辑出交给陶福履刊出；鄱阳陈方海著《计有余斋文稿》一卷，系同治十二年（1873）欧阳熙购藏的孤本，又搜得佚文两篇，嘱陶付刻。

欧阳熙去世以后，藏书渐散，但他的藏书事业，内传为其子欧阳溥存（仲涛），外传同乡后学熊译元。欧阳溥存留学日本时，就曾与同学欧阳成在东瀛巡书购藏，归国后曾与吉水徐元诰合编

《中华大字典》，独著有《中国文学史纲》等，也算能世其家业；熊译元日后也成为书甲一方、成就颇高的大藏家；其藏书理念，再传新建张劼，张劼再传新建王咨臣，从欧到王凡四传，这是江西为数不多、脉络清楚的藏书家谱系，也许是江西藏书文化中绝无仅有的一抹亮色。

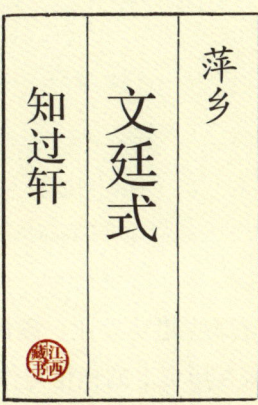

见龙虎台荒,凤凰楼迥,还感飘零。

与那些建功立业、震烁古今的人物相比，藏书家在历史上的地位与作用可能无法等量齐观。作为江西近代的藏书家们更是如此，他们大部分时间生活在经济、政治与文化持续边缘化的内陆省份，罕有能在近代史上留下印记的人物，所幸，我们还有一个文廷式。

岭表寻春春色异

▲ 文廷式

文廷式（1856—1904），字道希，一字道羲，号芸阁，别号纯常子、罗霄山人，萍乡花庙前人。文廷式家在萍乡，生却在广东。他的祖父文晟官至潮州知府，他的父亲文星瑞随侍在岭南，所以文廷式出生地是广东潮州，时为咸丰六年十一月二十六日①。文廷式三岁时,文晟在潮州抗击太平军,不幸殉难,文星瑞复仇击敌有功,署任罗定。文廷式十七岁时在广州拜岭南大儒陈澧为师,侍诗书凡十载。光绪三年(1877)文入广州将军长善幕,与长善之子志锐、礼部侍郎长叙之子志钧交游浸密,而长叙的两个女儿,就是后来光绪帝所钟爱的珍妃和瑾妃,此时都由长善抚养,文廷式据说曾当过她们的启蒙老师。无论如何,与志锐和珍妃等人的密切关系,为日后文廷式成为"帝党"中坚打下了人脉基础。

与祖父、父亲只中了个举人相比,文廷式可谓鼎甲巍科。光绪八年(1882)他中式顺天乡试第三名,十六年(1890)高中进士第二人(榜眼),旋即选为翰林院庶吉士。散馆授编修,二十年(1894)大考,光绪帝超擢其为翰林院侍读学士兼日讲起居注,进而成为光绪的心腹。文廷式简在帝心,矢心用命,遇事敢言,主张积极备战,变法图强,深得光绪器重,成为当时清流的风云人物。当然,他很快也成为慈禧打击的对象。不久李鸿章指使杨崇伊对他进行弹劾,革职离京。文廷式遂潜心读书,而于国事政务,则未尝一日去怀。光绪二十四年(1898)秋"戊戌政变"发生,清廷密电缉拿文廷式,文氏被迫出走日本。两年后遇赦回国,与章太炎、严复、唐才常等名流在上海进行政治活动,经常往来沪、宁、湘、赣间。但他在政治上一直比较失意,被慈禧软禁的光绪也是自身难保,文遂寄情诗酒,精研佛学,尤其在词学方面取得重大成就,其《云起轩词》脍炙人口,他也跻身清词八大家

---

① 李锡正:《文廷式简谱》,见萍乡市政协文史资料研究委员会办公室:《萍乡文史资料》第 2 辑,1984 年编印,第 26 页。

之一，影响很大，著名的门人就有夏承焘、叶恭绰等，真可谓是"国家不幸诗家幸"。

如同江河日下的大清国祚，文廷式在家乡度过黯淡的最后时光。光绪三十年（1904），从上海匆匆赶回的文廷式预感来日无多，逐一交代后事，八月二十四日安然在萍乡去世，享年只有四十八岁，友朋将其归葬于禅宗杨歧祖庭杨歧寺后山，至今仍安卧山间，接受世人的凭吊。

芸阁学士遗著极为丰富，涉及经、史、子、集凡三四十种。其著名者如《左传正义杂记》《春秋学术考》《晋书补逸》《闻尘偶记》《罗霄山人醉语》《纯常子枝语》《琴风余谭》《云起轩词钞》及《旅江日记》《吴韬日记》《南旋日记》《东游日记》等，有的于生前刊行，有的一直保持草稿的原始状态。1993年，汪叔子曾编有《文廷式集》，是为中华书局《中国近代人物文集丛书》之一种，收录其基本著作，而非全本。

作为藏书家的文廷式，却没有一个固定的藏书楼名称，其藏书之室名目不一，所知者有云起轩、知过轩等。云起轩之名，主要用于他的诗词文赋方面的论述，使用最多的书斋名称是知过轩。一些著作如《知过轩文稿》《知过轩日钞》《知过轩随笔》《知过轩谭屑》等均以此命名，可见文廷式对这个室名的重视，也能从中窥见知过轩主人在后半生中，一直在反思自己的失误。文氏书房名称不固定，也没有专门刻制藏书印，目前在他自己的手稿中也仅见"文廷式印""道希"等数种，传世者如傅增湘曾藏有文廷式藏元人安熙《默庵安先生文集》五卷抄本，就钤有"文廷式印"。其他带有斋号的藏书印则付诸阙如，他是否有专门的藏记，尚待进一步研究。

六曲屏山归梦绕

文廷式与藏书故事颇多,经历也颇为丰富。他早年在陈澧门下时,曾饱读陈氏家中藏书,著有《东塾读书记》。后来他高中榜眼,继为翰林,名满京师,经济状况也大为改善,所以有一些高品质的藏书也流通到他手上。避难日本期间,由于他的名气很大,东洋名士也慕名来交,他还能在内藤虎次郎的安排下从容借钞日藏蒙文版《元朝秘史》,从而使此书钞本逐渐流布国内。文廷式接触的著名藏书家也不少,如王懿荣、李盛铎、缪荃孙等,都有在皇史宬内分工抄书或相互借阅惠钞的佳话。但同为江西籍翰林兼藏书家的胡思敬与文廷式政见相左,在口头笔下对文氏颇有讥弹,说他是"清流误国"。唯一能与两人同时交好的就是陈三立,陈既能止宿文廷式,也能与胡思敬从容燕对,相洽甚欢。

知过轩藏书数量,据其《知过轩目录》,曾著录图书2654种。当然,由于文廷式转徙不定,藏书随聚随散,这个目录只能反映某一时段文氏藏书的片断,其真正曾藏其手的至少在万册以上。其弟子叶恭绰曾随学于南昌,看到文廷式南昌寓所的藏书丰富且实用,令他大开眼界:"恭绰卯角从师游,师所以抚爱奖进者,甚至常至寓书南昌家中,任绰纵览所藏典籍,绰得粗通书史者,实由于此。"[①] 陈澧把藏书治学精神传了文廷式,文廷式同样把它毫无保留地传给了爱徒。

书不在多在于精,这是知过轩藏书的特色。特别是文廷式亲

---

① 韦力:《邓之诚批〈闻尘偶记〉抄本》,载《书林》2013年第17期,第95页。

自抄写的一些珍籍秘本,远非他人能及,令人艳羡。如彭兆孙《全上古三代秦汉三国六朝文》手稿、张琦《素问释义》手稿等,均是名人名作。早在光绪十一至十三年(1885—1887),他赴京考试时,就利用志锐任职翰林的关系,借读《永乐大典》三百多册,从中辑得《经世大典》六、七卷,一些零散古书内容,则辑为《知过轩随录》千余纸。后来他自己也在翰林供职,更有机会钞录《永乐大典》内失传古书,这都是众所周知的事情。但是,文廷式令人艳羡的成就,却使他身后卷入了一桩藏书公案。

▲ 道羲

▲ 文廷式印

明朝永乐年间编成的《永乐大典》是几个世纪以来世界上最为重要的一部类书,总数有一万一千多册。1900年"庚子事变"前后,《永乐大典》被毁被盗十分严重。有人就指责翰林院的翰林们涉嫌监守自盗,他们以编修史志查阅资料为名,冠冕堂皇地进入存放《永乐大典》的皇史宬把书带回寓所不还。经历"八国联军"抢烧北京后,皇史宬上万册的《永乐大典》居然只剩下八百册甚至更少(缪荃孙后来说只见三百来册)。当时另一位藏书家叶德辉(1864—1927)在《书林清话》中追述,"文氏藏《永乐大典》百余册,皆入声韵,此百余本之书,合今日国内所有大典之总,未必远逊。其中兵书、医书,如唐李靖《阵法》、李誉《阵

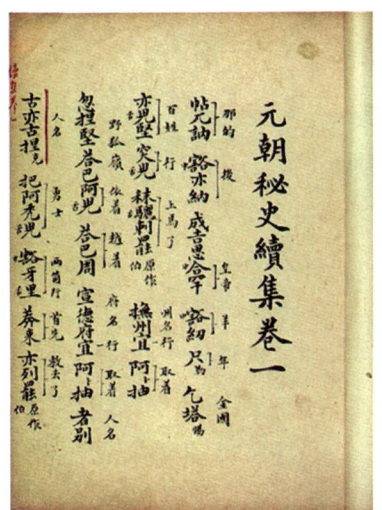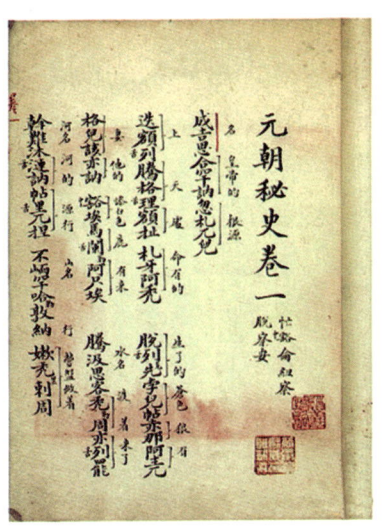

▲ 文廷式手录
《元朝秘史》

法》，唐宋人各种医书，回回医书之类"，如曾亲见，言之凿凿。据他这么一说，文廷式偷《永乐大典》就成了铁案，白纸黑字，不容争辩。当然，这事也不是没有疑问，文、叶二人关系一直不好，这个说法出自叶氏，可信度多少打些折扣。还有一些值得推敲的地方，一是按叶所说，文氏窃书数量达到一百册之巨，比例这么大，何以不见人举报？二是文廷式身故，已不能辩解，而叶氏既然嗜书如命，为何他知道这个宝藏却见宝不收，委而弃之？三是这批书最终花落谁家，为何至今没有出现，书在何处？1927年4月11日，叶德辉在长沙骚乱时被市民打死，所谓"孤证不立"，这件公案从此死无对证。

　　文廷式还与另外一位藏书家梁鼎芬有复杂的关系。两人早年即同门,友谊颇笃。后来文娶了陈氏,梁鼎芬则娶了学者王先谦的外孙女龚氏。梁鼎芬因弹劾李鸿章而罢官南还,临行将龚氏托付师兄文廷式。梁妻龚氏窃慕文廷式才学,最后跟着文廷式私奔,梁听说后也不以为意,与文廷式唱和,交往仍很频密。文廷式去世后,梁还接济前妻龚氏,令人对三者关系大感不解。

　　最后说说文廷式知过轩藏书的递藏与下落。1904年文廷式去世,长沙籍藏书家、也就是后来担任故宫博物院院长易培基（1880—1937）闻讯赶到文家求购。由于龚氏经济拮据,遂将藏书悉数出让,易氏遂拥有文廷式知过轩、袁芳瑛卧雪庐、王礼培小招隐馆藏书之精华,一举成为湘中藏书大家。文廷式的表弟法和、名和曾重金购回一小部分遗书,但易培基入藏后就不轻易再出手。1933年易培基卷入故宫盗宝案去职,1937年其在上海的藏书遭日机炸毁大部,郁愤而终。由于易氏比较珍视文廷式藏书及文稿,所以剩存藏书中就包括文氏遗书,得逃一劫。易培基物故后,其全部藏书归于外甥李玄伯（宗侗）所有,其中就有知过轩藏书。1949年李玄伯渡海至台湾,藏书也同时运抵。1974年李氏去世,藏书再次出售,其中善本和明刊本归了美国芝加哥大学图书馆,大部分古籍则归台湾"中央研究院"历史语言研究所,其中就有文廷式手稿《知过轩谭屑》和《知过轩日录》,至今庋藏宝岛,真是"见龙虎台荒,凤凰楼迥,还感飘零"（文廷式《忆旧游·秋雁》）。另外,国家图书馆还藏有同属一套的《知过轩随录》九册,系郑振铎旧藏而捐公,第一册署"癸未易月道希氏录于西广节署",可以推知他的这部笔记起始于光绪九年（1883）,但有学者指出，国图这部分稿本与台湾赵寒铁所辑《文廷式全集》第二册所收《知过轩随录》内容并不相同，应该是另一部书。①

由于文廷式在世时来不及整理，所以《谈屑》和《随录》分居大洋两岸三地，美国芝加哥大学图书馆题为《知过轩随录》手稿五册，曾为旅美学者钱存训寓目②，不知道何时才能与海峡两岸同题笔记对勘。如果真能合璧，用文廷式《蝶恋花》词来形容，真是"六曲屏山归梦绕"，只是不知何时归梦能圆的了。

---

① 史广超：《〈纯常子枝语〉所云〈知过轩随录〉考》，载《兰州学刊》2005年第3期，第258页。
② 钱存训：《留美杂忆——六十年来美国生活的回顾》，黄山书社2008年版，第202页。

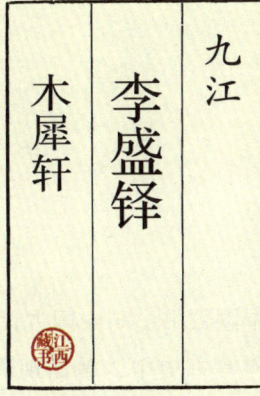

九江
李盛铎
木犀轩

今日吾国唯一大藏家。

▲ 李盛铎

中国藏书史与中国古代文明同样悠久。在几千年藏书史中,曾涌现许多著名的藏书家;而能在历代藏书家中夺得一席的江西籍藏书家,近代九江李盛铎可谓当仁不让。《辛亥以来藏书纪事诗》的作者、民国人伦明说他是"今日吾国唯一大藏家",其藏书之富,品质之精,很多同时代的藏书家根本无法与他抗衡,李氏成为当时中国顶级的藏书家。一些江西籍藏书家也是他的仰慕者和追随者,如刘廷琛、文廷式、朱益藩、胡思敬、熊译元和欧阳成等人,都曾与他有过直接或间接的交流,李盛铎俨然成为他们的核心人物。台湾学者苏精《近代藏书三十家》中所收唯一的一位江西籍藏书家,就是李盛铎。

指点齐州烟点外

李盛铎（1859—1937），小名黑吼，字嶬樵，一字椒微，号木斋，别号师子庵主人、师庵居士、虎溪居士，晚号麐嘉居士，九江德化谭家坡（今九江市庐山区莲花乡谭家畈）人。按《德化李大中丞行状》，李家原籍江西鄱阳瓦西坝（即著名的移民集散地瓦屑坝），明洪武年间以卫所军籍过湖迁到此地定居。明至清代中期李家没有出什么人才，到李盛铎的太高祖李廷绅、高祖李肇唐这几代，才出了一些国学生这样的读书人。到了曾祖父李恕这一代就不同了，李恕号卉园，道光年间贡士，家境富裕，酷爱藏书，积有图书十万卷，使李家藏书出现了第一个高峰，可惜这些藏书在太平军占领九江期间悉遭焚毁。李盛铎祖父李文湜曾官奎文阁典籍，职责是管理皇家藏书，可谓斯文不坠。李文湜有两个引以为荣的儿子，长子李明埍中道光二十七年（1847）进士，湖北知县，但不幸在勘察水灾时殉职，遂由次子李明墀（1823—1886）荫袭知县，李明墀就是李盛铎的父亲。

李盛铎于咸丰九年五月二十日生于北京宣武门南孅眠胡同的寓所，父亲李明墀转官湖南、福建等地，所以他幼年以后都随侍湘闽，有时跟随伯父李明埍读书问学。李明埍没有儿子，视侄子李盛铎如己出，对盛铎影响很大。其父对李盛铎也很喜爱，很早就督促他的学业。李明墀曾任知府、道台、按察使、布政使和巡抚等职，手上握有实权，经济条件宽裕，所以在他手上实现了李氏藏书的第二个高峰。李盛铎耳濡目染其父李明墀的藏书活动，他日后回忆父亲"生平好聚书，廉俸所馀，辄购置经籍，所藏多至数十万卷",所以李盛铎继承了家族的藏书爱好,李明墀对他的藏书活动也是十分支持。据说李盛铎十一岁时就读完了《四库全书总目提要》,对历代典籍有了一个完整的认识,十二时买下了自己第一部藏书明景泰甲戌刻本《文山先生全集》。光绪十三年(1887)年初,李盛铎在父亲的支持下,从国外买下十多架印刷机,在上海英租界开设"蜚英馆"印刷所,印行《资治通鉴》《段注说文解字》等书,畅销各地,又在父亲的支持下刊行《木犀轩丛书》三十二种,都取得了成功。[1] 在上海期间,他结识了日本乐善堂药店老板岸田吟香,岸田告诉年轻的李盛铎,日本在明治维新以后力主"脱亚入欧",对汉籍弃如敝屣,他看准商机,大量收购古籍运到上海贩卖。李盛铎听了岸田的建议,抓住时机倾力买进流失到日本的中国古书及"和刻本"古籍,乃至日后亲赴日本回购汉籍,所以木犀轩藏书能有非常多的善本,与他的视野开阔是分不开的。这时的李盛铎才二十岁上下,在藏书界俨然已是一位卓有成就的藏书家。

除了继承家族的藏书事业,李盛铎在科举上也没有耽误,并取得了辉煌的成绩。光绪十五年(1889),李盛铎高中一甲第二名进士,也就是三鼎甲中的"榜眼"。在这一科的同年中不乏后来成为名流者,如大诗人陈三立、丘逢甲,"戊戌六君子"之一的杨深秀,版本目录学家叶昌炽,江西省长戚扬等。

此后的李盛铎仕途顺畅、官运亨通,先是点了翰林,散馆之后做了翰林院编修;甲午时期在军务处任文案,战后为江南道

---

[1] 刘坤:《"木犀轩"——李盛铎藏书始末》,载《古籍整理研究学刊》,2014年第4期,第20页。

监察御史、京师大学堂（即后来的北京大学）总办，再做了几任驻外使节，在驻日、驻比利时公使任上也干得不错，后来还参与"五大臣出洋"考察宪政，宣统元年（1909）返国，最后在山西做了几年提法使、布政使，一度署理巡抚，可惜只干了十天清朝就宣告寿终正寝。此后李盛铎投身经济活动，民国时期还一度参与政治，做过参政院参政和安福国会时期的参议院议长，民国九年（1920）隐退，迁居天津做起了寓公，直到民国二十六年（1937）二月四日病逝于天津秋山街，享年八十岁。①

锦轴移来卧雪庐

如果用"百川归海"来形容木犀轩藏书来源是再恰当不过了。李盛铎藏书有五个主要来源：一是湘潭袁芳瑛（漱六）"卧雪庐"藏书；二是日本和刻本和中国古籍；三是祖上遗留藏书；四是敦煌经卷特藏；五是从海源阁等处零散流出的珍籍。② 其中最为众知的就是他年轻时曾大宗买进的袁氏遗书。

近人黄濬所著《花随人圣庵摭忆》中专门有一条"袁漱六藏书散佚无存"，记载此事始末颇详。袁芳瑛是曾国藩的亲家，曾利用自己做松江知府的机会，把江浙一带经"洪杨之乱"（即太平天国运动）后故家散出的藏书精华悉数收入囊中，装载数十船航运归湘，建"卧雪庐"以藏，"其盛为二百年所未有"。可惜其子

---

① （民国）李滂：《麐嘉居士年谱》稿本，存北京大学图书馆。
② 郑伟章、李万健：《李盛铎与木犀轩》，见《中国著名藏书家传略》，书目文献出版社1986年版，第215—221页。

袁榆生不喜读书，只知赌博喝酒。当时朱肯夫为湖南学政，曾登楼参观袁氏遗书，回来叹息不已，遂建议李盛铎（当时正跟随父亲在湖南巡抚任上）把袁氏藏书买下来。李盛铎通过中间人，陆续挑得一批好书。但袁榆生怕集中出卖父亲藏书会使自己背上骂名，于是又将数百箱藏书悄悄运到武汉分散寄卖，消息传出，连浙江藏书家丁丙兄弟也闻讯赶来求售。李盛铎情急之下，也赶到汉口，与湖南叶德辉及外省藏书家展开竞争，所幸大部分精华都到了李手中，木犀轩所藏不少宋元精椠都有"卧雪庐"钤记，就是这次购书所斩获的战果。

其次就是李氏窃取敦煌遗书的传闻。1900年敦煌藏经洞被道士王圆箓意外发现后，引发了西方列强的攘夺，损失惨重，国内学者对此深为焦虑。学部参事罗振玉恳求时任甘肃布政使护理陕甘总督的姻亲丰城毛庆蕃（毛庆蕃女嫁刘鹗子，刘鹗女嫁罗振玉子）迅速将剩余经卷购归北京。毛庆蕃严令敦煌知县何彦昇亲自督办，成功收购全部经卷，缴送北京。何氏让儿子何震彝亲自押解东归，令人没想到的是，何震彝是李盛铎的女婿，他一到北京就把经卷运到李氏私宅，让岳父李盛铎和李的同乡刘廷琛挑了个够。后来为了符合清单上的数量，何把挑剩下的敦煌遗书一卷剪成数卷，然后才上交，清末乱世之象，竟能使藏书家上下其手，闻之令人唏嘘不已。

木犀轩藏书在最辉煌时期数量至少在一万种、六万册以上，而其藏书质量之高，连有"南傅（增湘）北李（盛铎）"并称的傅氏藏园都难望其项背。在北大负责整理李氏藏书的专家张玉范说："北京大学图书馆藏李盛铎木犀轩旧藏九千零八十七种，五万八千三百八十五册，其中名贵和罕见本约占三分之一以上，俱有很高的学术价值。""李氏藏书，经、史、子、集俱备，其数量之多，质量之高，内容之广泛，都是许多藏书家不及的。""李氏藏书中有宋元本三百余种，有些书在书史和刻版史上还有其特殊地位。"人们常说，藏书家有一部宋版就身价暴增，而李氏藏有宋元刻本三百多种，却安之若素、气定神闲，该是何等气概。这三百宋元古籍中的佼佼者如宋绍熙两浙东路茶盐司刻《周礼注疏》，南宋刻本《尚书》，南宋建阳刻本《史记集解》（原为山东杨氏海源阁"四经四史之斋"中的"史"），南宋庆元刘之问刻《汉书》《后汉书》等，后两部史书非常完整，纸墨精良，极为难得；还有宋刻天香书院《论语》《孟东野诗集》等，是李氏宋本中的名藏。① 这些还不包括天一阁旧藏、翰林院《四库全书》底本各四十种，以及钱谦益、戴震、翁方纲、黄丕烈、李文田等人的稿本、抄本。至于那些敦煌卷子，其珍罕性自不待言。2009 年在国家图书馆展出的第一批国家珍贵古籍中，笔者就曾一睹数件钤有李木斋藏印的敦煌经卷。

除了藏书，李盛铎的版本目录学素养也是一流。其藏书之勤，毕生不倦；而精读图书，勤作批校题记，也是一般藏书家做不到的，可与所谓"黄跋顾校"媲美。北京大学图书馆用了四年时间，把李氏藏书中的一百七十三篇藏书题记和一千四百六十四种藏书书录辑录出来，编成《木犀轩藏书题记及书录》一书，于 1985 年12 月印行。李氏校读之勤之精，从中能窥斑豹。如《书录》部分，将每书序跋、流传情况、前人题记、收藏印记、卷帙编次、行格

---

① 张玉范：《李盛铎及其藏书》，见李盛铎著，张玉范整理：《木犀轩藏书题记及书录》，北京大学出版社 1985 年版，附录。

字数、版心题字、刻工姓名、书附牌记等一一载明考定，细致入微，体现了李盛铎扎实的学术功底和严谨的治学态度。

冰清玉润木犀轩

木犀本是桂花的雅称，桂花不仅芳香馥郁，而且这种植物与科举有着密切联系。木犀轩本是李盛铎家族祖传的藏书斋号，沿袭几代使用这个名称。到李盛铎这一代，木犀轩藏书数量大、门类多，不便管理，于是李木斋对

▼《木犀轩丛书》

藏书室进行了细分,并取了不同的名称。他将藏有李氏历代遗著遗书之处取名"李氏山房""建初堂";将藏有御纂、钦定类图书之处取名"甘露簃";将藏有江西及浔阳先贤遗著之处取名"古欣阁";将藏有师友往来书翰之处取名"俪青阁";将藏有古人写经及名人墨迹之所称"两晋六朝三唐五代妙墨之轩";将专藏石印图书之所命名为"延昌书库";谦称自己著书之处为"凡将阁";读书潜修之处称为"师子庵";与弟子门人讲学之所称为"安愚守约之室"。晚年寓居天津,他的藏读之处还有"麎嘉馆"的斋号。这些林林总总的斋号都有着一定的背景含义:"李氏山房"本是五代宋初浔阳李氏的藏书处,前贤题咏甚多,李家借此显扬发挥;"建初"虽是古代的年号,但这里是取其蕴涵家族藏书创建之初的意思。家族里的历代藏书还保留着前辈如其父李明墀"李氏玉陔"等印;"延昌"也是年号名,这里取"绵延昌盛"之意;"凡将"是司马相如所作蒙书篇名,后世取以代指"小学"(考据训诂之学);皇帝的宸翰御旨,如同雨露阳光,所以叫"甘露簃";师子庵中的师子即"狮子",可能与创立狮子林的禅宗高僧天如禅师有关,何况天如禅师也是江西人;"麎嘉"即麟嘉,一是年号,二是一种瑞兽,三是指嘉言懿行,还有就是《春秋》"西狩获麟"典故,孔子读到这里就感慨末世之象,木老退居津门,不问世事,则"麎嘉"可能也取自这个含义。

既然有那么多不同的斋号,就得有相关的藏书印加盖在相对应的图书上,所以木斋先生的藏书印数量颇多,在历代藏书家群体中首屈一指。笔者于2008年至2009年间在北京大学中文系古文献专业做访问学者,曾在北大图书馆借出李盛铎自订藏书印谱一本。这本小本子是木斋先生用一叠白纸小心地裁切装订成书,

▲ 德化李氏藏器

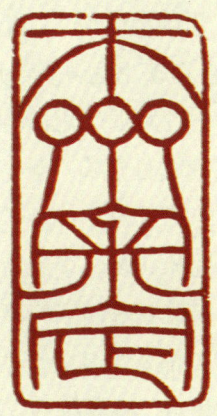

▲ 木斋审定

▲ 德化李氏将阁珍藏

▲ 绣衣直指

▲ 木斋宋元秘笈

大约只有手掌大小，内中钤有常用的十余方藏书印，内容有"古诜阁""木斋宋元秘笈""木斋审定""木斋分篆""木斋考订金石""木斋考藏金石""德化李氏藏器""绣衣直指"等。"绣衣"和"直指"是古代御史的别称，这枚闲章应该是他任监察御史时所用，可能加盖于信札，而非图籍。当然，其印远非上述几方，如加盖在南宋饶州德兴银庄董应梦刻《重广眉州三苏先生文集》上的李氏藏印，就有"木犀轩藏书""木斋""李盛铎印"等。

最后再交待一下木犀轩藏书的归宿。木犀轩藏书只进不出，一些珍本更是秘不示人。光绪十九年（1893）李盛铎在扬州曾遭遇火灾，被焚毁明代别集二百箱，"多世不经见之本，亦江左文献之厄也"，这是木犀轩藏书第一次遭受损失。晚年寓居天津，七十六岁的木斋老人被二十二岁的小妾张淑贞以遗弃罪告上法庭，被罚赔大洋五万，元气大伤，晚境凄凉。李物故之后，留下自编《木犀轩收藏宋本书目》和《元板书目》《旧本书目》，而他儿子李滂则在忙着编《售书目录》。木老尸骨未寒，子孙却在忙着联系买家，闻者心寒。

为了使木犀轩藏书摆脱"身死书散"

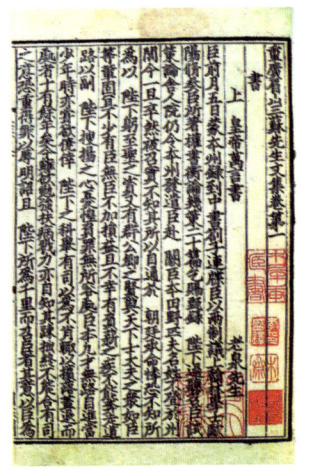

▲《重广眉山三苏先生文集》

的历史规律,当时一些社会贤达奔走呼吁,倡议由官方收购这批数量质量都堪称国宝级的藏书,以免出现星散沦毁的厄运,更要防止这些宝贵遗产落入觊觎多时的日本人之手。此事不但惊动了胡适、傅增湘等名流,甚至蒋介石听说后都打算出面赞助。最后谈来谈去,遂于民国二十八年(1939)以四十万块大洋的价格整体售与北京大学,一直留存至今。

最后要提及一个插曲。李盛铎藏书的去向在当时引起社会各界关注,时江西正在筹建中正大学,江西学者如胡先骕等恳求江西省主席熊式辉出面斡旋,将李盛铎藏书整体购归江西。由于南北阻隔,辗转交涉未果。倘若宝藏南归,势必使江西成为藏书的一方重镇。但在兵连祸结的苦难中国,什么都有可能发生。无论如何,这笔宝藏幸运地躲过天灾人祸,不至于像绛云楼和涵芬楼那样灰飞烟灭,已经是不幸中的万幸了。

泰和 欧阳辅

开智书局

凡漫漶难读者、片石数字者、书法不佳者，虽真不录；至伪托而为世误真者，则录而辟之。

▲ 欧阳辅

中国近代藏书家中，如孙殿起、王晋卿和伦明，都开创了"以藏养藏"的成功先例。在江西近代藏书家中，也先后有三位藏书家"下海"经商，从事图书出版与流通事业，他们是宜丰庄肇麟（长恩书室）、泰和欧阳辅（开智书局）和丰城熊罗宿（丰记书庄）。

天禄阁前藜照清

欧阳辅（1860—1939），字棠丞，谱名汝辅，号妫生，咸丰十一年七月二十五日生于泰和风光旖旎的蜀口洲（今泰和县马市镇蜀江村）。他的父亲欧阳光暄只是一位老百姓，母亲胡氏，欧阳辅是他们的长子。①

光绪二十三年（1897）丁酉科乡试，三十八岁的欧阳辅中式拔贡，而他的同年熊罗宿和欧阳成则中了举人，欧阳辅选授雩都（今赣州于都）县学教谕。光绪三十一年（1905）科举废除，儒士所学没有用武之地，面临着"失业"危险。欧阳辅虽然已四十五岁，思想却比较开明，见清社将屋，遂毅然放弃公职，只身来到南昌创业。

晚清上海有一家"开智书局"，主营教科书和译著，在武汉、泸州等地分设机构，推销自己编印的刊物。欧阳辅便申请在南昌设立一家开智书局，以作为分支机构。江西开智书局在他的主持下，除主营一些新式书刊外，有时也印行新书，如泰和同乡孙振渭的《大学诠解》（1920年12月版）等。书局甚至还代为发行过一些进步书刊，使进步思想在江西迅速得以传播。如陈独秀、李大钊人主持的《新青年》，开智书局就是江西三家经销点之一；1921年，袁玉冰、方志敏、赵醒侬等在南昌创办革命刊物《新江西》，仅出版三期，其中1922年3月1日出刊的第二期、1923年1月25日出版的第三期，都是由开智书局代为经销。由于袁、方等人宣传革命思想，引起江西军阀蔡成勋的恐慌，下令逮捕袁玉冰，收缴销毁《新江西》，使革命遭受损失。而开智书局能在军阀威势下，顶住压力经销"违禁"书籍，也表明了欧阳辅过人

---

① 泰和蜀口《欧阳氏宗谱》第一册，2004年版，第345页；《欧阳氏蜀江派性馀堂房谱》，2012年版，第248页。

的胆略和进步思想。①

长才亿中如端木

开智书局地址在南昌佳山庙,也就是现在的胜利路市公安局附近。由于书局经营新式教科书,又率先采用当时比较先进而成本较低的石印技术,所印书籍及时适应了市场需求,课本书刊畅销省内,为江西推行新式教育作出了很大贡献,"开智"一时名声大振。鉴于欧阳辅在这一领域的成就,宣统元年(1909),江西咨议局选举他为咨议局议员,成为九十三名议员之一,参与江西地方政事。"辛亥革命"爆发后他一度返回泰和,维持地方秩序,"以正直负乡望"。居乡期间,他还做过泰和至南昌间贩运米谷的生意。② 等到局势稳定,他回到南昌,继续经营书局业务,并开始编印碑版书籍。

欧阳辅对碑刻情有独钟,可能是受泰和另一位藏书家萧敷政的影响。萧与欧阳辅是郎舅

▲ 欧阳辅印

▲ 棠丞

---

① 江西出版史志丛书编写组:《中国共产党江西出版史》,江西人民出版社1994年版,第6页。
② 《赣省咨议局呈请查办税卡积弊》,载《申报》1909年12月3日,第13231号,第10版。

关系,欧阳辅娶了萧敷政的妹妹;同时,欧阳辅又将女儿嫁给了萧敷政的侄子,两家可谓真正的通家之好。从宣统三年(1911)开始,欧阳辅以书局名义委托上海鸿宝斋等厂家陆续石印了一批历代名帖,如王羲之《遗教经兜纱经合册》《宋拓圣教序》,孙过庭《宋拓太清楼书谱》,褚绪良《宋拓法师碑》《初拓褚千字文》,欧阳询《九成宫醴泉铭》《虞恭公温公碑》,欧阳修《泷冈阡表》《赵松雪龙兴寺碑》《汉杨震碑》《宋拓汉淳于长夏承碑》《明初精拓汉荡阴令张迁碑》等,根据书籍厚薄不同,售价在大洋四角到三元二角不等。这批名帖印刷精美,墨色如漆,装帧也古色古香;书前有欧阳辅亲自撰写的导读式序言,或在书后题有跋文,介绍该帖由来、传播与价值,加上发行经销处又设在上海、北京和汉口等大都会,所以市场销路颇好。连著名学者、商务印书馆董事长张元济也向他商借乾隆重刻《淳化阁帖》去付印,印成后送样书百部。①

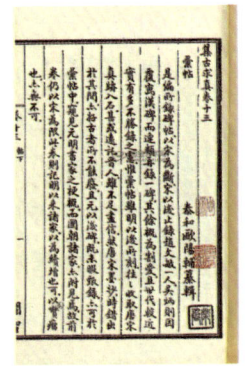

▲《集古求真》

出版题材的权衡取舍,发行经验的积累总结,运营资本的顺利回收,预示着欧阳辅市场开拓的成功,这为他加大收藏碑拓的力度提

---

① 张元济:《张元济全集》(第6卷),商务印书馆2008年版,第136页。

供了资金保障;同时也为他以后编印《集古求真》打下了基础。

为了收集更多名碑佳帖,欧阳辅多次前往当年的"首善之区"旧京北平,从琉璃厂的一些古旧书肆抢救一些故家遗书;有时又赴近代新文化中心上海,或监印或访书,北马南船上,都有这位七十多岁的老人的身影,"老狎江湖,若里闲然"。他的好友吉水欧阳成在日记中多次提到与欧阳棠丞在京晤谈,"泰和欧阳棠丞先生新至自乡里来访,邃于金石碑帖之学,乃光绪乙酉拔贡,今年七十有六,而谈论金石,犹渊渊作声也"①。欧阳成向他展示过自己珍藏的宋版《欧阳文忠公集》,欧阳辅则拿一些旧版书请他断代,互补短长。他们有时一起去厂甸访书,有时共赴吉安同乡的饭局,有时则在一起打麻将,欧阳成雅称"竹谈"。两人南北暌违时,欧阳辅会让儿子赴京送给欧阳成《临川李氏法帖十种》和书局所出碑帖,有时还会捎点蜀口郭仁山茶园所产、自己亲自命名的佳茗"麝月";欧阳成有时托棠丞找些吉水先哲文献,欧阳辅六十岁寿辰时,欧阳成还撰诗志贺。

兰亭万本振宗风

开智书局收藏碑帖非常丰富,局中藏拓八千多种,专著三百多册,可以说凝结了欧阳辅毕生的心血。"常漫游京、沪、汉,好收藏碑帖,博览古今金石书籍,精鉴别、善勘校,所藏多佳本,积存新旧墨拓八千余种,金石著述三百余帙,遍加考订,于前人舛误,颇多勘正。"欧阳辅在藏书上一般不钤收藏印,只在

---

① (民国)欧阳成:《南云精舍日记·乙亥》,1935年9月23日条。

题识后盖上名章或"棠丞",但他无碑不志的题跋文字,却成了他藏书最大的印记。

为了使这些珍贵碑帖不致于沦亡于乱世,也使自己三十多年对碑帖研究的心得公诸于世,他开始考虑将这些碑帖集中刊行。经过精心筹备,撰成《集古求真》一书。书名来自他评论欧阳修写《集古录》时,认为"有真无伪,不必求真,而自无不真,后世众伪蜂起。故宜辨伪求真"。为了做到真正的"去伪存真",他秉着谨慎的治学态度,精心结撰,凡六易其稿,并亲自担纲小楷缮写誊录工作,以便于石印印行。民国十二年(1923),第一辑《集古求真》正式发行,共十三卷,首尾二卷;此后他陆续补充调整,又于民国二十二年(1933)印行续集十卷,补正四卷。这二十九卷本《集古求真续》,是代表民国金石碑帖学的最高成就之一。《集古求真》取舍标准颇为严格,"凡漫漶难读者、片石数字者、书法不佳者,虽真不录;至伪托而为世误珍者,则录而辟之"。排列顺序,首先是楷书,其次是行书,再次草书,从次隶书,最后篆书,共著录碑帖凡一千多种。关于编印这部书的目的,欧阳辅再三重申:

> 书为六艺之一,龆龀入学,罔不学书。年齿日长,亦日知求工。然学书不临碑帖,虽极其能事,难免俗工之诮。临碑帖而不知真真,则更永堕恶趣,终身不能超脱矣。光绪初元,盛行黄自元书,余时童骏,随风靡从,不知其陋。祖父以其幼稚,未尝呵斥。比稍长,乃戒之曰:是虽名为学欧,觚稜刺目,未免玷我宗风,当竟学碑帖,庶几取法乎上,或有所得,因出先世所藏《九成宫》、《皇甫碑》令观之,并授

以文忠公《集古录》,庄诵之余,始恍然于碑帖之自有真。因进读宋、元以来,各家著录题跋诸书,遂略识书学源流派别,深叹坊肆恶刻,非惟不足为学书之资,实书法之蟊贼,其误人为不浅矣。①

欧阳辅还在绪言中批评了一些碑帖藏家的收藏误区,或薰莸不辨,贪多求全;或食古不化,抱残守阙,过度迷信一些残羹冷炙来故弄玄虚,炫于人前:

> 近世收藏碑版者,贪多务得,片石残字,珍同璧贝。造像题名,宝逾球琳。其实伧夫村妪,迷信神佛,恶札俗字,丑怪杂出。列目盈千累万,其可传可法者,百无一二。且藏弆虽多,岂能一一仿习,徒为插架充栋,供鼠啮虫蚀而已,矧兼收益蓄,尤非寒士所能,择善而取,求真者,正不必以真、备为快。

《集古求真》面世以后,得到金石碑帖研究界的高度评价。特别是他能力辟成见,敢于向大家名著的定论质疑和挑战。例如阮元的《北碑南帖论》,姚鼐的《金石题跋》,包世臣的《艺舟双楫》,康有为的《广艺舟双楫》,他都有所批评。他认为,近世金石学家,只有翁方纲和叶昌炽在金石方面的识见比较有独创性。他对二人的学说有所继承也有所发展,并能提出自己的见解,也体现了他不拘陈说、勇于突破的精神:

---

① (民国)欧阳辅:《〈集古求真〉绪言》。

鉴别碑帖，当自具眼光，熟观谛审，所见既多，真伪自不能逃其形。第一勿轻听誉言，为估人所愚。第二勿专信题跋，为名人所欺。估人得一佳本而题跋多者，遂幻化为数本，稍不留意，即受其愚。名人题跋，有阿巨公，而谬为赞美者；有任意挥洒，漫不考正者；有恃才傲物，妄肆议论者；有纯盗虚声，本无实学者，懵焉尊信，徒受其欺。况题跋尤多伪造，或抄袭，或移易，变换百出。昔赵𢱢叔购得佳本，每撕弃题跋，以为徒乱人意，盖卓有见地。题跋非绝无可信，必鉴衡在心，方不为所迷惑。尝见耳食之流，奉题跋为金科玉律，往往千金市骨，可笑亦复可惜。

治学不拘成说，勇于开宗立派，这是欧阳辅所提倡的。但要学会综合各方观点进行甄别后再评判。实际上民国时期论金石碑帖有注重考据的"兰泉派"和注重鉴赏的"覃溪派"，缪荃孙认为欧阳辅属于翁方纲一系的"覃溪派"。① 所以欧阳辅对"能书而好言碑版"的康有为等人的批评，就是情理中事。他认为康氏所著《广艺舟双楫》"虚诞多而精义少"，颇讥康南海连真本杨震碑都没见过，就大谈秦分、汉分，杜撰傅会；《传卫》一篇，向壁虚造，根本不知道《吊比干文》是翻刻之本，既没见过题记，又读过《东观汉记》，以致误以为是崔浩所书。

对于当时争论颇多的秦代泰山刻石断代问题，欧阳辅也有自己的见解。当时泰山刻石拓片系统有很多种，蒋氏访得玉女池之十字本，许氏访得碧霞元君祠之二十九字本，都称罕见之物。欧

---

① （民国）叶昌炽：《语石·语石异同评》，卷十。

阳辅指出这两个版本是宋代摹刻,在非宋以前所拓。此说一出,自然也引发了一些争议。福建金石名家林石庐就认为欧阳辅的说法可能有些武断,要求对方拿出证据来。欧阳辅便写信给林石庐,并附上己藏秦篆四十六字本给林氏对比。这部秦篆拓本原是明初名臣兼学者杨士奇故物,是宋以前所拓的真品,与蒋、许两家藏本对校,高下立判。①

当然,也有一些名家对欧阳辅的说法不以为然,如民国名士章士钊就抓住大谈书法的欧阳辅自己书法平平,行文也不精审这一点进行批评:"文笔平俗,殊乏味书卷气,以致平章石墨,亦类村妪骂人,盖天分低而用功笃者一流也。"② 这位江西老拔贡臧否人物、咀嚼公卿,其批评性观点打击面确实不小,所以才引发了大名士章士钊等人的强烈反弹,甚至对他吹毛求疵。但是,欧阳辅和《集古求真》的学术功绩是不容否定的。

欧阳辅的藏书,在民国十一年(1922)五月北洋军阀与北伐军在江西展开拉锯战,双方溃兵先后至泰和境内大肆劫掠,所有字画印章均被抢走,只残存部分碑帖和这部《集古求真》的手稿。对于此次书厄,欧阳辅痛苦地回忆:

> 去年五月中,北军自南赣溃而下,至吾邑则四散劫掠,南军踵至,驻吾邑,不能前进。闰五月,南军溃而上,北军踵至,亦驻吾邑。至六月始前进,故吾邑受祸最烈,而吾邑又以余受损至重。余家被抢如洗,一缕无余。乡市一典,亦

---

① (民国)周维新:《欧阳辅传》,载……《江西新人物志稿》。
② 章士钊:《孤桐杂记》,五。

搜括净尽,仅遗铁耙数十,县城典铺则金银首饰,皮绸衣服,悉被抄掠。然尚余破旧布衣,抛弃满地,而右边住宅书室,则又一物不存。此两五月数十次所抢劫者也。惟书帖字画,则六月初,始被十二师四十八团第二营所掳,营长王某,捆载而去。兵丁亦任意攫取,所可恨者,书籍颇多,不能全掠,则践污撕弃;瓷器时钟,不便搬运,则捣毁无遗。乃至印章百数十方,悉遭椎碎。惟象牙者,则怀而去。而珍贵之石不知取,且击成齑粉矣。虽昔之红巾,今之土匪,其顽狠不若是之甚也。国家养兵,所以卫民,乃残民以逞,悠悠苍天,此何人哉!①

等欧阳辅回到书房,家人哭诉"初抢金钱,次掠衣物,又次则碑帖书画,尽为沙叱利(骄兵悍将的代称)所掳"。"残剩书籍,践污不堪。回家检视,真可为痛哭流涕长太息",读到这里,连章士钊也同情地表示"文家受厄,同为太息"。

书家"四厄"之中,兵连祸结的江西罹难最重。开智书局后来的碑帖积累,也在1939年3月底日寇沦陷南昌时再次毁于兵火。欧阳辅仓皇随迁到临时省会,也就是他的家乡泰和,仅以身免。最后他以《泰和县志》主稿的身份领一份薪水,才不致有口腹之忧。但国仇家恨让欧阳辅心急如焚,竟忧愤成疾,不久逝于蜀口。村中老人都能回忆起欧阳辅留下的遗嘱,让子孙停柩不葬,他在天之灵要看到毁掉他所有珍藏的日寇走向覆灭,才能瞑目。

---

① (民国)欧阳辅:《〈集古求真〉绪言》。

高安

蓝钰

负笈砚斋

故纸倘往堕秦劫,应拾欲焚所未灰。笑骂由人私自怪,老来生活蠹鱼痴。

江西近代藏书家的身份各种各样，有的只是拔贡、副贡，有的中进士、列京卿。其中还有六位是曾跻身清秘的翰林藏书家，"太史"蓝钰就是其中一位。

苍茫独立送斜晖

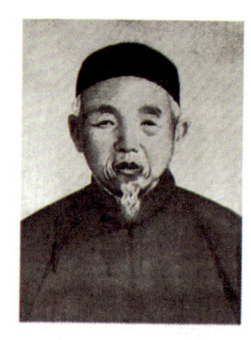

▲ 蓝钰

蓝钰（1862—1940），原名玉，字瑞人，一字式如，号石如，晚号蛰庐。同治元年九月初七，蓝钰生于瑞州府高安县蓝坊（今高安市蓝坊镇蓝坊村）。高安蓝姓不同于江西其他地方的畲族蓝姓，本地蓝氏自五代时后梁贞明年间（915—921）蓝良任筠州刺史开始，其后裔一千多年来一直定居筠州，也就是现在的高安，是纯粹的土著。蓝钰的祖父蓝懋绸，曾在安徽灵璧县经商，到他父亲蓝青选七岁时

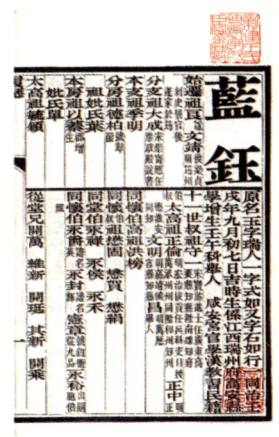

▲ 蓝钰会试墨卷

就去世了。蓝青选日后也跟随堂兄弟们在外面做点生意，可经营不善，家庭经济拮据的情况一直没得到改善，蓝钰就出生在这个家道中落的普通人家。① 他幼时随族中塾师蓝宪章、蓝鸿翯等发蒙，后入府学，为知府黄廷金所重，将他选送省城友教书院从学者龙文彬读书，先后受知于江西学政吴仁杰、汪鸣銮、洪钧。光绪八年（1882），蓝钰考中江西乡试第六十二名举人，光绪十五年（1889）考取咸安宫官学教习，会试中式第二百零二名，殿试二甲第七十名，朝考一等第五十七名，钦点翰林院庶吉士。②

蓝钰刚点翰林不久，即先后逢父母之丧，一直到光绪二十九年（1903）才入馆读书，散馆授翰林编修。时值清廷推行变法维新，同馆很多人都申请去欧美学习政法和格致之学，蓝钰思想较为传统，便申请分到国史馆去修史。"辛亥革命"爆发后，清帝

---

① 蓝钰：《先大夫述》，《负笈砚斋文钞》卷六，稿本，新风楼藏。
② 蓝钰：《光绪己丑会试硃卷》刻本，新风楼藏。

逊位，民国成立，国史馆的馆员纷纷挂冠南去，蓝钰以所编《德宗实录》没有完成，仍坚持留在北京撰写后续史稿。民国成立清史馆，陈宝琛推荐他为协修，最终完成《德宗实录》，逊帝溥仪赏给他二品顶戴、通议大夫，蓝钰为此感恩不已。袁世凯僭立洪宪皇帝，蓝钰拒绝接受伪职，几遭不测。民国十一年（1922）他南归故里，以授徒为业，足不履城市。

作为典型的遗民，蓝钰在思想与行动上，都对新成立的民国采取抵制态度。他交游的圈子，大都是具有同样心态的遗民群体，如陈三立、胡思敬、魏元旷、华焯等人，他们常在省城南昌聚首，"有泪如泉迸草莱，长安不见蓄深哀"，大有物是人非的感慨，形诸笔底都是一字一泪。胡思敬在南昌建梅（福）陶（潜）二公祠，殷贤祠（祀伯夷、叔齐），又建新昌明季六君子祠来表明自己的政治立场，就是请蓝钰和华焯分别作《祠记》或和诗。①

陶渊明和文天祥往往会成为江西人所膜拜的对象，蓝钰也不例外，他生平最钦慕陶渊明为人，所以平时所书联语，多集陶诗。虽然蓝钰遗世独立，但他热心公益，只要家乡遇到天灾，他就奔走四方，劝捐赈济。如乙丑（1925）旱灾、甲戌（1934）水灾，他看到遍野哀鸿忧急如焚，破除不入城市的规矩，奔赴汉口、南昌等地，呼吁动员高安籍富商慷慨解囊，为灾区筹捐；不足部分，蓝钰捐出自己的积蓄，甚至变卖自己收藏的古籍，体现了一个藏书家独善与兼济的博大胸怀。在乡间，他还率众兴修水

---

① 蓝钰：《澜石见示二君咏为退庐修梅陶二公祠作因和》《澜石以和退庐殷贤祠成诗见示亦作一首》《退庐以东湖六君祠成诗索和赋寄》，《负笈砚斋诗稿》稿本，新风楼藏。

利，疏浚沟渠；家族中有因穷困而不能娶妻的，他赞助资金帮助完娶。因此，蓝钰在高安、丰城一带享有很高威望，一些家族也乐于请他为祠宇题写匾联，或为族人作序文，时人赞誉蓝钰"古文力追韩欧，诗拟靖节，书法初学平原（颜真卿），后宗登善（褚遂良），劲遒瘦逸，得其神髓，与南丰赵世骏相颉颃"。

珍此琳琅归秘室

曾亲见翰林藏书之成的蓝钰，对藏书也达到痴迷的状态。他的藏书楼叫"负笈砚斋"。斋名源自他往年偶然得到一方明末忠臣史可法的用砚，砚的名字就叫"负笈砚"，蓝钰很高兴，专门写有一首题为《史阁部负笈砚》的五言古风，叙述得到这方砚的经过，并以史可法忠于故国、不惜杀身成仁的壮举自励。"憩息斋中，摩挲金石书画以自遣，且以所藏史忠正公负笈砚之名名斋，用寄意焉。"[①] 蓝钰的藏书印，印文就直接是"负笈砚斋藏书"。不过他还有一个斋号叫"读有用书斋"，所以也治了一方印文为"高安蓝氏读有用书斋鉴藏之印"的藏书印。

很多藏书家都写过描述自己藏书事迹的诗文，毕竟对于他们来说，赋诗填词是藏家余事，小菜一碟。蓝钰就写过一首《买书》的诗，把藏书家常恨囊中羞涩，买书导致屋灶悬绝的窘境描摹得入木三分：

百城坐拥日多暇，踵门书画争求赏。主人发箧富金钱，

[①]《蓝太史石如先生事略》，《负笈砚斋诗稿》稿本附，新风楼藏。

▲ 高安蓝氏读有用书斋鉴藏之印

▲ 负笈砚斋藏书

那计盈千索高价。求财不得从借观,云烟附向眼中化。鱼熊自古难兼得,旧籍但求充插架。有时獭祭供不能,每苦一瓻无可借。锱铢累积略搜求,旁观窃笑妻孥骂。饥不可食寒难衣,见之色舞眉为飞。入有限财何虚掷,坐使家人长冻饥。耳中窃窃闻私议,嗜好酸咸与俗违。故纸倘往堕秦劫,应拾欲焚所未灰。笑骂由人私自怪,老来生活蠹鱼痴。胸中成癖甚武库,至好不与年俱衰。但恨输人强有力,蜀非敢望陇何得。每逢佳节重摩挲,羞涩囊钱坐叹息。减产收书愧昔贤,我终不敢议田宅。苦教两念中萦纡,取之不能弃可惜。①

正是靠日积月累的点滴涓埃之功,使负笈砚斋藏书达五万余卷,多为同邑朱舲、奉新帅之宪、南城李之鼎三家旧藏散出而重聚于蓝氏者。1959年王咨臣先生在得到流出的蓝钰旧藏时说:

(钰)晚岁与新昌胡潄唐思敬诸人校勘《豫章丛书》于南昌退庐图书馆,以故精版本目录学。富收藏,如高安古唐朱氏

---

① 蓝钰:《负笈砚斋诗稿》稿本,新风楼藏。

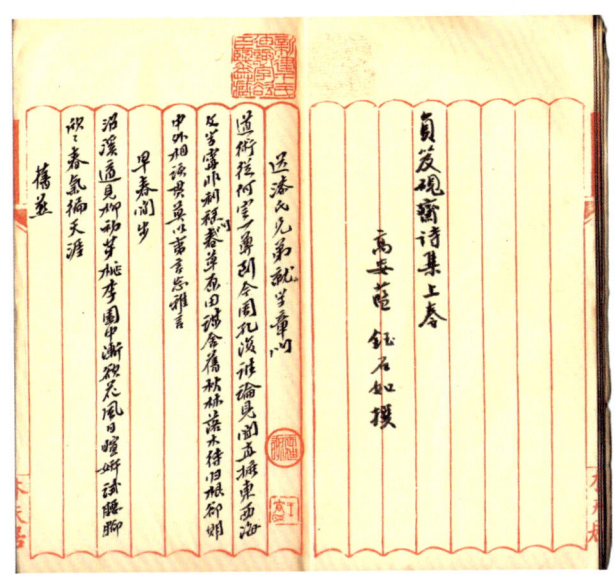

▲《负笈砚斋诗集》

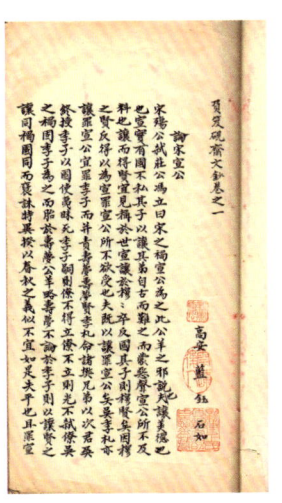

▲《负笈砚斋文钞》

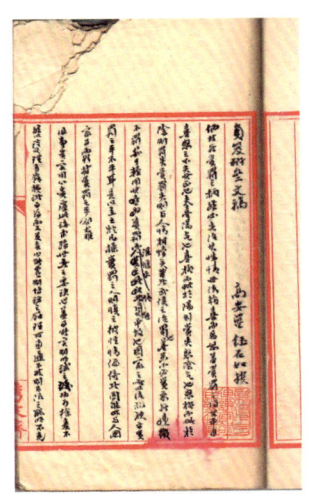

▲《负笈砚斋文稿》

古欢斋、奉新帅氏绿满窗、南城李氏宜秋馆诸家所藏,皆辇庋其故里蓝坊村。负笈砚斋凡五万余卷,中多明清刊本、珍贵典籍。①

这位翰林出身的藏书家,对一些重要古籍的研究进展比较关注,他对《永乐大典》皇史宬本和翰林院本的区别,就萧穆、缪荃孙两家论述的异同,结合自己在翰林院亲自上手的"庚子事变"(指八国联军洗劫北京)所剩下的《永乐大典》实物,进行过分析,因牵涉重要事件,所以全文录此:

> 世言凡事百闻不如一见,而见究亦不能必其尽确。萧敬孚先生记《永乐大典》,其得之前人记载,及《澄怀园语》、《啸亭杂录》所述,皆属闻得之。缪筱珊前辈所言,则萧属闻、缪属见,余见闻参半,谓略可释萧之疑,正缪之失。而原写本则犹在想像中。
> 前纪谓明世宗酷嗜此书,嘉靖某年,大内火,传旨移出,得无恙。因命重录一部。《澄怀园语》记雍正间移重录本入翰林院,称其字画端楷,装饰工致,纸墨皆发古香,盖见之掌院事时。《啸亭杂录》述李穆堂侍郎谓《大典》皇史宬本多于翰林院本千余册,闻耶必其见也。是三说,计皆确无可疑。然张文和、李侍郎不过因所见,偶谈及之,不图后贤考证,及此遂致启萧先生之疑。及萧闻缪言所疑,乃专属《杂录》。余于癸丑(1913)春闻之书估,《大典》原本有

---

① 王咨臣:《负笈砚斋文稿跋》,新风楼藏。

自皇史宬窃出者，本视翰林院差小，翰林院本格界以朱，此以蓝，书估盖尝见翰林院本者，据所言，则原本固在也。窃意两本先并藏皇史宬，后以重写本置翰林院，此可释萧之疑矣。顾所闻于书估者，其言略求详，犹有待李所云多至千余册，亦无由以证明也。至缪之失，余得据清秘翰林所示者正之。缪以书后衔名，谓是嘉靖重录本，此不误；书皮用粗黄布装，如今洋书式，此小误，粗布乃粗绢也。其云大小字，视寻常书各大一两倍，语不甚明了。至云书高二尺，宽尺二寸，则未之细审，径以原本为久不可问，则书估之言非耶？盖是书字大者约六分，小者约三分，高以营造尺计之，约一尺四寸五、六分，宽约八寸四、五分，如缪所言，固与原本不可问，同一失也。又其书凡半页界朱丝格八行，大字居中，占一行，小字双行，共占一行，所引书目录以朱文，则以墨，此缪所未及，余为详著之。是书经庚子（1900）之乱，所存不过数十册，陆续收得乃至百余册，世变后闻皆散出无存，今不知归于何所，执笔书此，涕泪随之矣。①

负笈砚斋及其主人最后的命运如何呢？1939年3月底，日军占领南昌，又沿锦江西犯，离县城数十里的蓝坊也是日寇窜扰之地，一夕数惊，八十一岁的蓝钰以跟随民众逃亡途中，指顾寇仇，忧愤而死，这是战乱中藏书家的又一个悲剧。

至于蓝钰那些如燕衔泥、辛辛苦苦聚集的五万卷藏书，在上世纪五十年代"土改"开始后，其族人将"负笈砚斋"藏书悉数用

---

① 蓝钰：《题敬孚类稿记永乐大典后》，《负笈砚斋文钞》卷六，稿本，新风楼藏。

车送到南昌的造纸店贱卖，店方准备将其打成建房用的纸浆。蓝家藏书"甲午（1954）散出，村人辇来南昌求售，论斤计值，为石渠阁所得，余从石渠阁购得者亦且数千卷"，除石渠阁买下其中一部分外，王咨臣先生也闻讯赶到现场，拣选了一些古籍，以及蓝钰诗稿、文钞若干，这批书后来成为了"新风楼"藏书的主要来源之一。1979年王咨臣先生在跋《负笈砚斋诗稿》时回忆说：

> "土改"时，（钰子）嗣荣、嗣棠皆客居武汉，家中藏书，悉行散出。村人以土车载运南昌，论斤计值，售与西万宜巷荒货店。余闻讯狂喜，日至其所，选取千数百斤。有《负笈砚斋诗文集》《奏疏稿》《日记》及《列朝诗集》《启祯两朝遗诗》《初学集》《有学集》《文笔正宗》《玉茗堂诗文集》，凡数百种，惜多残帙。日久，余金尽，不能致力，虽明刊《册府元龟》《太平御览》，亦舍弃作纸浆，虽痛心，亦无可如何也。值江西省文物管理委员会成立伊始，乃得悉行罗致之。然钰全部藏书，散佚尚不知几百千也。①

除王咨臣新风楼藏有部分蓝钰藏书外，省文管会也就是后来的江西省博物馆古籍部也有一些，两处总数不过四五千卷，约是当年负笈砚斋藏书的十分之一。历经世变，只余此片羽吉光，也算是聊记雪泥鸿爪而已！

---

① 王咨臣：《负笈砚斋诗稿》跋，新风楼藏。

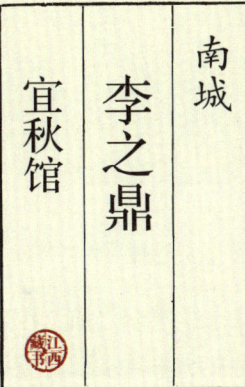

南城 李之鼎 宜秋馆

自笑频年拥百城,汗牛汗马两无成。修期自诩桓桓气,不意雕虫毕此生。

南城藏书家、版本目录学家李之鼎，在近代江西藏书家群体中可谓独树一帜。他同时在版本目录学研究与校刻古籍两个方面取得杰出成就，堪与胡思敬、李盛铎鼎足而三。另外，作为诗人的李之鼎，为我们留下了《宜秋馆诗》和《宜秋馆诗话》。李之鼎忠于故国，临终叮嘱友朋在自己墓碑上题"清故诗人李某之墓"，由此可见李之鼎是一位有着浓郁遗民情怀的藏书家。

麻鞋谒帝存诗卷

李之鼎（1865—1925），号振唐，一作振堂，南城人。九岁能诗，二十岁出游台湾，其才具与襟抱，受到台湾巡抚刘铭传器重。光绪二十年（1894）李之鼎以监生的身份捐资为广东候补知县，先后署令海南澄迈、会同及陵水等县。李之鼎为政以清慎自持，对上官不卑不亢，却因此得罪上司，光绪二十四年（1898）

以所谓"行为鄙谬,不知检束"罢归①,时年三十七岁。此后李之鼎游历各省,饱览山川之胜。光绪三十三年(1907),应江西巡抚沈曾植之聘,回赣处理南安教案。辛亥革命爆发时,李之鼎正协办《江西官报》,南昌光复,他跟随巡抚冯汝骙退往九江。冯汝骙在浔自杀后,李之鼎转徙南北,最终流寓上海。曾服官前清的李之鼎内心有着浓重的遗民心态,与江西籍的一批"遗臣退士"一样,仍忠于前清,不事民国。他曾遍谒清东陵,痛哭而返。1922年逊帝溥仪举行大婚,诏以纳赀助费者得赐觐见,"遁世不忘君国惓惓之忠"的李之鼎闻讯,变卖家当,麻鞋赴阙,得以在养心殿谒见故国逊君宣统皇帝,获赐"松筠雅操"匾额和"长乐未央"银爵。后来溥仪得知李之鼎校刻宋人别集达六十多种、有功学林时十分高兴,再赐"书楼世业"御书匾额以示嘉许。了却一桩心愿的李之鼎携弟之韶隐居沪上,不再过问世事,一心以校勘为务。1925年农历六月二十六日,李之鼎逝于上海寓所,享年六十有一,归葬南城十六都石背山。②

善本书能传汲古

江西建昌府在清代中后期的科举与人文盛况,可以说是异军突起、独领风骚,所辖诸县中南城、南丰、新城(黎川)等县更

---

① 《申报》1901年4月2日,第10039号,第1版。
② 叶尔恺:《李振唐大令家传》;章梫:《清故中宪大夫广东候补知县李振唐大令墓志铭》,俱载《李振唐大令铭挽录》,民国十四年南昌杨家厂肇记石印本,上海图书馆藏。

是群星璀璨、盛极一时。李之鼎就出生在建昌府治所在的南城县。他的家族上塘李氏也素以簪缨世家、诗书奕代闻名于世。"中兴名臣"曾国藩就在日记中提到，咸丰八年（1858）十二月初四日，他率同幕僚合肥李瀚章及铅山雷维翰、奉新许振祎等人，到南城县东乡上塘圩李家，参观上唐李氏藏书。李氏兄弟李甲芸（翰芗）、甲英（佩香）富冠南城，而嗜好藏书，数万卷藏书经历"洪杨之乱"尚能保全完璧。曾国藩"登其楼观所藏书，亦多佳本"，艳羡之余，欣然入住李宅一宿，次日临别，还为李氏兄弟书对联二副，以感谢李家的"图书盛宴"。①

　　李之鼎不知是否是这家李氏藏书事业的直系继承人，但他的祖父李以文、父李清华都是读书人，作为长子的李之鼎自幼就喜欢读书藏书。李之鼎在《宜秋馆诗话》中说："余生平嗜书成癖，检校摩挲，镇日不倦。闻有善本，不远百里罗而致之。力所不及，结为梦寐。袁简斋先生云：'少年力不能致，及老能致而不能读，亦天下缺恨事也。'"② 他的同乡、翰林编修刘凤起，曾绘《秋林勘书图》，描绘的就是李之鼎辛勤校勘古籍的场景。

　　李之鼎藏书数万卷，宋元刊本和明清刻本各居其半，曾编有《宜秋馆书目》抄本3卷，《宜秋馆丛书目录》抄本3卷。李之鼎的藏书楼名为宜秋馆，还有一些比较罕用的如舒啸轩、知无涯斋、抱宋庐、世业堂等。常见藏书印有"宜秋馆藏书""南城李氏宜秋馆藏""李氏舒啸轩珍藏""振堂鉴藏""振唐读过""振唐经眼"等。其藏书在其于上海物故之后散失，现主要藏于国家博物

---

① 《曾国藩日记》，咸丰八年十二月初四日条。
② 李之鼎：《宜秋馆诗话》，民国初铅排本，南京图书馆藏。

馆、清华大学图书馆和山东大学图书馆。比较重要的古籍，有国家博物馆1961年自琉璃厂购藏之《四库全书总目提要》底稿三册共十六卷，上有丰城欧阳熙及南城李之鼎"宜秋馆藏书"白文印及"振唐鉴藏"朱文印，知此曾为李氏故物；藏于清华大学的宜秋馆善本，有康熙二十九年刻本林云铭撰《春秋题要辩疑》三卷；清抄本明末白愚撰《汴围湿襟录》三卷；乾隆十五年刻本金友理撰《太湖备考》十六卷首一卷；乾隆九年知津堂刻本奚禄诒撰《楚辞详解》五卷，此书另钤"北平木斋图书馆藏书"印，则此书自宜秋馆散出后又曾入李盛铎木斋递藏，再流入清华；四库全书底稿朱丝栏抄本宋代祖无择《龙学文集》十六卷附《祖氏源流龙学始末》一卷，四册一函，上钤"古稀天子之宝""乾隆御览之宝""宜秋馆藏书""振唐鉴藏""蟫隐庐秘籍印"，则此书自宫中流出后，先为李之鼎所得，李去世后又归上虞罗振常"蟫隐庐"购藏，再汇入清华（以上均见《清华大学图书馆善本古籍目录》）。山东大学所藏宜秋馆旧物，有明万历十五年刘怀忠刻本晋代杜预《春秋经传集解》三十卷；明末刻本《居家必备》八十三卷；流通于收藏界的藏书，有嘉庆稿本问堂老人撰《忆年笔略》一卷，光绪刻本《元和姓纂》十卷等。

▲ 宜秋馆藏书

▲ 振唐读过

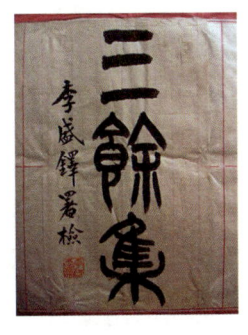

▲ 李盛铎署《三余集》

不意雕虫毕此生

李之鼎早年从政,民国以后则绝意仕进,日以校勘古籍为事,并一直坚持到生命最后一刻。只有在古籍中,他才能暂时忘却家国之痛,从书中找到乐趣。因此,他的交游圈子除了清遗民之外,自然少不了大江南北的藏书家。

与李之鼎交谊最笃的藏书和版本目录学家,本省为胡思敬,外省则为武汉周贞亮和吴兴南浔刘承幹。胡思敬与李之鼎既是道义之交,属于共同的遗民群体,又都酷爱藏书,胡思敬在南昌退庐病危时,胡对赶到床前的李之鼎"付托之语甚重,述之泪交于睫",令人不忍卒闻。周贞亮和李之鼎交谊十分有趣,民国九年(1920)两人曾一起合作完成《书目举要》,但两人神交七载,彼此并未谋面,合著为驰书探讨商榷而成。周贞亮是汉阳人,光绪进士,日本政法大学毕业,历任邮传部主事、黑龙江检察长,最后任南开大学、北平大学第一师范学院教授。李去世时,周贞亮叠赋五律六章,以抒胸中之痛。

刘承幹的嘉业堂藏书丰富,先后重金入藏甬东卢氏抱经楼、独山莫氏影山草堂、仁和朱氏结一庐、丰顺丁氏持静斋、太仓缪氏东仓书库等十数家藏书,"诸藏书家多佚出之本,无不归之,收藏遂富甲海上"。李之鼎校刻宋集,多赖好友刘承幹惠钞。李之鼎去世时,刘承幹不胜痛悼,不但亲书《李振唐大令家传》,并撰五古三章,回顾"我之始识君,计在辛亥后",两人相遇于上海"淞社",一见如故,诗酒流连。后来又一同去觐见溥仪,同获褒奖,两人交驰文字,精研藏书,"缔交逾十载,情挚若昆友"。

李之鼎在版本目录学方面的贡献，在于对历代丛书的研究与考证。他曾写有《评丛书绝句三十首仿遗山论诗体》，对王世贞《汉魏丛书》、黄秩模《逊敏堂丛书》等著名丛书用诗体一一进行点评，这些诗是一批重要的版本目录学文献。而具体的学术论著，则属他与周贞亮合著的《书目举要》一卷和增补杨守敬《丛书举要》八十卷。《书目举要》根据历代公私所撰图书目录编撰的解题书，共著录部录类四十二种，编目类九十八种，补志类十六种，题跋类二十种，考订类二十九种，校补类三种，引书类二十种，版刻类十三种，未刊书类七种，藏书类五种，道释目二十四种，体例以简见长，只述每书作者、版本、刊地、存佚等，是一种版本目录学的入门指导书，1920年刊行于南昌。杨守敬是近代著名的藏书家和版本目录学家，《丛书举要》是他的代表作。李之鼎的贡献在于对此书进行了辑补和修订，此书于1914年初印时为六十卷，1918年铅印本已增订为八十卷，分装四十册，书前有李之鼎甲寅（1914）、戊午（1918）两个序和增订凡例，说明李之鼎对前人名著校订之勤。全书著录丛书计有经部四卷，史部七卷，子部七卷，集部十六卷，前代七卷，近代十八卷，自著十卷，郡邑二卷，汇刊书目一卷，释家六卷，道家二卷，末附《校误记》、《重刻征刻南北宋人集小启》一册。实际上，李之鼎在杨书基础上已经大有增益，丛书数量扩展到了1605种，对丛书的研究也更为深入。从书后附《启》也可以了解李之鼎在为推进编刻宋人别集的工作一直没有中断。

佚集搜刊宋代文

李之鼎在《宜秋馆诗》卷四有一首《聚书》诗,自嘲自己的藏书事业说:"自笑频年拥百城,汗牛汗马两无成。修期自诩桓桓气,不意雕虫毕此生。"这里所言耗费毕生精力的"雕虫"事业,指的就是他编刻《宋人集》。

在李之鼎之前,藏书家得到一本珍贵的宋版书后,总想千方百计影写影雕原书式样,以追求与满足人们达到宋版书一样的审美需求,人称"影宋"。用现在的话来说,这是"高仿"。其实这种翻刻,注重的是审美,追求逼真的背后,是昂贵的刻印费用。李之鼎注重的是实用,为了通过宋人文集更好地传播宋代文化,李之鼎选择的是在校勘的基础上,重新系统地整理刻印,使"佞宋"重新回归到"尊宋"。他在《重订征刻南北宋人集小启》中介绍动因之一是"拟以廉价公诸同好,藉为流通",证明了他的刻书思想和平民观念。

李之鼎认为"传布古人著述,与掩骼等",说明他是以一种强烈的责任心来选刻宋集的。他自1914年开始整理刊刻,历时10年,在南昌北湖"鸥盟小榭"陆续开雕,共完成《宜秋馆汇刻宋人集》甲、乙、丙、丁四编(他的计划是百种甚至数百种,结果戊编未完而卒),主要编刊宋代"小名家"诗人别集,总数达59人62种,其中多为善本,每种还附记有关诗人的资料及李的校刊记。这部大型宋代诗文集统一规划,用心校勘,每集专门请当代名流如李盛铎、郑孝胥、吴昌硕、陈三立等书写集名,并延请熊译元(罗宿)、雷凤鼎(菊农)、傅增湘(沅叔)等"友情"校对，每集版心镌有"宜秋馆"字样。这套丛书校勘质量高，印刷精美，自诞生以后就受各藏家珍爱。

李之鼎在选择版本上，有意避开《四库》系统，"举两宋足本别集，凡本朝无刊本者，节衣缩食，力任校刊"，千方百计寻访海内公私藏家手中的宋元刻本编刻而成，"欲使天水一代文献不致坠失"，可见他以一己之力，呕心沥血完成这一伟大工程。虽然《宋人集》不无脱误、衍骈及臆断的地方，但都无法掩盖这部书的文献价值及李之鼎的巨大贡献。

陈三立在为李之鼎题写的挽联中说："搜刊两宋遗书，流传快靓巾箱本；犹挂崇陵残梦，奔走微怜草莽忠"[①]，这两句话分述李之鼎毕生的藏书事业与人生信念，可以说是高度概括了这位遗民藏书家的一生，李之鼎地下有知，当笑慰九泉矣。

---

① 《李振唐大令铭挽录·挽联》。

萧敷政 遐观楼

泰和

营"趣园"以观览,建"水阁"以登眺,构"舒啸台"以吟咏,建"遐观楼"以藏书。

位于赣江边上的泰和上田萧家，也曾上演过中国传统家族大起大落、盛极而衰的戏剧性一幕。藏书家萧敷政就出身富甲一方的上田"萧百万"盐商家族，萧家营"趣园"以观览，建"水阁"以登眺，构"舒啸台"以吟咏，建"遐观楼"以藏书；经历北洋、北伐战乱犹能撑持半壁，"抗战"时趣园尚为浙江大学弦歌之地；到上世纪五十年代以后，却被当作"四旧"陆续破除，最终灰飞烟灭。

搜求异籍百城拥

萧敷政（1866—1921），字社生，号蒲村，泰和县千秋乡上田（今上田镇上田村）人。同治五年二月初八日，萧敷政出生在上田的官商家庭。据《萧氏宗谱》，萧敷政伯父绍荣，字茂林，号芸浦，同治十二年（1873）举人，以捐赀为刑部郎中，二品衔湖北候补道。父亲绍典，字芳林，号楷堂，光绪二十五年（1899）乡试副榜，浙江候补道。叔叔绍渠，字蔚林，号筱泉，例捐二品衔、广东候补道。萧敷政的母亲石氏为四川人,是道光进士、福建松溪县知县石凤扬的女儿。石氏育有敷政、敷教两个儿子,敷教字永生,号敬五,与堂弟敷训一样,都是长兄萧敷政藏书、刻书的同道,可谓手足情深。

萧敷政出生时,萧家已是殷富大户,这都得益于祖父一辈在四川经商成功。萧敷政的伯父绍棻和父亲绍典其实出生在四川叙州府宜宾县,父亲当年还是以宜宾籍考中秀才。当地读书人怀疑知县以萧家为大商人而"放水",学政接到举报,便将萧绍典单独考试,并将他"文义斐然"的试卷张帖在试院前,大家才心服口服,可见萧家是不折不扣的"儒商"。回到泰和原籍后,萧绍典也做了很多慈善事业,一次赈济水灾就捐助了七千两银子。①萧绍棻、绍典兄弟都能得到"旌表义士"的荣衔,都跟他们雄厚的经济实力有关。特别是伯父萧绍棻在咸丰五、六年间(1855、1856)到扬州经营盐业成功,"成大业,在扬州南河下修建巨宅",所创"萧裕丰"成为与开创"裕丰隆"钱庄的周扶九家族并立的江西籍富商,当地人许幼樵说"鬻盐巨子数萧周",反映了当时扬州"萧家的盐,周家的钱"歌谣之不虚。萧敷政父亲萧绍典也是"裕丰"投资股东之一,萧敷政兄弟后来能成为大藏书家,继承父亲的丰厚家产是直接原因。

当然,要想获得社会地位,光是直接继承产业成为巨商远远不够,萧敷政也必须走科举这条道路,才能获得官方认可的身份。勤思敏学的萧敷政很快考中了光绪十九年(1893)年乡试举人,只是他这次以湖南籍报考,理由是自己在湖南"游幕既久",

---

① (民)张謇:《泰和萧氏楷堂家传》,光绪二十一年,《张謇全集》,第260页。

遇到恩科开科的诏书，赶回江西办理手续已经来不及。一般情况下，异地参加考试是不被允许的，这次萧敷政甚至劳动了湖南巡抚专门为他奏请就地应试，并有远在京城的十名江西籍京官为他联名作保，萧家的影响力可见一斑。① 考前已有监生身份的萧敷政在湖南应该不是"游幕"，而是经商，游幕只是一种托词，从湖南报考，说明他的关系网主要在湘省，至今他乡试的墨卷以及很多个人文献保存在湖南省图书馆，就是这个原因。② 光绪二十四年（1898）6月，萧敷政援例纳赀为内阁中书，赏花翎员外郎升衔。③ 尽管胡思敬对萧氏兄弟这样的"暴发户"加入藏书家行列颇不以为然，但具备功名与财富双重支撑的萧敷政，能在日后请到状元陆润庠、张謇、帝师朱益藩、学者王先谦为他家修谱写序的写序，撰传的撰传，题匾的题匾，能频频借助孔方兄之力达到光宗耀祖的目的，谁能拒绝萧家丰厚稿费的魅力呢？

校刻遗编万卷开

萧敷政"家雄于财，而多心计"，雄厚的经济实力为他开展大规模藏书提供了条件。萧氏藏书购自北京、扬州、南京，数量号称二十万卷，多淮扬故家典籍，尤其以江西乡邦文献为多。他将这些古籍船载以归泰和，庋藏于遐观楼中。遐观楼藏书处又叫"敬止斋"，但他的藏书印并不使用以上两个名字，印文直接刻

---

① 《申报》第7533号，1894年4月13日，第2版。
② 寻霖、龚笃清：《湘人著述表》，岳麓书社2010年版，第1028页。
③ 《申报》1898年6月30日，第9054号，第3版，《分发人员验看名单》。

"泰和萧敷政蒲邨氏珍藏"（方型，朱文）、"蒲邨氏珍藏书籍之印"（方型，朱文）、"泰和萧敷政蒲邨氏珍藏书籍之章"（长型，白文）等，不管以名姓入印雅与不雅，这便是萧氏"有钱就任性"的表现。

遐观楼建筑群于光绪二十八年（1902）建造完成。此前敷政兄弟买下宅第附近的枫山，"广种桐茶，收十年之利，于以安田宅"，并陆续在这里营建致悫享堂、书墅、趣园别墅、水阁、舒啸台和遐观楼等，成为一组壮观的建筑群。①

萧敷政藏书二十万卷，并编有书目。藏书中不乏善本，如明崇祯四年（1631）赵均小宛堂刻本赵宧光撰《说文长笺》一百卷、首二卷附八卷。是集四十八册，是《说文》版本系统中的一种，前有钱谦益、曹学佺等序，此书入《中国古籍善本书目》。万历四十二年（1614）周与爵刻本《周元公集》十卷、《世系遗芳集》五卷，萧敷政原藏，后归傅增湘藏园，著录于《藏园群书经眼录》。万历四十四年（1616）闵齐伋朱墨套印本《春秋左传》十五卷；万历四十八年（1620）闵迈德朱墨套印本《秦汉文

▲ 泰和萧敷政蒲邨氏珍藏

▲ 蒲邨氏珍藏书籍之印

---

① （清）王先谦：《枫山致悫享堂记》，《虚受堂文集》13卷，第23页。

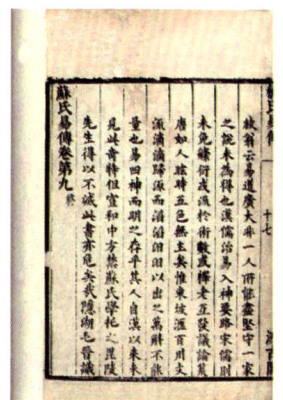 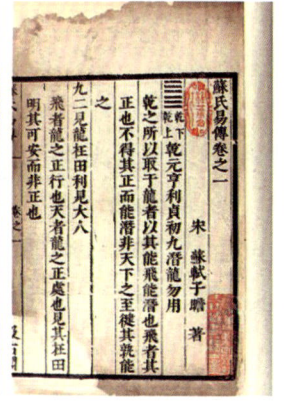 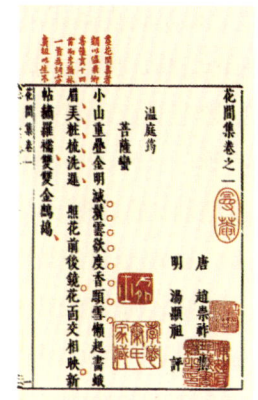

▲ 萧敷政藏明汲古阁刻本《苏氏易传》　　　　▲ 萧敷政藏明末朱墨套印汤显祖评《花间集》

钞》六卷等。其他明清刻本，略举一二：嘉靖十九年（1591）刻本徐图刻《文章正论》二十卷；嘉靖二十六年（1547）范廉刻本《阳明先生文录》十七卷、《外集》九卷；嘉靖三十六年（1557）刻本祝允明《祝氏集略》三十卷；嘉靖三十七年（1558）刻本王维桢《王氏存笥稿》二十卷；万历茅坤评、茅一桂刻本《宋大家欧阳文忠公文钞》三十二卷；明刻本《苏文忠公集》三十卷，曾藏王士禛处，后归萧氏；明刻蔡沈《诗集传》六卷；崇祯刻本《史记》一百三十卷；清康熙四十二年（1703）宋荦刻本《御制诗集》三集共二十八卷；日本文久三年（1863）、明治四年（1871）大阪青木嵩山堂刻陈献章《陈白沙文钞》三卷、孙传庭《孙忠靖公文钞》三卷等，以上四十余种，现均归湖南省图书馆[①]，它是国内收藏萧

[①] 《湖南省图书馆古籍线装书目录》，经、史、子、集、丛等部，北京线装书局，2006—2007年版。

氏藏书较为集中的公藏图书馆；本省只见有明末朱墨套印汤显祖评本《花间集》，是书现归江西省图书馆。

除了古籍，遐观楼也有一些金石碑帖收藏，据萧敷政的妹夫欧阳辅说，他编《集古求真》时，向妻兄借过一些碑帖，"所自有者十之七八，见于外家萧氏者，十之一，见于友人与估客者，亦十之一"①。

刊刻乡邦文献是许多藏书家的共识与心愿，深受"文章节义"思想熏陶的萧敷政也不例外。为了使先贤遗篇播于人口，就必须使这些文字寿诸梨枣，当然这也只有有经济条件的藏书家才能办到。从光绪二十五年（1899）到三十二年（1906）间，萧敷政在趣园别墅聘请刻工，陆续开雕泰和文献。刊成的书籍主要有明初名臣刘崧《刘槎翁文集》；大学士杨士奇《东里全集》七十八卷、附录三卷；大学士萧滋《尚约文钞》十二卷；清代王愈扩、王愈融兄弟《瑞竹亭合稿》二卷、附录一卷、《诗》一卷。除了别集，萧敷政还刻过一些大部头实用书籍，如医学家陈念祖《陈修园医书》十四种八十四卷，即《灵素集注节要》十二卷，《金匮要略浅注》十卷，《金匮方歌括》六卷，《伤寒论浅注》六卷，《长沙方歌括》六卷，《医学实在易》八卷，《医学从众录》八卷，《女科要旨》四卷，《神农本草经》四卷，《医学三字经》四卷，《时方妙用》四卷，《景岳新方砭》四卷，《伤寒真方歌括》六卷。②

---

① （民国）欧阳辅：《〈集古求真〉绪言》，开智书局1923年版。
② 杜信孚、漆身起：《江西历代刻书·清代私刻》，江西人民出版社1994年8月版，第292页。

萧氏珍藏话劫灰

遐观楼藏书第一次遇险，是萧敷政去世的第二年，即民国十一年（1922）北洋军阀在江西混战时。这次萧敷政妹夫欧阳辅的藏书遭受大厄，萧家藏书却幸免于难：

> 去年春夏之交，粤赣南北军，调兵转饷，不遗余力，似必有剧烈战争……（南军）有关团长者，年六十余，自云淮军出身，所过秋毫无犯。有仲达连长者，驻萧氏祠，严守纪律，萧氏遐观楼藏书，比余多五倍。但无宋元版，不及余之精，若碑帖则余视彼亦多五倍，论精则彼尤远不逮矣。萧氏闲余轩藏书，亦与余相垺，均无毫无损失，则仲达连长之赐也。①

四年之后的民国十五年（1926），遐观楼就没有那么幸运了。本年秋，北伐军与盘踞江西的孙传芳部激战，双方都发生了针对老百姓的抢劫行为。北伐军罗卓英部趁乱将遐观楼藏书悉数抢到手，连同萧敷政的藏书印一起运到南昌，卖给了南昌大古旧书店扫叶山房。扫叶山房的老板外号"姜蚊子"，为人老奸巨猾，为了赚不义之财，他利用遐观楼和萧敷政的名气，将书店原有普通古籍统统加盖"泰和萧敷政蒲邨氏"藏书印，以抬高书价，坑骗

---

① （民国）欧阳辅：《〈集古求真〉绪言》，开智书局1923年版。

▲ 遐观楼青石匾，摄于2014年

藏家，此举为新建藏书家张劼闻知，怒斥其卑劣无耻。①

1939年3月，日寇攻陷南昌，江西省会被迫迁到泰和。其中上田成为省直各机关驻地，再加上西迁到此的浙江大学，上田一时成为人文荟萃之地。浙大校长、著名科学家竺可桢，就在萧敷政"趣园"建筑群内起居和办公，遐观楼迎来了新的主人，成为浙大临时图书馆，一直持续到浙大一年半后别迁他处。为了感谢西昌父老的患难之谊，至今浙大仍为泰和保留高考入学指标。

上世纪五十年代初，王咨臣先生到泰和访求古籍，曾专程慕名拜访遐观楼，此时已是

---

① 熊德基：《追念张劼老师》，载《南昌大学学报（人文社科版）》，1980年第3期，第72页。

"空有遐观楼尚在,已无舒啸屋成灾"①的景况,令人恻然。

唯一值得欣慰的是,遐观楼虽然不在,在族中大力提倡藏书育人的萧敷政播撒下的读书种子却最终生根发芽。在本房后裔中,萧蘧(1897—1948)和萧公权(1897—1981)同在清华大学毕业,同赴美国密苏里大学获学士、康奈尔大学博士,萧蘧为国立中正大学第二任校长,萧公权则为四川大学教授,1948年当选中华民国第一届中央研究院院士。在萧公权回忆录《问学谏往录》中,充满着对故园的深深眷恋。②

---

① 王咨臣:《访书上田萧氏趣园,旧藏散佚已尽,诗以纪之》,见王春霖:《当代庐陵诗词选集》,华艺出版社2003年版,第33页。
② 萧公权:《问学谏往录》,传记文学出版社1972年版,第一章。

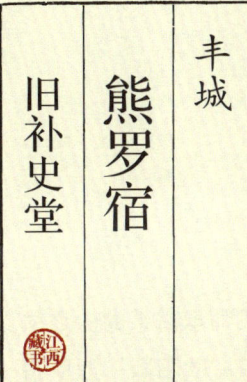

丰城 熊罗宿 旧补史堂

蔽所不见,终以自废。则藏书之举,洵为开民智第一义也。

江西历代藏书家形成师承谱系的少之又少，脉络清晰、可以追溯渊源、传承有绪的只有欧阳熙—熊罗宿—张劼—王咨臣、王令策父子这一系了。熊罗宿在这个谱系中起到承上启下的作用，他藏书、写书、刻书，甚至开店从事图书经营（"贩书"）；特别值得一提的是，他还是中国最早提出并创办公共图书馆的学者。

金匮沉沉夥大藏

熊罗宿（1866—1930），字浩基，号译元，丰城西庄（今河洲街道太阳庙村）人。熊家始祖叫熊用宾，字西隐，宋代儒士，人称西隐先生。传到熊罗宿祖父笏堂、父亲霞举时，正遇上"洪场之乱"，所居去城五里，受祸颇烈，世事蜩螗，使熊家的家道变得更为不堪。

熊罗宿生于同治五年四月七日。他自幼天赋颖异，七岁入私塾发蒙，过目成诵，举止端谨，颇为长辈所器重。光绪三年（1877），熊父举家迁入丰城县城内，命熊罗宿投当地名儒何云樵、蒋薪舆先生门下读书。光绪十三年（1857），二十二岁熊罗宿才取得丰城县学秀才资格，同年娶城内陆氏为妻。

熊罗宿勤敏好学，博闻强记，而且善于辞令，与人谈论，滔滔不绝，声若洪钟。此时熊即流露出对经史、版本目录和音韵学的浓厚兴趣，他认为，"读书当先知门径。识字义，谙目录，则知门径；通声韵，则识文字，二者读书之本也"。这些理论，明显受乾嘉学派的影响。此外，他还对古建筑学和医术特别精通。而他正式的藏书活动，也在这一时期开始，按他自己的描述，每遇善本，必欲措款得之，哪怕衣食不继也不顾。本来藏书不是穷人的事业，但熊罗宿坚信贫者也有乐道的权利，于是节衣缩食，从牙缝里省钱买书，每本书都得来不易，令人嗟叹。熊罗宿以是家境更为窘迫，箪瓢屡空，后来妻病子夭，与经济拮据不无关系。

壮年以后，熊罗宿来到省城，先后入友教、豫章和经训三个书院肄业，特别是到注重经义和实用的经训书院后，他成为湖南经学名家、内阁中书皮锡瑞（鹿门）的入室弟子。皮氏原籍清江（樟树），为一代经学大师，鼓励学生不迷信前贤成说，主张对一些国学原典进行研读和创新。熊罗宿对明堂制度的研究，就得到过皮锡瑞的支持。熊罗宿认为，明堂九室十二堂的制度，见于先秦古书，如《明堂》、《月令》和《考工》三书。其实这三书都是一个理论，《考工》上说九室是"五室"，恐怕是先儒流传有误句。所以他写了《明堂图记》加以详细考证，并亲自绘图甚至做模型，以验证自己的说法。此书三易其稿，一直到去世时才定稿。

熊罗宿系统地学习版本目录学知识，则得益于丰城同乡先辈、经训书院"四子"之一的欧阳熙（阮斋）先生。欧阳氏"本西江名士，收藏甚富，见闻博洽"，熊罗宿在理论和实践上都得到乡贤的悉心指导。后来熊罗宿将自己的女儿许配给欧阳熙之孙、欧阳溥存之子常玺，也是因了这层师生情谊，当然这是后话。

光绪二十三年（1897）丁酉乡试，熊罗宿以贡生的身份中式举人，与崇仁华焯、新建程学恂、南昌梅光羲、梅光远、吉水欧阳成、九江桂念祖同榜。① 次年翰林沈曾植来为南昌知府，听说熊罗宿学术深湛，便延请至幕中。熊知道沈曾植为一代通儒，而且喜欢藏书与校刻古籍，遂执弟子之礼，帮助沈氏校勘赏鉴之事，使熊罗宿接触到很多古籍善本的第一手资料。

清末对科举和教育进行改制以后，朝野掀起了新学思潮，并选送了大量学生放洋留学。署南昌知府徐嘉禾保送熊罗宿赴日本留学。宣统元年（1909）熊罗宿返国，此时沈曾植已任安徽提学使，召熊罗宿到提学使署中佐幕。二年（1910）熊罗宿赴北京参加举贡考试，经过六月的三次复试考核通过，七月被派分广东即用知县。熊罗宿考虑到从北京去广东路途辽远，即使去广东赴任也可能会分到偏僻州县，自己年纪不小，而两年前夫人陆氏病故，母亲又年迈，自己照顾不过来，便放弃了去广东赴任的打算。正好此时江西同乡九江刘廷琛在京师大学堂（今北京大学）任总监督（校长），便聘请他去京师大学堂教历史，时间两年。在此期间，他还在北平开设"丰记书庄"，一面经营图书，"以书养书"，一面结交同道，搜罗珍籍。直到辛亥革命爆发，清帝逊位，熊罗宿才南归江西。

---

① 《丁酉科江西乡试官板题名全录》，载《申报》1897年10月16日，第8801号，第2版。

熊罗宿侨寓南昌,时逢故友、新昌(今宜丰)籍的前清监察御史,也是著名藏书家胡思敬,在东湖边将自己的藏书楼"问影楼"改成退庐图书馆,便请熊罗宿帮助建馆事宜。熊罗宿、胡思敬、魏元旷等这些前清遗老也借此聚会。胡思敬论人严苛,但对熊译元和华焯却高看一眼。他在写给都昌胡雪抱的信中说:"澜石、译元皆笃信好古,可引为攻错之助,盖将以守待相期,非泛然投合,谬欲混以公事也。"①

由于连年熊罗宿遭父母之丧,一直到民国十二年(1923)冬才正式在东湖边筑室藏书,插架达两万多卷。熊罗宿在此读书批史,影印古籍,弘扬国学。都昌诗人胡雪抱赠诗云:"金匮沉沉夥大藏,百城坐拥豫章王。红蟫洗嫩摊书手,自是娜嬛却老方。"②

熊罗宿藏书楼先后叫"顾顾斋"和"旧补史堂"。前者是因为他特别膺服顾炎武、顾千里的学说,所以为自己书斋取名为"顾顾斋";旧补史堂,则是因为在两宋之际丰城有位叫熊方的学者,撰成《补后汉书年表》一书进呈宋高宗,受到朝廷嘉奖,这段史实有据可查,而熊罗宿恰巧得到一部清刻本《补后汉书年表》四卷(今藏江西省图书馆),自谦从事的事业与责任又是"补史",所以祖述先贤,用了"旧补史堂"这个书斋号。

熊罗宿听说上海刚从国外引进"写真制版",也就是照相制版技术后,很快联想到用这一技术进行古籍影印,并为此筹集资

---

① 胡思敬:《退庐文集》,卷二《致胡雪抱》。
② 《熊译元孝廉好藏书赋赠》,选自胡雪抱:《昭琴馆诗文集笺注》(第5卷),江西人民出版社2008年8月版,第151页。

▲ 丰城旧补史堂藏书

▲ 译元

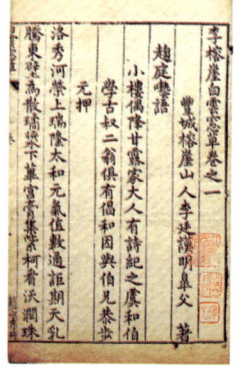
▲ 熊罗宿藏明李廷谟《白云窗草》稿本

▲ 熊罗宿辑刻朱印本明涂棐《韦庵奏疏》

▲ 熊罗宿旧补史堂旧藏宋熊方著《补后汉书年表》

金,远赴上海措办影印事宜,效果颇佳。但要大规模系统化地影印珍本古籍,以他现在这种窘境是不可能的。熊罗宿于民国十八年(1929)冬远赴辽宁,想与另一位藏书家伦明商议影印续修四库全书事宜,遗憾的是,此行无果而终,却耗尽了他极大的心血。熊罗宿黯然返回关内,并再度滞留北平,此时他已是六十开外的老人。熊罗宿预感自己来日无多,他用最后的精力对《明堂图说》进行了修订,并在北京印行,他感慨地说:"图成矣,吾死无恨矣!"民国十九年(1930)五月十二日,熊罗宿逝于北平丰城会馆,享年六十五岁,由弟子丰城涂闻政(后为南昌乡师校长)撰传行世。[①]

缥缃颁为天下公

一般人把熊罗宿视为旧式藏书家,却很少有人知道他是具备公益意识的开明绅士,曾经在国内最早发起公共图书馆事业。

中国最早的一批公共图书馆兴起于上世纪初,如1904年杭州的古越藏书楼,1910年的武昌文华大学公书林等。但笔者通过研读史料,发现熊罗宿等人比上述图书馆更早地提出公共藏书楼的理念,他在1897年提出创办公共藏书楼方案并加以付诸实施,它有专人管理,而且"任人披览",具备向全社会开放的公共图书馆性质。这座国内已知最早的公共图书馆即南昌苍颉庙藏书楼(后移设中西实务学堂内)至今已有117年历史了。

---

① 涂闻政:《熊译元先生家传》,载《江西文物》第1卷第3期,民国三十年五月底印行。

光绪二十三年（1897）6月20日的上海《申报》刊登了这个开设公共藏书楼的禀帖，呈帖人正是"经训书院高才生"熊罗宿。他首先说服了强学会的骨干，曾率领学生赴日留学的高安籍京官、刑部郎中邹凌瀚，请他首倡捐买中西书籍，在省城南昌的仓颉庙开设公共藏书楼。这个藏书楼属于公共性质，"多储中西有用图书，任人披览；并延精通英法文字者数人主讲席"。为了扩充藏书，熊罗宿上书布政使翁筱山、按察使张筱船，请求得到官方后续资金支持。他认为公共藏书的类别应该不仅限于传统古籍，而是中西并重。除了创立图书馆，他还提出创立一所"中西学堂"，选拔通晓中西文字的老师授课其中，请求官方对两个"当务之急"的大事进行捐助，这两个建议都充分表现了他的全球视野和科学眼光：

生等则谓，今日中国之忧，固在于格致未精，尤在于士愚难用。士为四民之首，其不知经史根柢、中外情势者，比比皆是，何问天、算、声、光、化、电、汽、热诸名目？士犹如此，其他可知。以视西人讲求有用之学，比量以观，直同霄壤然。推原其故，大率古今秘籍、中外图书，属在单寒，力难购置。蔽所不见，终以自废。则藏书之举，洵为开民智第一义也。

查外国藏书，动则数千万种，一时固难仿效。第如编书议准，暨京师官书局定章，就各省局刻，并同文馆、税务司、制造局译印诸书，概提全分。其于有用之图籍报章，另行筹款价买，尚易施行。惟是西书浩如烟海，晚出者尤佳。已译各种，特借窥见一斑。

况风闻本处绅商,多半乐成新学,当不致筹款无从。生等亦具有天良,各怀义愤,决不甘为总署所虑,僻陋自安。但得大人首先提倡,免致向学无由身受者,固肺肠铭恩。即大人亦与冀之夔帅、鄂之香帅,同称不朽。所有恳崇实学、渐开风气拟先建书楼、并习西文,俟办有成效,徐图扩充,用符总署原议缘由,谨会同商榷,披沥上陈。仰恳大人轸念孤忠,俯从舆议,如蒙批允,一应办理。细章容俟续拟呈核,并再具禀,恳求会详抚宪,核夺施行上禀。①

文尾《申报》馆加以按语,对熊罗宿的大胆建议深表赞赏,说道:"窃谓此事如果有成,江西风气渐开,多士学归有用,创立者功德讵可限量哉!"不久熊罗宿吁建公共藏书楼和创立中西学堂的事有了下文,"经训书院肄业高才生熊罗宿等,具禀请兴中西学堂及藏书楼,翁方伯批准在案"②。"江省熊茂才罗宿等,禀请上宪创设藏书楼,以为士人讲求实学之用。兹邹孝廉凌沅、胡优贡发珠等禀请创设中西实务学堂,已蒙各宪批准。"③ 为此,熊罗宿等还详细陈述了筹款方案和办学计划,最后都得以实施,江西最早的藏书楼和第一所中西文化专门学校就这样办起来了。

---

① 《振兴新学》,载《申报》1897年6月20日,第8683号,第2版。
② 《振兴新学》,载《申报》1897年7月26日,第8719号,第2版;《大兴西学》,载《申报》1897年10月4日,第8789号,第2版。
③ 《兴设学堂》,载《申报》1897年8月9日,第8733号,第1版。

红蟫洗嫩摊书手

熊罗宿藏书方面的主要功绩，不在于藏书的质量与数量，而在影印和校刻古籍方面，这也是他跻身有建树的藏书家行列的主要因素。他影印和刻印的古籍有内府钞本薛居正《旧五代史》一百五十卷、岳刻《五经》、顾刻《元丰类稿》五十三卷、许刻《笠泽丛书》四卷补遗一卷、李注《王荆公诗集》五十卷目录一卷、《王荆公诗笺注》五十卷、成注《伤寒论》四卷和袁仁林《虚字说》。校刻的古籍有江永《音学辨微》，司马光《切韵指掌图》和《历代纪元编》。独立撰著有《明堂图说》二卷、《资治通鉴校字记》四卷。此外，他和很多藏书家一样，对乡邦文献的收藏和传播非常重视，依笔者目力所及者，熊罗宿校刊的乡贤著述有明初文渊阁大学士朱善（丰城湖塘人）的《朱一斋先生文集》后卷六卷；又从曲江《涂氏族谱》中辑出的明监察御史涂棐《韦庵奏议》付刊，值得一提的是，为此书题写书名的正是退庐老人胡思敬，而省图所藏，则为熊氏所赠退庐旧物。熊则刊刻了胡思敬的著作《戊戌履霜录》、魏元旷的著作《坚冰志》和《光宣金载》（与前列江永等书合称《熊刻四种》），三人交谊可见一斑。在胡思敬《退庐全集》中，熊译元有时写作"熊亦园"，胡氏曾聘其看守"退庐"产业；赴沪苏访友时，还曾携熊同往。

至于他的藏书，经笔者目力所及者，有万历年间丰城籍进士、官至湖广按察副使李廷谟的《李榕崖先生白云窗稿》，各卷卷首有他的钤印"丰城熊氏补史堂所藏"及"译元"私印；以及《补后汉书年表》，二书均归江西省图书馆。

熊罗宿最重要的藏书，则属元刻本胡三省注《资治通鉴》和四库馆臣邵晋涵批校进呈本《旧五代史》原稿。这两部书得之厂肆，系熊罗宿寓居长巷头条丰城会馆，时往琉璃厂巡书时所获，尤以《旧五代史》因为珍罕，此书甚至惊动了正在编百衲本《二十四史》的张元济，只是因为一些特殊原因，两人没有合作成功。《古今掌故》记载此事原委说：

> 熊罗宿，字译元，南昌人。民初，穷居于前外陋巷之某会馆中。日必往琉璃厂翻书，久之，书贾及名流始知其精于版本之学。熊固寒士，竟得一宋刻《资治通鉴》及四库馆臣批校《旧五代史》辑本原稿，宝秘之，靳不示人。后因负债累累，值商务印书馆张菊生拟影印百衲本《廿四史》，而《旧五代史》自元、明已佚，遍觅不得。闻熊氏藏此善本，多方商借印，熊氏拟索巨金偿宿负，终以索价过高，张氏乃借南浔刘承幹刻嘉业堂印辑本影印行世。《百衲本》既风行海内外，故熊氏藏本再无人愿出高价矣。熊氏愤极，不得已乃借资将其书石印一百部，版式及诸臣粘签等，均加套印，一似《四库全书》批校本原书，除如《百衲本》附载一校字记外，又作一跋，暗示此本远胜于《百衲本》。熊氏后穷愁而死，所藏此书至今不知落何处。即其石印本亦成瑰宝矣，惟朱本《通鉴》传之其子，今归江西省立图书馆。

文中所说民国十年（1921）熊罗宿影印《旧五代史》一事，熊氏自己也曾于卷首及书尾写有序跋各一篇，说明自己影印的目的，是因为此书元、明时期就已失传，所以才付诸影印，以广其传。乾隆年间四库馆臣邵晋涵等人从《永乐大典》里辑出薛居正《旧五代史》各条,并引用其他版本进行了校补和考订,注释考订部分粘有黄签,拟付誊写。但主持审详的总裁官看过这部底本后,感觉有很多"违碍字眼",副总裁彭元瑞曾力争,不听。于是此书遭到大加改窜,牵合穿凿,"变乱原书,所在皆是",从而导致以讹传讹,面目自非,后来以《四库全书》为底本的诸刻,都存在这个问题。熊藏此本"朱丝黄帙,字画谨严,粘签甲乙,灿焉具备,审是武英旧物",学术价值自不待言;熊罗宿还列举此本与正式印行的库本相比较,并专门撰有校记四卷,更突出了此本之珍贵。①

此书及元刻《资治通鉴》在熊氏物故后,其家售予月池熊季贞,解放后熊夫人捐赠给省文管会,省图书馆用地方志向省文管会交换入藏此书。2009 年,《旧五代史》一百五十卷入选第二批国家珍贵古籍名录(01232 号);元刻本《资治通鉴》二百九十四卷连同附刻的胡三省《通鉴释文辨误》十二卷,到熊季贞处后又转售给中正大学教务长胡光廷,解放后,江西省图书馆斥重金从胡家收购,终于与《旧五代史》一起归为国有,2008 年入选首批国家珍贵古籍名录(00448 号);两部古籍于 2008 年和 2010 年分赴国家图书馆参加第一、第三届国家珍贵古籍特展,这也算是熊罗宿为江西藏书事业作出的一大贡献吧。

---

① 影内钞本《旧五代史》缘起及跋,江西省图书馆藏熊罗宿本。另见陈尚君辑纂:《旧五代史新辑会证》,复旦大学出版社 2005 年 12 月版,第 4635、4637 页。

众书端为一书亡

熊罗宿一生贫困,能聚书至两万卷,颇属不易。只是因为他醉心研究与藏书看似并无关系的明堂制度,为此倾注了大量心血,而最终妨碍了他取得更大的成就。伦明的《辛亥以来藏书纪事诗》之《熊罗宿》诗就说:"毕生绝学考明堂,是否平方误立方。学就屠龙时已晚,众书端为一书亡。"说起具体的情节,伦明既为熊罗宿全力以赴想影印古籍嘉惠士林而感动,又为他不谙工艺、盲目上马和书生气十足导致事业失败而惋惜,颇有为后来者取为殷鉴的意思:

丰城熊译元先生罗宿,为皮鹿门入室弟子。曾作《明堂说考误》,寻又以为非是。精研数十年,用算法制成小木块,以验其制。游沈阳,适遇拆城,谛视半日,因悟城制。又闭户覃思积年,绘出总分图一百余幅,每用附以详说,观者仍不易解也。余拟集同人请先生登坛讲解,先生允之。未几病作,遂不起。盖心血已为明堂呕尽矣。或云先生所绘图,合平体,不合立体,未审然否?

先生精鉴别,兼工心计,积书甚富。余所知卖出之值,已逾数万金。晚岁于故都设丰记书庄,又影印《旧五代史》、岳刻《五经》,俱获利。而败于《江氏音学十书》。盖印此书时,因图雇工购料之便,移家上海。又欲究求一更精更捷之新法,诸工人皆待先生指挥,而先生午夜读书,至翌日午始起床,工人上半日皆不事事。又以款不足,奔走筹措,常数月不归,数月中,工人俱无所事事。数年书未印成,又须退回购预约者之原值,所借款皆出重息,遂至破产。先生未设肆前二年,居故都研求,得一新法,系用影片粘钢版上,以某项药水浸之,取出如字刻木上。据云较石印工省,而先生是时境已大窘,不得一试。方研求之际,助之者有书庄伙计黄玉,玉能传其法,亦无有试之者。先生殁后,遗稿并仅存之书,归南昌图书馆,尚得值三千金。①

熊罗宿的悲剧,也是一个时代的缩影。《哲匠录》就熊的生平遭际评论说:"建筑工匠之命运亦与国休戚,若熊罗宿者,本为专家,却无奈经商破产,观其晚年参观北京故宫制度,于斗室中仍伸纸作绘,欲毕其说,亦可敬可怜矣。国家若知惜才,爱国学者岂会得此下场?"② 至今读来,为之唏嘘不已。

---

① 伦明:《辛亥以来藏书纪事诗·外二种》,北京燕山出版社1999年版,第107页。

② 喻学才:《中国历代名匠志》,湖北教育出版社2006年版,第309页。

九江 刘廷琛 潜楼

潜德人莫窥，高楼倚溟渤。森森百城拥，琳琅富万帙。中有把卷人，书声金石出。

九江藏书家刘廷琛,出身甲第,曾任帝师;飏历中外,有声词林。他还是京师大学堂的总监督(即后来的北京大学校长)。特别值得一提的是,刘氏还是著名的书法家兼藏书家,所藏敦煌经卷,是当时国内藏家之翘楚。

沉沉龙养渊　浩浩鱼纵壑

刘廷琛(1867—1932),字幼云。德化刘家是九江著名的簪缨世族,从明代开始读书之风连绵不绝,"一矜相传,盖十余世",是典型的书香门第。刘家到他父亲刘矞祺这一代才开始略为发迹。刘矞祺生逢丧乱,为避"粤匪"(太平军),从黄土岭迁谭家畈,再搬到城内莲花池居住,一边教馆一边应试,同治五年(1866)才中式举人,大挑得知县职,先后

▲ 刘廷琛

在浙江义乌、嘉兴、金华等地任地方长官，颇有政声。最后以两浙盐运使致仕，归隐九江，辛亥后就养青岛。① 刘廷琛幼承家训，父亲亲授诗书及楷法。光绪癸巳（1893），刘廷琛中式江西乡试第四十七名举人；甲午（1894）殿试，中第二甲第二十名进士，朝考一等第五名，选庶吉士②，散馆后历任翰林院编修、山西学政、国史馆协修、陕西提学使、京师大学堂监督、学部副大臣。宣统元年（1909），还一度担任过末代皇帝溥仪的经筵讲官。辛亥革命后侨居青岛，不与世接。民国政府开礼制馆隶于政事堂，拟聘刘廷琛为礼制馆顾问。刘忠于逊清，不事民国，撰《复礼制馆书》峻辞。袁世凯欲临朝称帝，派人延揽，刘廷琛仍坚拒不出。而同乡张勋欲谋复辟，刘廷琛却积极奔走为之擘画，并于复辟后出任内阁议政大臣。复辟失败，刘廷琛始有悔意，于是深居简出，不履国门。1932年7月5日，刘病逝于青岛，遗著有《潜楼文稿》等。刘氏善书法，在青岛遗有为德国传教士尉礼贤办的"礼贤书院"（后改名礼贤中学校，今青岛九中）、"海天如一"、"谦祥益"、"厚德西里"题额及齐燕会馆匾联；在九江县题有"望古遥集"、"羲皇上人"枋额及《靖节先生祠堂记》碑刻均存。特别值得一提的是，湖州南浔藏书家刘承幹的嘉业堂藏书楼匾，也是刘廷琛所题。

"潜公"刘廷琛在政治上属于旧派，与康有为也偶有周旋，

---

① 刘廷琛：《诰授资政大夫晋封光禄大夫署浙江盐运使司盐运使显考刘公云樵府君行状》，上海图书馆藏，九江学院滑红彬提供。
② 《刘廷琛会试朱卷》，见顾廷龙：《清代朱卷集成》，（台北）成文出版社1992年版，第81册，第301页。

但他对待文化却是主张中西兼用,并不排斥外来文化。他既饱读传统的四书五经,又读林琴南翻译的美英文学作品如《茶花女》和《黑奴吁天录》等;他不喜欢京剧和地方戏,却喜欢去青岛福禄寿和明星电影院看好莱坞电影。

隐居海涯二十载的刘廷琛生际易代,遭逢乱离,所以其用世之心内,往往抱有很深的忧患意识,这是那个时代知识分子共有的危机感。所以刘氏将寓所及藏书楼取名"潜楼",也是有很深的寓意。潜楼的"潜"字,源自《易经》"潜龙勿用",是第一卦"乾卦"的象辞。用儒家的解释就是说,大丈夫能屈能伸,穷则独善其身,达则兼济天下。现在不允许出世,就好好地保护自己,不轻易显山露水。刘廷琛以潜龙自况,其用心不言自明。崂山之下,实为他内心的田横之岛。

有楼书插架　十万琳琅如

潜楼位于青岛德国租界湖南路西首五十三号,辛亥以后刘家从北京迁来,将它既当公馆又当藏书楼。藏书楼在前栋楼上,共两间,内间为书斋,外间为藏书室,书室门楣上悬有陈宝琛书"潜楼"二字匾额,对面墙上为翁同龢书"点易堂"横幅。南窗则悬有刘廷琛与陈

▲ 曾在潜楼

▲ 德化刘氏珍藏书籍印

◀ 刘廷琛扇面书法

曾寿、胡晴初等人的合影。潜楼的常客,大都是在青岛当寓公的前清遗老,其中有清末军机大臣吴郁生、总督赵尔巽、法部右侍郎王垿、铁路大臣吕海寰等。他们甚至组成"十老会",隔三岔五诗酒觞咏,评议着纷繁时局,打发着侨寓生涯的似水流年,真是"把袂奋谈舌,灯摇涕欲落"①。蜗居日久,用度不继,所幸刘廷琛还能临池题书,以酬庸需索。他自幼得其父真传,父子两人临习孙过庭《书谱》不下千遍,所以刘廷琛的书法功力颇为精悍,被誉为青岛三大书家之一,远近公私诸方请题匾联,多请潜公命笔,断了薪水的刘廷琛也借此补贴家用,以免坐吃山空。据王树功《青岛的餐馆业》一文载,刘有一怪癖,如果有人想请刘写匾联,得先到青岛著名的餐馆东华旅社请客,并召妓侑酒,等到潜公倚红偎翠、耳热酒酣之时,他才乘兴濡墨染翰,一挥而就。其实青岛人眼中这位江西籍大佬的所谓"怪癖",无非是遗老们借

---

① 陈三立:《送别刘幼云之官陕西提学使》,载《散原精舍诗》,上海古籍出版社 2003 版,第 204 页。

着对魏晋风流的想象与追忆，来掩饰自己内心的无限悲凉罢了。

当然，潜楼最为知名的还是藏书。刘廷琛藏书的来源，除祖上所遗残书之外，大多是刘廷琛在北京等地任职时购藏，总数有数万册之多。由于他出身翰林，赏鉴精审，加上所历都是学官，所至访求遗书，属吏也自然会投其所好，介绍他入藏不少故家散出之物，所以刘氏藏书，日积月累，粹然大家。据他的孙子刘诗谱回忆，潜楼藏书的类别，经、史、子、集都有，而且还有一些外文书和译书，如他的朋友严复和林琴南的著作。①

与另一位九江籍大藏书家李盛铎不同的是，刘藏书并不追求版本有多么珍贵，而是讲求实用、不惮庞杂，所以他藏书中最早的版本也只有明刻本。其实潜楼还有一份秘藏，就是藏有少量敦煌出来的唐人写经，据说也是当初与李盛铎、方尔谦和何彦昇一起截留的敦煌解京之物。早在1909年9月4日，时任京师大学堂总监督的刘廷琛曾出席六国饭店的一次宴会，京师学界招待弄走敦煌经卷最多的伯希和，从而成为最早一批知晓敦煌发现遗书消息的中国学者。罗振玉恳请陕甘总督丰城人毛庆蕃帮忙，请他无论如何，赶紧从王圆箓道士手中将全部剩余经卷收购送京。毛与罗为姻亲，所以很快办理，并着敦煌知县何彦昇亲自押送。但是，何氏是李盛铎的亲家，而刘廷琛与李盛铎不但是九江同乡，而且是通家之好，刘的妹妹就嫁给了李的兄弟李盛锦，所以这是一件典型的"家族式腐败"的"窝案"。事后，罗振玉曾撰文披露这几位藏书家的不光彩行为：

---

① 刘诗谱：《忆先祖刘廷琛之晚年》，载中国人民政治协商会议青岛市委员会文史资料研究委员会：《青岛文史资料》第7辑，1986年编印，第161页。

江西李君与某同乡，乃先截留于其寓斋，以三日夕之力，邀其友刘君、婿何君及扬州方君，择其尤者一二百卷，而以其余归部。李君者富藏书，故选择尤精，半以归其婿，秘不示人；方君则选唐经生书迹之精者，时时截取数十行鬻诸市。①

因为来路不正，所以潜楼的敦煌写经讳莫如深，即使家人也不得窥其全豹。潜楼另外藏有一定数量的书画，仅清代嘉道时期著名的吏才兼书画家南昌万承纪（廉山）的画作就有十六幅之多。

刘廷琛寄迹青岛时，读书颇勤，甚至心血来潮撰有一份藏书目录，今存中国科学院图书馆。他的藏书每部都写有书签，都是他手书卷帙；书中多以朱笔圈点，有的还写眉批和跋语、题记。每书卷首所钤藏书印，有"德化刘氏珍藏书籍印""曾在潜楼"等数种。"曾在潜楼"的"曾"字，表明了丧乱之后阅世弥深的刘廷琛一种豁达与淡定，或者是对历史规律认知后的些许无奈。他家的藏书经历"粤匪之乱""拳匪之变""辛亥国变""日德构兵"及数不清的军阀混战，人尚苟延辗转于锋镝之间，何况书籍等身外之物。一句"曾在潜楼"，也无形中使他的藏书注定了悲剧的结局。

其实对于自己的藏书，刘廷琛还是比较珍视的。友人汪洛年和林琴南先后为刘廷琛画过《潜楼读书图》，遍请胜流题诗。劳乃宣题诗为："潜德人莫窥，高楼倚溟渤。森森百城拥，琳琅富万帙。中有把卷人，书声金石出。"吴郁生题诗为："乱离轻乡邑，患难多友生。荒荒穷岛间，素心乃合并。劳于轸古谊，陈章郁幽

---

① 罗振玉：《姚秦写本僧肇维摩诘经解残卷校记（序）》，载罗继祖主编：《罗振玉学术论著集》（第十集），第614页。

情。咫尺潜楼上,照席罗瑶英。潜公不下楼,坐拥书百城。有时独深念产,耳不闻电霆。岂伊念在昔,澄精埋八紘。微生感精卫,心与东海盟。中夜枕书卧,且听波涛声。"其他沈曾植、于式枚、陈宝琛等人题咏更是不一而足,刘家日后变卖藏书,这两幅画却没有出让,以免贻笑大方。

因时为污隆　阖辟在筦钥

今天我们能看到的一些潜楼散出的藏书,有入于公藏者,也有付诸拍卖者。如北大图书馆收藏的万历元年香山黄氏刻本黄佐撰《泰泉集》六十卷;见诸拍卖图录的有明崇祯五年(1632)重刻胡应麟撰《少室山房笔丛十二种》四十八卷;清康熙二十七年(1688)竹纸写刻本宋人范成大撰《石湖居士诗集》三十五卷;嘉庆年间兰溪文印堂刊本《河东先生集》十五卷、附录一卷;雍正七年马氏小玲珑山馆仿宋刊本《韩柳二先生年谱》八卷,以上诸书卷首均钤有"曾在潜楼"白文方印;盖有"德化刘氏珍藏书籍印"的潜楼古籍,如山东大学图书馆藏万历十四年(1586)武林冯绍祖观妙斋刻本汉代王逸撰《楚辞章句》十七卷附录一卷等。

1937年"七七事变"以后,失去了刘廷琛这棵摇钱树的刘家,家道开始中落。此时刘宅生齿日繁,人口越来越多,而几个儿子经商失败,使情况更变得雪上加霜。不得已刘家将潜楼藏书和两箱书画全部运往北京出卖。由于刘氏后人不太懂行,加上潜楼藏书的确不以珍罕著称,书籍都是按白菜价让北京几大书商大肆瓜分,一代藏书名家多年积蓄,就这样被子孙不到一个月就变卖殆尽。其实所获收益,甚至不足供刘家分房析产。

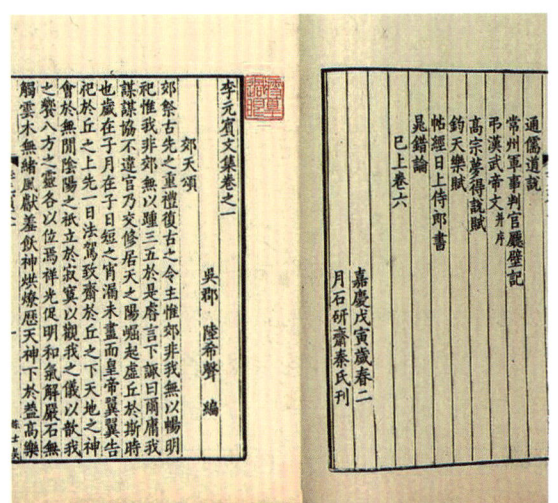

◀ 刘廷琛潜楼藏书上胡思敬"瘦筼过眼"印

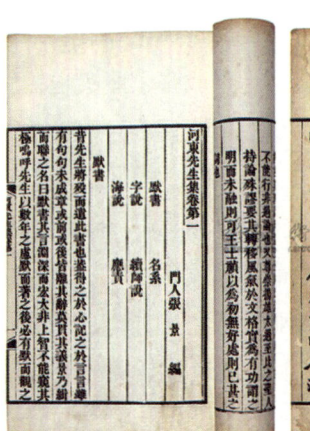 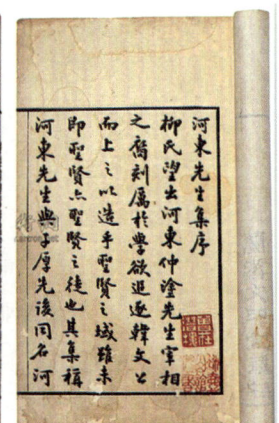

▲ 潜楼藏《柳河东先生集》

▲ 潜楼藏道光影宋本《新编古列女传》

失去了藏书的潜楼，也失去了它的文化价值。1990年青岛火车站扩建，潜楼被彻底拆除。刘氏后人贱卖祖业的行为，真是应了江西一句老话："崽卖爷田不心疼"，也更证实了笔者观点，藏书家除了藏书四厄（水、火、虫、兵）之外，还有一厄就是藏书家无"后"，真是"有书还须好儿孙"！

最后需要交待一下刘廷琛所藏敦煌经卷的结局。刘去世四年之后，刘氏后人委托亲家、也是藏书家的黄公渚，找到当时在日本避暑的人藏书家董康，请他在日本代为寻找买主，经卷八十余种，均为精品，开列清单，索价五万（银元）。董康找到曾经收买过李盛铎藏书的日本人羽田亨，但羽田氏没有及时下手。董康却把这件事写进了自己的《书舶庸谭》，并详细记录了其中二十件精品。事情一经披露，舆论哗然，刘家不敢冒天下之大不韪公然资敌，最后遗书为亲戚张子厚买走，旋为在华北伪政府任职的吴瓯买下，遗书得以留在国内。[①] 1953年，这些经卷被收缴没收充公。1954年2月11日，文化部将这批刘廷琛旧藏敦煌遗书共80号，正式拨交北京图书馆（今国家图书馆），成为该馆16500余号敦煌遗书中最精彩收藏之一。其中如唐咸亨四年十月廿八日吾巨言写本《金刚般若经》、唐人《佛说天公经》、上元三年王举写《妙法莲华经》、《佛说仁王护国般若波罗蜜经》、《师质子摩豆罗世质》、北朝写本《大智度论卷第六十五》等，都是敦煌经卷的精华。[②]

[①] 尚林：《刘廷琛旧藏敦煌遗书流失考》，载《汉学研究》，1994年第12卷。
[②] 林世田、萨仁高娃：《国家图书馆刘廷琛旧藏敦煌遗书叙录与研究》，选自《敦煌遗书研究论集》，中国藏学出版社2010年版，第20页。

宜丰

胡思敬

退庐·问影楼

万卷丛残走蠹鱼,箧衣典尽付钞胥。

▲ 胡思敬

历数近代江西藏书家,其中名气最大、藏书质量最高的,应该算九江李盛铎;而刻书最多、影响最巨的藏书家,则非宜丰胡思敬莫属。到目前为止,仅研究胡氏生平、藏书、著书的文章就达一百多篇。

读律自知成拙宦　著书何肯让潜夫

胡思敬(1869—1922),字漱唐,一作绍唐,清亡后改字瘦筼,号退庐居士,新昌(今宜丰)县城人。胡姓为新昌四大家族漆、胡、熊、蔡之一,明清两代,宜丰所出人才大多来自这四个大姓。四姓尊师重教,各建江陵别墅、环秀斋、冬青园和盐步书院以作育人才,既相互展开竞争,又相互依托,形成了宜丰关系错综复杂的士绅阶层,胡思敬即出身在这样人文环境中。他的祖父胡元英是举人出身,在贵州镇远做知县时,死于天柱县苗民暴动之难,因此胡思敬的父亲胡燊云有举人的身份之外,还继承了一个"云骑尉"的职衔。胡思敬和弟弟胡思义(1925年任江西省长,1951年被"镇压"),则是依靠自己的能力步入仕途①。

作为沾泽朝廷恩典的"烈属"家庭,胡思敬受传统忠孝节义思想影响极深,自幼"夙励志操",立身謇谔,以忠孝名臣自许。光绪十三年(1887),胡思敬入省城经训书院读书,十九年(1893)中举,次年中式二甲第二十一名进士,选为翰林庶吉士,散馆后授官吏部考功司主事。宣统元年(1908)后任辽沈道、广东道监察御史。胡思敬在任御史期间作风凌厉,任职不到三年,接连上疏四十八次,就当时的政治、经济、军事、吏治、社会等各方面问题进行指陈,但凡牵涉到权贵名流也一点不留情面,他任御史第一个就弹劾两江总督端方,导致后者改任,一时人称"铁面御史"。此后他更是抗疏论事,搭击权贵,无所畏惧。可惜整个清朝大势已去,没有人愿意听取一个小御史披肝沥胆的进谏。

生逢末世的胡思敬来不及施展自己的抱负,就不得不接受清社渐屋的现实。宣统三年(1911)三月,对清廷极度失望的胡思敬辞官回到南昌,闭门不出。半载之后"辛亥革命"爆发,"民国乃敌国也",在胡思敬看来,自己无论如何也接受不了"乱臣贼子"们趁机攘夺名利的纷争,特别是江西开始了十余年兵连祸结的动乱局面,胡不得不多次避祸他乡。他对"窃国大盗"袁世凯

---

① 魏元旷:《副宪胡公神道碑》,载《退庐全书》卷首。

也好，形形色色的革命党也好，都抱着敌视的态度，对陷于水火中的百姓命运感到深深忧虑，所以他的诗文都流露出这两方面的倾向。

作为一个坚定的遗民，胡思敬归隐于豫章东湖的波光之间，交游仅限同为遗民的故交，对结交新贵几乎毫无兴趣。遗民们大都是科甲出身，或为京卿或为方岳，一夕都成了前朝遗老遗少。其中同调如南海梁鼎芬、萍乡喻庶三，姻娅如九江刘廷琛、临川李瑞清，近邻如南昌魏元旷、新建杨增荦、高安蓝钰、崇仁华煇华焯兄弟，都是胡思敬后半生赖以撑持的精神支柱。有时他会远赴上海苏州，除了会见陈三立、毛庆蕃等旧友，还致书秘密策动江西同乡张勋进行复辟。等到张少轩辫帅真动了手，胡思敬却没来得及在身边参赞机务，在接到溥仪遥封他为都察院左副都御史的任命后，他准备动身赴京，可惜刚到九江，就听到复辟失败的消息，胡思敬又惊又气，回到南昌就大病一场，对恢复清朝江山的意愿也彻底失望，壮志雄心，逐渐消解。在南昌和宜丰修完一大批纪念历代忠臣的祠堂后，胡思敬只得把精力财力转向了《豫章丛书》等编刻工程，认真铺排自己的遗民岁月，最终刻成《问影楼舆地丛书》十五种、四十四卷；《问影楼丛刻初编》九种、三十六卷；《豫章丛书》一百零三种、六百九十四卷、二百六十六册。壬戌（1922）四月三十日，胡思敬在南昌去世，年仅五十四岁。

胡思敬勤于著述，所遗诗文颇丰，计有《退庐疏稿》四卷（附《附录》一卷）、《退庐诗集》四卷、《退庐文集》七卷、《陟岵集》二卷、《陟屺集》二卷、《莱舞集》二卷、《驴背集》四卷、《丙午厘定官制刍论》二卷（附《附录》一卷）、《戊戌履霜录》四卷、

《王船山〈读通鉴论〉辨正》二卷、《盐乘》十六卷、《国闻备乘》四卷、《大盗窃国记》一卷等。另有《〈古文辞类纂〉补》、《圣武记纂误》、《鲁论六要类释》、《审国病书》一卷、《九朝新语》十六卷、《十朝新语外编》一卷、《国闻备乘》四卷、《大盗窃国记》一卷，统称《退庐全书》，台湾文海出版社以《退庐全集》为名收入《近代中国史料丛刊》第四十五辑。

脱去朝衫著芒屩　拥书万卷夸侯封

藏书家能达到簏满橱盈、插架及屋的壮观场面，需要平时一点一滴的积累，胡思敬也不外如此。他曾有诗云："万卷丛残走蠹鱼，箧衣典尽付钞胥"，大抵就是其买书、抄书心情的真实写照。胡思敬可考的大批购藏图书活动，始于在京任吏部主事时期。其时吏部部务清简，他就利用这段时间藏书读书。"日至书肆，蒐求经籍。老仆负囊从其后，无所不收，盖亦无所不读。尤精求掌故及郡国中外利病，慨然有志于天下。"[1] 从中可以看出，胡思敬买书进入"井喷期"。他购书主要来源是琉璃厂，寓居北京期间，他不管退朝回住所瑞州三县会馆，还是从会馆出发，离琉璃厂都很近。几年后胡思敬离开北京，曾作《八别诗》一组，分别与东华门、会馆花木等人和物惜别，其中一首是《别琉璃厂书贾》，颇能了解他早年的藏书经历，还对当时轰动一时的日本收购陆心源藏书表达了遗憾：

---

[1] 刘廷琛:《胡公漱唐行状》，载《退庐全书》卷首。

十载困缁尘,闭门恒碌碌。损俸求遗书,渐与书贾熟。书贾喜我来,延我入深屋。满架排牙籤,光怪夺绮縠。四库所未收,别贮为存目。倾囊惬所求,不翅工择木。有时欲居奇,秘笈韫高匵。百计赚之归,雇胥共抄录。荆妻颇安贫,随我屡饘粥。见我挟书回,相对眉暗蹙。徐徐进箴规,谓我无多禄。矫俗辞炭金,又勿贪馆穀。积此充屋梁,饥不果君腹。东家军校官,出门美裘服。西家秘书郎,趋走盛童仆。宦游当广交,胡独守敝簏。东西屋两头,列置逾万轴。人寿曾几何,白首难遍读。半部佐太平,自反无乃缩。有子脱不贤,或竟委墙麓。旧学俗所嗤,榛莽翳白鹿。略诵新法规,升迁或可卜。我知妇言忠,虽忠却嫌渎。我知贾心贪,虽贪不疑黩。行行厂东门,过门辄停毂。一瓻时往还,咀嚼甘于肉。整驾忽言旋,瞠若车脱辐。临行赠汝诗,戒汝毋衒鬻。有烛堪助明,有膏堪助沐。秘阁且重开,求售岂在速。不遇奥生牂,汝实未尝牧。海客从东来,挥金事搜蓄。夺我陆家庄,士族同一哭(陆氏十万卷楼藏书,日人以十万圆购去,王书衡推丞有纪事诗)。宁为六丁收,慎勿资彼族。①

"余尝北至燕,南度岭,东游吴会,遍访藏书故家,汗牛充栋,至不可以数",胡思敬藏书也是借助舟车之利,往返于文化发达、图书汇聚之地,历尽苦辛,终于积累十万卷藏书。

与众多藏书家一样,胡思敬藏书同样提倡藏以致用,为治学资政服务。他曾经写过一个《退庐留书记》,记述自己捐书创建

---

① 胡思敬:《退庐诗集》第3卷,第12页。

退庐图书馆以后,挈家隐居故乡宜丰之曹溪,开始重读经典。他选择藏书中"重复而切用者"七十二种,带到山中细读。这个书单从先秦到道光、咸丰年间,囊括了经、史、子、集的各种名人名著,对于今人而言也有重要的借鉴意义,用现在的话说就是"国学基本典籍"。后来他又作《留书后记》,将书单扩充了一些,这些书目比张之洞《书目答问》还要简洁易行。对于藏读著书宗旨,胡思敬恪守传统,说"纪要其著述之旨,不外义理、制度、事实三途,义理根于六经,制度、事实根于历朝正史,舍正道勿由别辟奇衺捷径,而骛旁趋,则非鄙人所敢知矣"[①]。

▲《退庐全书》

退庐藏书并不盲目追求用宋元精椠眩人心目,而是秉承学以致用的朴素思想。当然,这不代表胡思敬没有宋版书。他在《曹溪避乱记》中描写辛亥那年江西乱成一团,他尚能躲在宜丰城北三十里的曹溪沽酒煮茶,"手宋麻沙本《草堂诗笺》,且饮且读,必尽醉乃止"。其藏书偶有明代精刻,录入《江西省图书馆善本古籍图录》中的退庐藏书,尚有嘉靖四十二年(1563)刻林兆恩《林子三教会编要略》九

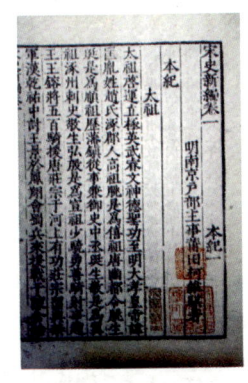

▲ 胡思敬藏《宋史新编》

---

① 胡思敬:《退庐留书记》、《留书后记》,选自《退庐文集》第2卷。

▲ 退庐

▲ 瘦篁审定

▲ 新昌胡氏问影楼所藏

卷；嘉靖四十三年（1564）刻柯维骐《宋史新编》二百卷目录一卷；嘉靖四十四年（1565）鲁藩承训书院刻晋代葛洪《抱朴子内外篇》七十卷；嘉靖赵府味经堂刻刘三吾《书传会选》六卷、宋人严粲《诗缉》三十六卷；隆庆五年（1571）严镦写刻王慎中《遵岩先生文集》二十五卷；万历四十八年凌氏朱墨套印《吕氏春秋》二十六卷；顺治十三年（1656）刻侯方域《壮悔堂文集》十卷、《遗稿》一卷；顺治年间李来泰刻陈际泰《己吾集》十四卷；抄本汉代张仲景《伤寒遥问》十三卷、《原方遥问》一卷、《平脉法》一卷，此书有胡思敬题跋，字与正文相仿，此书很可能是胡氏亲自抄校。

由于拥有"问影楼"和"退庐"两个藏书名称，也使胡氏藏书印同时具备两套文字。其常见者有"新昌胡氏问影楼所藏"圆朱文方印、"退庐藏本"无框朱文竖印、"退庐"白文竖形印、"瘦篁审定"圆朱文方印等。

胡思敬的藏书珍罕性不及李盛铎，但数量上却领先后者。他的藏书具体数字各个时代记载不一，由于在1911年辛亥时书籍曾遭受一些损失，但藏书数量大体没有变化。胡去世后他的亲属胡桐庵曾从上海赶回南昌清点，撰有《问影楼藏书目录》，统计馆内藏书共40450册、96158卷（其中经部7925册、10593卷；

史部 14445 册、36876 卷；子部 4961 册、13063 卷；集部 7746 册、18250 卷；丛部 5373 册、17375 卷）。1933 年，江西省立图书馆委派专人调查南昌各大公私图书馆藏书情况，撰成《江西省会各图书馆概况调查表》一书，其中统计退庐图书馆时有藏书 35248 册，每年投入经费约两千元，管理员三人。则五年之间，退庐藏书损失了近 5000 册，卷数应在一万卷以上。《豫章丛书》版片也有损失，后经省立图书馆长欧阳祖经补刻，重新刷印了一批。

遗书流落在人间　万丈光芒射牛斗

光绪末年，新建县进士陶福履曾在同学、藏书家欧阳熙的支持下，编刻了第一种《豫章丛书》。陶刻《豫章丛书》刻了三辑，共计收书 26 种 48 卷，其中经部 8 种、史部 5 种、子部 9 种、集部 4 种，均为明清江西籍人士的著作。到胡思敬所处的时代，他就感到不仅经学一门，在史、子、集这一方面也需要填补空白。所以他决定继续编刻新一辑《豫章丛书》，在继承前书的宗旨和体例之外，胡刻《豫章丛书》在种类和数量上都超过了前者，两部书构成了江西有史以来体量最大、数量最多的地方文献。从某种意义而言，胡思敬能在江西文化史上留有一席之地，他的藏书并不是主要因素，《豫章丛书》的编刻才是奠定他历史地位的真正原因。

胡刻《豫章丛书》收书 103 种 672 卷，有经部 12 种 100 卷、史部 28 种 89 卷、子部 14 种 62 卷、集部 49 种 421 卷。其中绝大部分为唐宋元明清民国江西籍人士著作，个别为外省籍人士著作。这套书囊括了辛亥革命以前江西籍人士的大部分典籍，绝大多数都未曾单本刊行，有不少还是善本，极有文献价值和研究价值。一些在清代被"禁毁"的书，如杨廷麟、姜曰广等抗清名臣的著作，借《豫章丛书》赖以传世。还有一些稀见之书，为胡氏从全国各地著名藏书家珍庋中惠抄，再请魏元旷、华焯等同好详为勘订，各出校记。从中可以想见胡思敬访书之勤广、眼光之独到、治学之严谨。当时江西的名流如刘廷琛、宋育德等人，都乐于为《豫章丛书》各书题署书名，无形当中增加了它们的文化附加值，还体现了胡思敬交游之广，更体现了他把个人行为扩大转化为整个江西学术界共同责任的良苦用心。

退庐藏书在胡思敬生前及身后的命运可谓一波三折。辛亥前胡思敬将北京藏书运回南昌，筑问影楼于东湖（环湖南路四号），这栋建筑上下两层，统称"问影楼"，楼上住人，楼下就是藏书楼"退庐"。辛亥乱起，胡思敬携家仓皇避回宜丰，将整个藏书交由经训校友兼书友熊亦园（译元）照料。但民军领袖、宜丰人蔡锐霆可能想故意恶心这位"顽固"的前清遗老，他不顾同乡情面，故意霸占问影楼，还把熊译元赶了出去。等次年胡思敬回到退庐，蔡氏已别去，这里已是一片狼藉，所幸藏书损失不大。但一些民国要人屡有觊觎之心，常常窥伺这笔财富，胡思敬在万不得已的情况下，被迫将馆舍及藏书捐出，在原址创办"私立退庐图书馆"，以这个名义向当局登记，以社会公产的名义保全藏书，同时借此暂栖身家。据王书红《胡思敬藏书综考》披露，胡思敬几次曾想将藏书运回宜丰，因所费不赀，此事悬而未决。

值得庆幸的是，在胡思敬去世以后，退庐藏书三十多年间经历辛亥革命、北伐、抗战和国共内战等重大事变，居然如有神灵呵护，奇迹般保存下来，真是不幸中的万幸。1953年，宜丰县图书馆代表退庐藏书的所有者,将全部藏书捐给了江西省图书馆,成为省图馆藏的重要来源。这些藏书与其他贤达的捐赠藏书一起,奠定了江西省图书馆古籍的基础。

附：

退庐留书记

（近代）胡思敬

辛亥乱后，余既尽捐生平所蓄书，创建图书馆于南昌东湖，以饷江西同志好古之士。而脱身远避，不能枯坐郁郁以终也。则就《四库》所著录，择其复出而切用者，辇载以归，别为一室藏之，朝夕编摩，内以治身心，而外以观验世变。于经，取《十三经注疏》、段注《说文解字》，注疏既明，小学既通，用以平反近世诸儒聚讼之说，如老吏坐堂，皇据律断罪，无敢以情遁者。《韩诗外传》《逸周书》《大戴礼记》《春秋繁露》《家语》与《诗》《书》《礼》《春秋》四书相为表里，故并存之。于史，正史取《史记》《汉书》《五代史》；杂史取《国语》《国策》，非独美其文辞，又将借以考古证经，操绳墨以正诸家得失，盖史法所从出也。编年取《资治通鉴》《御批通鉴辑览》(《毕鉴》不佳)，而历代是非成败见焉。政书取《通典》《通考》，而历代典章制度明焉(《通志》驳杂，当移入别史)。于子，在周取《老》《列》《庄》《墨》《荀》《杨》《韩非》七子者，学派虽各不同，皆有独得之趣，要在慎择而已(秦汉以后子书多碌碌傍人，不能自立)。于宋明取周(《通书》)、程(《二程全书》)、朱(《朱子全集》)、张(《张子全书》)、陆(《象山集》)、王(《阳明全集》)、薛(《读书录》)、吕(《呻吟语》)，藉是以窥洙泗渊源，而不敢轻徇俗儒门户之见。《容斋五笔》《困学纪闻》《日知录》三书考据皆极精博，姚姬传谓义理、辞章、考据三者不可偏废，亦吾儒所当从事也。唯顾氏纷更之说，不可尽信，为其有专己之见耳。于集，总集取《楚辞》《文选》《古文辞类纂》；别集在晋取陶（《渊明集》）；在唐取韩（《韩笔酬蠡》《昌黎诗注》）、柳（《王荆公批柳子厚集》）、孙（《可之集》）、白（《香山集》）、二李（《李文公集》、《李太白集》）、二杜（《草堂诗笺》、《杜樊川集》）；在宋取欧（《欧阳文忠公全集》）、曾（《元丰类稿》）、苏（《老泉集》、《东坡文集》、《施注苏诗》）、黄（《山谷全集》）、王（《荆公全集》）、陆（《剑南诗钞》）、在金元取元（《元遗山集》）、虞（《道园学古录》）、杨（《铁厓咏史诗》《乐府》）、戴（《剡原文抄》）；在明取宋（《宋文宪公集》）、高（《青丘集注》）、唐（《荆川集》）、李（《空同集》）、罗（《圭峰》）、王（《弇州文抄》、《遵岩集》）、归（《震川集》）、娄（《学古绪言》）；在本朝取方（《望溪集》）、刘（《海峰集》）、姚（《惜抱集》）、恽（《大云山房集》）、朱（《梅岩居士集》）、张（《茗柯文篇》）、曾（《求阙斋文集》）、梅（《柏枧山房集》）。诗自唐宋以后，时愈近而体愈卑，元明略取数家（元只取道园、铁厓；明只取青邱、空同），尝一脔而已知其味。文以载道，而一代事实典章之沿革交游，社会之盛衰风俗人心之变易，皆赖之以传，故收蓄稍宽，直至本朝道、咸而止。总四部七十二种，守此勿失，如宵行之有烛，如病涉之有梁于此矣。

余始好文词，继谈掌故，中更忧患谢去人事，归卧山中，闭门读《易》，乃知四书五经为身心性命之根，深悔前此玩时愒岁，邻于驰骛者流。呜呼，宦游二十余载，至今日而始获安居，读书二十万言，至今日而始谋居宿途长日暮抱此安之将埋之汲冢而不知盗发者何人，将藏之鲁壁，其遂能逃秦火之一厄乎，聊存此目以待来者。异时古籍虽亡而据目以求书，据书以求道，道明而达诸用则半部《论语》可佐太平，吾知其不待他求矣。

留书后记

余尝北至燕，南度岭，东游吴会，遍访藏书故家，汗牛充栋，至不可以数。纪要其著述之旨，不外义理、制度、事实三途，义理根于六经，制度、事实根于历朝正史，舍正道勿由别辟奇衺捷径，而骛旁趋，则非鄙人所敢知矣。

奉新 宋育德 卷雨楼

岂有文章惊海内，豫栽花木待春风。

兼藏书家、书法家、集邮家于一身的宋育德，可能没想到自己所自喜的手钞本不怎么值钱，自己不经意收藏的古籍却一本比一本卖得贵。他收藏的明末无锡安国铜活字本颜真卿著《颜鲁公文集》十五卷，以其在版本目录学的独有价值，在2008年11月的嘉德秋拍中，全套六册拍出了268.80万元的天价，为著名藏书家韦力先生购得。

沧海桑田岁月迁

宋育德（1874—1944），字翰生，号公威，同治十三年十月生于奉新宋埠牌楼村。宋家系明代科学家宋应星后裔，父亲宋宝三早年经商致富，膝下育有四子，他给儿子们分了一下工：除第三子嘉德跟着自己经商，其余均业儒，其中最小的宋育德读书最为聪明，据说他"翰生"的字，"林功"的谱名，就是同族伯祖、从翰林做到护理云贵总督的宋延春所取，意思是希望他也像自己一样"功生翰林"。宋育德先在族中跟从宋丹崖读古文辞，光绪二十一年（1895）中秀才，甚得学政吴士鉴（綱斋）所喜。① 二十九年（1903），他以优贡身份，中式癸卯恩科本省乡试第十一名举人，与南昌熊元锷、吉水欧阳成、泰和汤漪、万载辛际周、丰城涂骏声等日后的江右胜流为乡试同年。② 次年（1904）又与高中乡试解元的侄子宋名璋一起，连捷成为甲辰恩科谭延闿榜进士——这是中国科举史上最后一次考试，搭上"末班车"的宋育德是名副其实的"扫榜进士"。按惯例，名列二甲第十七名的宋育德参加了选拔翰林的朝考，并顺利通过，成为翰林院进士馆的一名庶吉士；继由进士馆选派往日本留学，入早稻田大学攻读政治经济完全科。③ 五年后宋育德学成归来，经过又一次殿试后，于宣统二年（1910）十一月初九日，受到宣统帝接见，"着授翰林院编修，赏加侍讲衔，亮蓝顶戴，遇缺题用"④，前途可谓一片光明。

在宋育德回国前，清廷已宣布行新政，废科举，兴学堂，江西也开始筹备在贡院设立高等学堂。宋育德积极响应，辞去在京供职的机遇，回省出任筹建中的江西高等学堂教务长，后继黄大埙为监督（校长）。但没过多久辛亥革命（1911）爆发，他一夜之间成为"前朝遗民"。脱下马褂的宋育德没有中断从事教育事业，继而担任赣省中学校长，两年后又创办江西省第一中学，并任校

---

① 周邦道：《宋育德先生传略》，载《江西文献》1973年7月版。
② 《电传癸卯恩科江西乡试题名全录》，载《申报》1903年11月4日，10978号，第2版。
③ 《学部考试进士馆游学员》，载《申报》1910年10月18日，13541号，第4版。
④ 宣统二年十一月初九日内阁奉上谕，选自北京大学、中国第一历史档案馆编：《京师大学堂档案选编》，北京大学出版社2001年版，第354页。

长。因办学成绩卓著,江西督军李烈钧简任其为江西省教育司长。①为了推动江西绅民参与共和政治,宋育德还短暂担任江西省临时议会议长、"江西国民总会"副会长。②因宋氏属共和党,他还创办《大江报》鼓吹共和,以与国民党的《民报》相抗衡。民国四年(1915),宋又任江西省总视学③、江西教育会会长,成为江西著名的教育先驱。④在任期间,他在全省规划设立中学九所,师范五所,农工类专业院校数所,所选任的校长邱珍等人中既有饱学宿儒,又有喝过"洋墨水"的海归派,可谓极一时之选。在他的主持下,江西学务出现了欣欣向荣的局面。

民国五年(1916)夏,宋育德的奉新同乡"辫帅"张勋在徐州策划复辟,电邀宋育德北上共议大计,并许以重任。宋育德思想较为进步,决心不与哙伍,遂一笑而谢。同年,宋育德当选江西临时议会副议长,并被选为江西省国民代表,继以二十四票当选为江西第二届国会众议院议员。⑤议会解散后,宋到南京、上海谋职,先后任中央银行秘书、财政部江苏印花税分处长等。⑥后来他感觉自己根基在江西教育界,遂一心营求回赣,甚至运动梁启超出面推荐他回赣做江西银行监理官。民国八年(1919)国会

---

① 《赣省改部为司》,载《申报》1912年4月13日,第14059号,第6版。
② 《江西国民总会临时职员清折》,见刘萍、李学通主编:《辛亥革命资料选编·第一卷》(上册),社会科学文献出版社2012年版,第355—356页。
③ 《江西学务刷新纪》,载《申报》1914年11月8日,第14997号,第6版。
④ 《各省通讯·江西·省教育会之改选》,载《申报》1915年2月28日,第15101号,第7版。
⑤ 《江西国民会议选举记》,载《申报》1916年1月3日,第15410号,第7版。
⑥ 《南京快信》,载《申报》1917年8月31日,第16001号,第3版。

重开，他便辞去所有本兼各职，一心去竞选国会议员，并成功当选，再赴北京议政。1923年，直系军阀曹锟妄图登上总统宝座，重金收买议员，大肆贿选。对政治逐渐丧失信心的宋育德见世道日非，年华徒长，遂辞去议员职务，回到南昌。"北伐"统一全国后，宋育德开始了在上海十多年的寓公生涯，以鬻字谋生，一直到抗战时上海沦陷，枯守孤岛，郁郁而终，葬于上海郊县公墓。夫人靖安刘维繁；长子宋通，同济大学毕业后留学德国，为汉堡大学儿科博士，回国任上海医院院长；次子宋逦，交通大学毕业，上海市教育局任职。①

宋育德一生醉心政治，却最终在政治上一事无成；他很早就兴办教育，并有嚆矢之功，但鲜克有终，反而不如他的竞争对手、创办心远中学的熊育钖影响深远。他著作很少，见存《富国策》一种曾为李盛铎的藏书目录著录，但影响毕竟有限。他的门人在宋去世后私谥为"端肃"，谥词极尽褒美，也只是个人行为。②沧海桑田，"宋太史"留下来的只有不少书法作品存世，藏书也屡见拍场，并有不俗价位爆出，如他从熊译元处借来亲手抄就、并请欧阳成校正的陈景云撰《柳集点勘》，2008年在嘉德秋拍中以五万元起拍，虽然与同场拍卖的《颜鲁公文集》不可同日而语，但比一般钞本要略高一筹；另外，将他身后流散的藏书，悉数被嘉德公司拍卖，公司之名，正与长期接济并支持他藏书事业的三兄宋嘉德同名，这可能是他九泉之下都会感到啼笑皆非的吧。

---

① 宋功庠：《族兄公威先生事迹》，转引自周邦道《宋公威先生传略》。
② 《檺庵类稿·文》，《宋公威太史私谥文》，见陈福威《檺庵类稿》，第19页。

旧馆秋阴生绿苔

王勃《滕王阁》诗有"画栋朝飞南浦云,朱帘暮卷西山雨"的诗句,宋育德在南昌的藏书楼就在滕王阁附近,所以他干脆将自己的藏书楼取名"卷雨楼"。宋氏曾写过一些集句联悬于门外,如"岂有文章惊海内;豫栽花木待春风",集龚自珍诗"赖有俸钱能奉母;但开风气不为师",胸次襟抱,由此可见一斑。

宋育德的藏书印比较讲究,常见的有"卷雨楼""宋氏""宋公威""公威藏书""公威手书""奉新宋育德印"等数种,他还有一个很少见的藏书印"紫天环海室",是他客居上海时所用,语境壮阔,却难掩他内心的孤独。

卷雨楼藏书数量在万卷以上,但并非都是宋元精椠,除了前述铜活字本《颜鲁公文集》尚能"镇宅"之外,并没有太多的善本古籍,现在我们能知见的,都是一些普通的明清刊本,如明嘉靖四十年(1561)张鼎文刻本《韩非子》;清刻本四川张问陶的《船山诗草选》、卢文弨刻冯景《解春集诗钞》之类,这与宋氏财力有限有关。今天宋育德藏书拍卖价格略高于常人,应该是他的书法名气拉抬了藏书价格的原因。

宋育德对自己的书法比较自信,除了写一些中堂、斗方、条屏、扇面、对联等作品外,经常动手抄古籍。欧阳成说宋在民国十一年(1922)北京时,腿脚出了毛病,走路不方便,干脆就闭门抄书,他借来熊罗宿藏陈景云《柳集点勘》,用"清秘阁造笺"精抄,并请欧阳成用元刊本《柳宗元集》校勘。欧阳成说他这是"穷愁著书",倒是聊以打发吃"空饷"议员的无聊。此后他又抄得一部吴刻龚自珍《龚定庵词》，令人赏心悦目。在上海时期，也有一些人慕名登门请他书写墓志铭，或者是为上海一些私立学校写建校碑记，聊以补帖家用。

从北京回到南昌那段时间，宋育德倒是把一门心思放在印书上。这个时期石印技术发展比较成熟，南昌石印厂家也比较多。宋育德也投身到石印书籍的藏书家行列中。民国十三年（1924），宋育德将宋版岳珂《相台五经》影印面世，"纸墨精良，印刷明朗"，售价二十四元，令人看得眼热。① 此外，同年他还朱墨两色石印过一部《周易》，书上将乾隆、季振宜等递藏印蜕悉数原样印出，几乎可以乱真。看过宋氏手抄《龚定庵词》的前江西督军欧阳武，硬是拿着自己写的《南雷诗草》，拜托宋育德将全书代为抄写一遍，并交宋用石印法套红、黑二色印行。对于朋友所托，宋育德也不负重望，反复试验，终于成功，不但将自己书写的正文写得酣畅淋漓、神完气足，而且把帝师朱益藩题写的书签和序言到"同光"领袖陈三立、词家杨增荦、书家赵世骏书写的题词，与原迹相比，无不神形毕肖、触手如新。这部书通篇

▲ 卷雨楼

▲ 紫天环海室

---

① 欧阳成：《南云精舍日记》，民国十三年六月二十七日条。

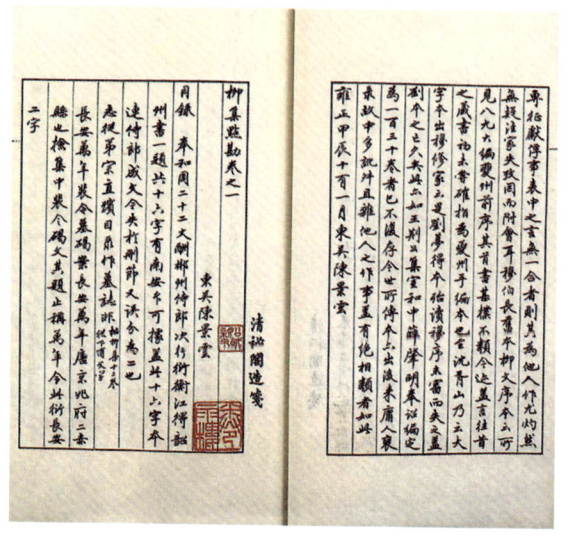

◀ 宋育德抄《柳集点勘》

纸墨精良,交相辉映;套色准确,印蜕累累,朱墨灿然,一直是江西套色石印书籍的代表作,这也是宋育德藏书印书生涯中的一抹亮色。

在为欧阳武抄写的诗集后面,宋育德写了一段不太引人注意的跋文,就事论事之余,倒是能看出他想潜心藏书校书,却为时务所困的矛盾心态,真是"灭山中贼易,灭心中贼难":

> 余性懒散,久居人海,酬接稍繁,读书抚帖,率无恒课,颇用自疲。壬戌(1922)冬,以足疾杜门枯坐,晏息弥苦,心神无所寄托,因检吴刻《龚定庵词》手钞一过……古之好写书者夥矣,至若为友写诗,乃种因于病足,似尚未之前闻。脱余不病足,或竟不写龚词,此役当无由自效,人事

倚伏，参伍错综，不可究极，宁独此役为然！①

从上面略带自责的语句中，我们能看出翰林出身的宋育德不为词客却为政客的失落。他只有与另外几位同乡藏书家的交流中，才能获得一丝心灵的快慰。宋育德与欧阳成（集甫）、熊罗宿（译元）过从最多，三人既是同年，又是同好。熊译元去北京，就暂住在宋育德的寓所，欧阳成听说后也赶来相会，三人窗前同赏宋元精椠、明清善刊，他们此时都年富力强，志向远大，这也是三人交往中最愉快的时光。

三位藏书家交往还有一些轶事，欧阳成经济上比另两人好些，其次是宋育德，熊则把钱全投流通藏书上。宋会在"广和居"之类的酒馆请欧阳成、欧阳溥存、徐元诰、谢远涵等人打打牙祭，而熊却很少有请客吃饭的应酬。熊罗宿在上海用珂罗版印书，资金周转不过来，就托宋育德把自己的内府钞本《皇朝通志》《四库全书考证》《明臣奏议》等数种抵押在欧阳成处，贷得银币七百三十元，以解燃眉之急。宋育德自己缺钱花，就把自己收藏的《歇庵集》《沧溟集》《金华文粹》《图书集成总目》等书由熊译元的丰记书局转致欧阳成换成银元应急，这样做无非是让其中第三方充当证明人角色。② 三个人还都有自己的"独门绝技"：宋擅长集邮，上海新光邮票会举办邮展时，他收藏的奥地利邮票令"留沪西人亦侧目而视"；欧阳成会推命和圆光，时不时会有人请他算上一卦；而熊译元会行医切脉，聊补升斗。有趣的是，

---

① 宋公威：《南雷诗草跋尾》，民国十二年三月书。
② 欧阳成：《南云精舍日记》，民国十九年六月七日条。

他们三个都对彼此的手艺不以为然。民国十七年（1928）冬，欧阳成在上海借寓熊译元处小住，宋育德赶来看望他，说自己一个亲友病重，请中西医治疗都没有起色。欧阳成推荐熊去，没想到熊去了一剂而愈，宋只好解嘲说这是欧阳成事先算命的功劳，其实欧阳成算命至少一半是靠不住的。①

宋育德在上海病故时，正值抗战最为艰难的时期，战火纷飞中，没有人关注一个前翰林兼藏书家黯然离世。"卷雨楼"藏书也随之散出，至今尚能偶尔一露峥嵘。现在，他在南昌的校书之所，门巷依然，却旧踪难觅，只有当年"卷雨楼"所面对的滕王阁，又重新矗立水湄，画栋朱帘，继续舒卷着西山云雨。

---

① 欧阳成：《南云精舍日记》，民国十七年十一月五日条。

新建 蔡敬襄
蔚挺图书馆

为教不溺今而非古，金石文献，尤所究心。

▲ 蔚挺

▲ 江西省蔚挺图书馆藏

新建藏书家蔡敬襄，是近代江西具备公共藏书理念，并且将这一理念付诸实践的第一人。他以私藏图书为基础，开办蔚挺图书馆并向公众开放；同时，为了保护古迹、征集文物，他三年如一日穿行于工地之间，借此著书立说、宣传豫章文化；新中国建立以后，又将其藏书悉数献给国家。

章水渊源溯瓣香

蔡敬襄（1877—1952），字蔚挺，江西新建县大塘乡人。祖父蔡遴元，清同治十二年癸酉科（1873）举人，曾任浦江县儒学训导、万安县儒学教谕；父亲蔡道仁，国学生，早卒。蔡敬襄幼时从祖父读书，后入上海龙门师范学校。毕业以后回到南昌，曾入易知社从事革命活动。

民国时期蔡敬襄的公众身份是江西省教育厅视学,曾为江西教育的近代化进程积极奔走。特别值得一提的是,宣统二年(1910),"易知社"创办的义务女校学监虞维煦病逝,面临着后继无人的境况。这时蔡敬襄挺身而出,为保存女校,他不但亲任学监,而且削指为誓,血书"断指为誓保存女校",以此向社会募集捐款。社会各界闻知蔡敬襄的义举大为感动,纷纷解囊相助,善款如数捐至,使女校得以继续开办。该校自清末创办至抗日战争前夕整整三十年,造就人才两千余人,学生遍布江西省内外,使江西的女子教育与全国水平齐头并进,如著名女教育家程侠(1894—1985)就出自其门下。这些成果的取得,都倾注了蔡氏的心血。

作为藏书家的蔡敬襄,主要致力江西地方文献的收藏,并取得令人瞩目的成就。省视学的职责,使他得以足履全省各地。每到一县,他必首先访求该县的县志,所以也有点"利用职务之便",不过别人经营的是名利,他苦心营求的是乡邦文献罢了。历经几十年努力,蔡敬襄终于将江西全省十三府八十一县的省、府、县志书收集齐备。蔡敬襄藏书从不敝帚自珍,省立图书馆馆长欧阳祖经向他借抄所缺方志,得到他的慨然应允。现在江西省图书馆、

▲ 蔡敬襄藏宋应星佚著四种

江西省博物馆各有较为齐全的全套志书,其中就有很多蔡氏旧藏。此外,蔡敬襄还收藏了一批江西名人著作,金石及碑帖一千余种,其中不乏珍品,如黄爵滋《黄树斋先生行述》一书,即是他在南昌荒货摊上寻得;刘于浔清同治三年(1864)所刻舒文节公(舒芬)《探梅图说》,则在视学进贤罗溪所获。

蔡敬襄利用老贡院拆除后的废砖,耗时三年,于1925年在南昌市内大凌云巷西侧建起一座"蔚挺图书馆"[1],根据《江西省会各图书馆概况调查表》上所载,1933年蔚挺图书馆登记藏书为一万册,这应该是他早期统计的一个保守的数字,二十年之后他藏书的数量较此肯定有数倍之多[2]。抗战中蔡敬襄将珍贵古籍装箱,随自己迁居赣县乡间达六年之久,留在南昌的普通古籍为"不忠之仆"盗卖,而珍本图书总算逃过一劫,光复时迁回南昌,建国以后,这些善本古籍等文物均先后妥善入庋公私收藏机构。

蔡敬襄的"蔚挺图书馆"有三件镇馆之宝。一件为洪武版"大明通用宝钞";一件为明末清初著名科学家宋应星所著《野议》《谈天》《论气》《思怜诗》;一件为他亲自手拓缮写的《南昌城砖图志》。

"大明通用宝钞"是明初年发行的纸质钱币。洪武八年(1375)诏中书省造"大明通行宝钞",面额自一百文至一贯,共六种,一贯等于铜钱一千文或白银一两,四贯合黄金一两。大明通行

---

[1] 蔡敬襄:《江西省蔚挺图书馆记》,载《中华图书馆协会会报》,1935年6月30日,10卷6期第2版。

[2] 蔡全篪:《江西省会各图书馆概况调查表》,江西省立图书馆印行,1933年7月版。

宝钞是我国也是世界上迄今票幅面最大的纸币,票幅面积为338×220毫米。这种纸币存世极罕,在近代交易中每枚均以黄金计算。蔡敬襄所藏"大明通用宝钞"装裱于长64厘米,宽31.5厘米的白色衬纸上,从钤印可知此钞半个世纪间先后经著名钱币学家杨继振、鲍康和蔡敬襄递藏,到蔡氏手中也纯属机缘巧合:光绪三年(1877)丁丑二月杨继振将自己珍藏宝钞赠送给藏友鲍康,鲍康去世后传给其侄孙恩绶,恩绶再将此钞传给长子鲍鼎臣。1927年,寓居南昌墩子塘的鲍鼎臣由于贫困潦倒,便出售宝钞,由蔡敬襄收购、珍藏。1951年冬,蔡先生将宝钞捐献国家,由江西省文教厅托管,1952年6月移交江西省文管会筹备处,最终入藏江西省博物馆,上有江西钱币收藏家、江西省文物管理委员会委员王梅笙1952年11月5日所作题跋。①

明代科学家宋应星除《天工开物》外,还著有其他著作,可惜大部分失传。蔡敬襄发现并入藏宋应星佚著《野议》《思怜诗》《论气》和《谈天》。这四种佚著亦系蔡敬襄视学分宜时所购藏,而宋应星就做过分宜县儒学教谕。我们必须要感谢蔡先生保存乡邦文献之功,才使我们对这位大科学家的研究得以完备和深入。这四种佚书在民国时期为编写《江西乡贤事略初稿》的宋应星传略和解放后系统研究宋应星生平事迹提供了第一手资料。通过这四种入选第二批国家珍贵古籍名录的"国宝"古籍,使我们得以窥见这位科学家和思想家的精神世界。②

---

① 王宁:《宝钞珍品见友情》,载《中国钱币》1995年1期,第74页。
② 王河、王咨臣:《明代杰出的科学家宋应星》,江西人民出版社1986年版,第50页。

▲ 二千百余年城砖文字

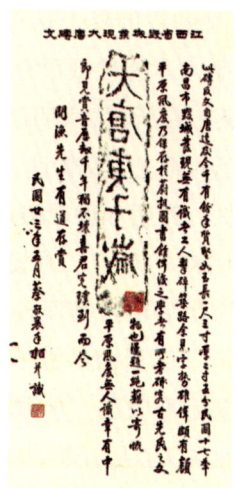

▲ 南昌唐代城砖

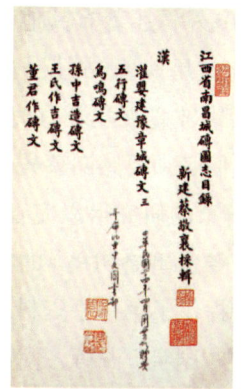

▲ 哥伦比亚大学藏《南昌城砖图志》

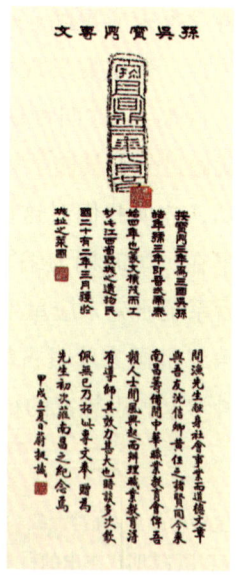

▲ 南昌三国吴城砖

汉晋风规字可珍

蔡敬襄先生另一重要贡献，就是收集南昌古城墙砖并传拓成书，这些为我们今天研究南昌城池史提供了重要依据。

民国十七年（1928），鉴于南昌城区人口日趋增多，城市扩容在即，时任南昌市长的伍毓瑞，将南昌城墙全部拆除，然后将砖敲碎，就地铺为环城马路路基。蔡敬襄在呼吁有关当局保存古物无果的情况下，他毅然投身保存南昌建城史文物工作中，开始了为期四年的城砖收集。蔡敬襄无间寒暑，不避风雨，沿城各门巡视，日与工匠为伍，在泥土乱砖中，陆续觅得自汉至清的城砖三百余块，妥藏于蔚挺图书馆中。民国二十一年（1932），他精心挑选出了一部分，其中均系自汉建城起至清宣统元年（1909）修城止、并刻有朝代年号的城砖，凡得百余种。在黎川陈季修先生的指导协助下，他组织义务女校学生，先事洗涤，继又摹拓，最后编成了《江西南昌城砖图志》一书。凡砖上文字、纹饰演变、修建年代、修建人物姓名等，一一加以考订，一目了然。编纂成稿以后，特携至庐山拜访修水陈散原（三立）老人，请他写了一篇序文，说明城砖图志编纂的经过和它的价值。那时陈三立老人已八十高龄，大受感动，亲写序文说：

> 蔡君蔚挺，创义务女校于南昌二十余年，其为教不溺今而非古，金石文献，尤所究心。当戊辰（民国十七年，公元1928年）南昌毁城，君一日行市中，治路工方糜城砖，见中有文字者，异而求之，则已前碎，不可知寻者多矣！自是

历四寒暑,冒烈日风雪,与工人伍,泥手涂足瓦碟间,得砖三百余。择其朝代、年号,或姓字、府、州、县名可考识者,自汉初迄清末,得二石余。拓其文,第其先后,杂考诸书,成《南昌城砖图志》一册。美矣乎!非专且勤不能也。①

除了陈三立之外,为《南昌城砖图志》题写序跋的还有黄炎培②、侯鸿鉴等。

现在存世的《南昌城砖图志》共有两个版本,分藏于英国伦敦大学亚非中心图书馆和美国哥伦比亚大学图书馆。两种版本的《南昌城砖图志》成书时间均为民国二十一年至二十二年(1932—1933)之间。藏于美国者为民国二十四年(1935)四月,应该是蔡氏持赠江西建设厅厅长丰城周贯虹,然后周又以个人名义转赠。

美国哥伦比亚大学图书馆藏本,外有髹漆木质护夹,左右刻有云龙图案,中题篆书"大中华江西省南昌毁城古砖图案",内页题为"江西省南昌城砖图志"。前为陈三立序、蔡敬襄自序。正文收录城砖拓片65种,即两汉16种、三国2种、两晋16种、南北朝1种、隋代1种、唐代3种、南唐2种、两宋5种、元代2种、明代10种、清代5种。③

现藏于英国伦敦大学亚非中心图书馆的版本,书高46厘米,

---

① 王迪谳:《记蔡敬襄及其事业》,载南昌市政协文史资料研究委员会编:《南昌文史资料》第二辑,1984年编印,第73页。
② 黄炎培:《江西省南昌城砖图志序》,载《青鹤》1936年2月,第4卷第6期。
③ 美国哥伦比亚大学藏本为王令策先生2013年10月嘱其千金复制回国。

封面题签"大中华民国江西省城砖文字",内称《中华民国江西省南昌城砖图志》,前为侯鸿鉴序、蔡敬襄自序。正文收录城砖拓片23种,即两汉2种、三国1种、两晋5种、南北朝1种、隋代1种、唐代1种、两宋4种、元代1种、明代3种、清代4种。[1]

英藏《南昌城砖图志》,系蔡敬襄于民国二十二年(1933)年十一月制作完成,由其女婿、著名戏剧翻译家熊式一转赠伦敦骆伍廷爵士,后者又赠伦敦大学。该书全称为《大中华民国江西省城砖文字》,内称《中华民国江西省南昌城砖图志》,此书拓片系直接在宣纸上拓制,晾干砑平后再于其旁题识,再装订裁边,因此比较整洁清爽,在工艺上难度更高。此书通篇为蔡氏精楷手书,墨色如漆,印蜕累累,交相辉映。所用印凡五种,有白文"敬襄手拓""江西省蔚挺图书馆藏""蔡敬襄印",另有专门量身定做的两枚闲章,一方为"二千百余年城砖文字"(朱文),一方为"继欧洪谢天成此创作"(白文),蔡氏自拟步武乡贤欧阳修、洪遵的金石学成就,表达了一定的自信与自豪,也体现了蔡敬襄对于自己收藏和手拓的南昌城砖的珍视。

蔡敬襄原计划将拓片整理出版,并为此函询当时著名的出版家张元济,张复函称影印古籍价格不菲,此书遂未能出版。[2] 此外尚有拓片零种存世,笔者2013年曾入藏其赠教育家张问渔先生南昌古城砖拓片二纸,一为孙吴"宝鼎三年"款,一为"大唐庚子岁"款。

---

[1] 英国伦敦大学藏本为笔者2013年8月在英国游学时复制回国。
[2] 张元济:《致蔡敬襄(三通)》,《张元济全集》第3卷,商务印书馆2007年版,第480页。

蔡敬襄所藏城砖在考古学上具有重大意义。随着从汉代到清末两千年间连续不断的纪年砖在南昌老城区集中出土，有力地证明了南昌自西汉建城后城址一直没有变动，只是城墙范围大小以朝代国力盛衰而盈缩调整。这些文物的存世，使所谓南昌汉至六朝古城在火车站以东或黄城寺的说法不攻自破。

需要说明的是，精于赏鉴的蔡敬襄先生集古心切，一时不察，遂被投机者利用。1934年，南昌藏友余厚基因屡向蔡氏提出交换文物不得，遂暗自将新近出土的一款网钱纹砖，模仿曹全碑笔意，于空白处添加文字，臆造了一款"建宁三年"纪年砖的赝品，使蔡敬襄以善价换得。① 蔡先生原以为自己收藏最为完备，不意竟有"漏网之鱼"，认为此砖弥补了东汉纪年砖的空白，欣喜之余，还撰文将此砖与同时在大郎庙出土的汉镜一并在《国文周报》发表。② 蔡去世后，余厚基良心发现，遂向人告白原委。

1952年10月，蔡敬襄在南昌孺子亭八号寓所逝世，终年七十六岁。弥留之际，嘱其外甥将所藏全部图书、文物，分别捐献给江西省图书馆和江西省人民政府文物管理委员会。藏书现归江西省图书馆，文物则划归于江西省博物馆。

蔡敬襄先生的爱书藏书及保护文物、促进文明、开化民智的大公无私精神，永远值得我们铭记。

---

① 王咨臣：《汉建宁三年城砖之沉案》原稿，1979年6月3日撰，王令策整理。
② 蔡敬襄：《南昌出土之古镜与汉砖》，载《国闻周报》1935年第27期。

| 吉水 欧阳成 南云精舍 |

移余榻于后房,庋书籍于右厢,用为书室,虽隘小幅仄,亦自足以怡神也。

▲ 欧阳成

欧阳成（1878—1939），字集甫，号南云，江西吉水枫江林桥村人。清光绪三十二年（1906）留学日本，民国初年归国，后为国会众议院议员，先后供职北京税务处、南昌南州国学院，所撰专著或译著及诗文集、日记等均有存世。

自昔欧阳重吉州

欧阳成十三岁入吉安府学，光绪二十三年（1897）、二十八年（1902）两次中乡试副榜，次年中正榜第十七名举人，欧阳成关系网也基于这三次乡试，同年众多，原因在此。光绪三十年（1904）参加会试不第，以书法出众，挑取国史馆誊录，但他放弃了抄抄写写为事的不入流小吏，转于两年后赴日本入经纬学校和中央大学学习法律六年。辛亥后欧阳成赶回江西,任李烈钧督府法律顾问,民国二年(1912)在李的支持下当选众议员,代表江西赴京任职,不久因系国民党籍,被北洋政府免职,旋任全国税务处帮理。民国二十三年(1934)返回江西,充樟树产销局局长,次年任临川学会专任讲师、南州国学研究院院长。日寇侵赣后返里,1939年六月十八日逝于吉水林桥。

欧阳成藏书室叫"南云精舍",系以别号得名。欧阳成从事藏书垂三十载,藏书十万余卷,其日记中提到自己曾编有《南云精舍藏书目录》,可惜与大部分藏书一样未能保存下来,其功业只能从其藏书印中一窥涯涘。欧阳成藏书所钤印章多出京城名匠之手,如同古堂的张樾丞,荣宝斋的吴一庵就为他治过印,内容除名章外,还有"集甫""南云精舍""吉水欧阳氏孝友堂藏书"等,经笔者寓目者有十余款之多,所用印泥也是江西籍藏书家中最为上乘。

欧阳成最早购置大部头图书的记录是在光绪二十五年(1899)十一月,即其中举次年在南昌曾购入《小方壶斋舆地丛钞》一箱六十四册,"直龙洋二十五,亦巨书也"。在日本留学时期,他虽然只有三十三元官颁生活费,但他还是挤出钱来买书,曾购藏曾国藩选刻《十八

▲ 欧阳成印

▲ 南云精舍

▲ 欧阳氏南云精舍藏书

家诗钞》、沈确士《纂评唐宋八家文读本》、日本凤文馆刊《资治通鉴》及在东京汉学书肆中国书林影印颜真卿《多宝塔》碑帖等。寒暑假往返途经上海、南京,又曾购得陈立《白虎通疏证》、《张濂亭文集》、徐乃昌校刻《闺秀词》、梅伯言《古文词略》等。他赴京前,就已有藏书十六箱之多。

欧阳成交游颇广,与这一时期全国及江西籍的学者和藏书家多有交集,著名者如傅增湘、明伦、王式通、袁励准、胡朝梁、蒲殿俊、张伯烈、曹经源、梁士诒、孙宝埼等,尤其与赣籍人士交谊最契,不论对方的身份是保守忠君的清遗民,还是曾留学东西洋、思想新锐的新式学者,他们的交往藏书活动都曾在他的日记里得到反映。这些与欧阳成直接或间接打过交道的赣籍藏书家主要有九江李盛铎(木斋)、莲花朱益藩(艾卿)、宜丰胡思敬(湜唐)、南昌魏元旷(斯逸)、丰城熊译元(罗宿)、奉新宋育德(公威)、泰和欧阳辅(棠丞)、新建张劼(蕴青)、蔡敬襄(蔚挺)、修水廖士翘(卓如)等。

民国时期的藏书家明伦,把欧阳成与熊罗宿(译元)相提并论,说他是熊的"谈目录友也"。实际上,熊罗宿的版本目录学方面的成就在欧阳成之上,常帮欧阳成鉴定和介绍古籍。熊译元赴北京琉璃厂开"丰记书庄"的时候,曾得欧阳成鼎力协助,后者利用自己在税务局工作的便利,把检查站无理扣押的熊氏书柜悉数保出。两人住所较近,交流最多,熊也将一些复本及所著《通鉴校勘记》等送给欧阳成。多年后欧阳成赴上海办事,就入住正拟在上海大规模影印古籍的熊译元的寓所;熊在北平丰城会馆去世时,欧阳成是在场送终的朋友之一。

欧阳成还与先后主掌江西省立图书馆的两位馆长南城欧阳祖

经、丰城杨立诚交好，前者是留日同学，后者曾将明代吉水籍兵部尚书毛伯温的《毛襄懋公集》从馆中提出供他抄校。

藏书籴富百城拥

欧阳成藏书大部分来自寓居北京时所得，来源自然多为琉璃厂。他与琉璃厂一些大书肆如会文堂、文禄堂、善成堂、同好堂、德友堂、宝华堂、述古堂、涵文斋、龙云斋、开明书局、丰记书局等最为熟稔，一些著名的书贾如王晋卿都是他家的常客。这些书店往往是先把收到的古籍送到他家请他过目，如果欧阳成想要就付钱，甚至可以分期付款，不要可以取回或让他借抄。他们知道欧阳成生活俭朴，但对于搜求地方文献，特别是吉水先贤著作事业上是不遗余力。这一时期一些大部头的丛书也陆续成为欧阳成的书斋新晋，如阮刻《十三经注疏》一百八十册、《豫章丛书》两百四十册、武英殿聚珍板丛书二大箱八百零八册（书价银洋770元）等。他甚至可以跑到西砖胡同，亲自向董康买其校刻的一批"再造"善本。还有些古籍是同乡慕名赠予，以川归海。如罗汝鹏赠明代永丰罗伦《罗一峰集》、郭穆堂赠涵芬楼《古今文钞》一百册、宋雪庄赠《罗念庵先生文集》等。

欧阳成在全国税务处供职期间，薪金为银元二百二十元，加上国会议员的津贴，和在中国大学、法政学校、税务学校等处兼职，欧阳成月入三四百元，而当时的知名教授陈独秀、胡适也不过如此，可以说是他事业的鼎盛时期。在近十余年的优裕生活中，欧阳成有能力从容经营他的藏书活动。

由于欧阳成的家族自称欧阳修之后，因此对"先文忠公"的文集多方购求。欧阳成南云精舍的"镇宅之宝"即宋版《欧阳文忠公集》,即系"南李(盛铎)北傅(增湘)"中的傅增湘让与,此事应该发生在1918年左右,《欧阳集甫公哀启》记载这部宋版《欧阳文忠公集》共有八册,外加《秋声集》一册。各书今俱归江西省图书馆,其入选首批全国珍贵古籍名录也是顺理成章之事。

1928年北伐战争结束后,南京国民政府正式统治全中国,北洋政府的机构一律取消,顿时使欧阳成陷入失业的窘境,为了坚持让女儿欧阳采微完成清华大学的学业,他在北平继续留守,经济上只能靠吃老本过日子,为此他还经常为人推命圆光及撰写寿联文稿补贴家用。这一时期他藏书渐少,抄书活动却多了起来,为此他常去方家胡同的京师图书馆(今国家图书馆)抄校古籍,在这里他还邂逅了南城籍藏书家李之鼎为编《宜秋馆汇刻宋人集》而派出的抄书手,了解到李氏系统编刻宋人别集的宏图壮志。

欧阳成众多抄本中有不少底本是善本,其中有元代刘诜《桂隐诗集》四卷、明代吉水籍状元刘同升《锦鳞诗集》十八卷和吏部曾同亨的《泉湖山房稿》三十卷,不少是罕见的乡邦文献,《锦鳞诗集》在民国廿六年(1937)刘氏后人在欧阳成的指导下在南昌用木活字排印发行;他抄校的《曾同亨集》至今保存在江西省图书馆里。

"北漂"时期欧阳成抄校的古籍及读书笔记还有《前、后汉纪校正》、宋晏殊《珠玉词》、《纪效新书劄记》等,其中用力最勤、花费时间最长的就是《吉水先哲碑传集》13册,系欧阳成从各种文集史传中辑得,至今庋藏江西省图书馆。

1934年欧阳成回到江西,在南州国学院任教授,并在心远大学兼职,此时他已经是一位56岁的老人了。二十年前欧阳成在赣督府做顾问及江西政法学校教员时,喜欢去南昌书市"捡漏"。想当年,他在南昌市上买得《汉魏名文乘》一部四十册,并有原装楠木箱;红黑套印《聊斋志异》一部六十册,二书总共才花了制钱二缗,让他喟叹"自丧乱后,书籍飘零,无人过问,故低廉若此"。其他还有《方望溪文集》《杨盈川集》《圭盦诗录》《吴郡图经续记》《词选》《大云山房文稿》等,都是在 1915 年客居南昌时所购。

欧阳成在南昌的"南云精舍"的布置颇为雅致,他自己描述说:

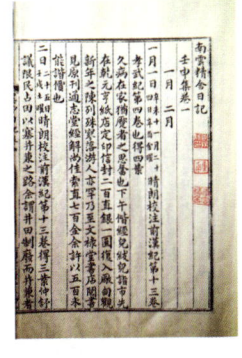
▲《南云精舍日记》

已除一室为精室,敷置各床椅。壁间悬石嵌花卉四幅,何绍基小联一幅,浙江青田制物也。又仇十洲美人一幅,王小梅绘李香君一幅,恽南田钟鼎法绘一幅。赵雍骏马、顾见龙名琴一幅。又檀木嵌琉璃山水四扇麓板龙一对。红色绘金龙鱼缸一,御窑物也。移余榻于后房,庋书籍于右厢,用为书室,虽隘小幅仄,亦自足以怡神也。①

▲ 吉水南云精舍现状

南云精舍还悬挂有一副对联,内容为"抵

---

① 欧阳成:《南云精舍日记·乙卯》,1915 年 6 月 3 日条。

掌曾谈天下事，潜心再读壁中书"，也算是这位关心时政的议员藏书家的真实写照。

回到江西以后，他与宋育德、廖士翘两位藏书家交往较多，三人都曾在日本留学，但欧阳成可能不知道身为江西省政府保安处长的廖士翘还有藏书的爱好。宋育德一直从事教育，跟欧阳成的交集更多一些，在欧阳成的眼中宋更像是一个书法家，宋曾为乃弟欧阳武全文抄写并付印《南雷诗草》；在宋的眼中，欧阳成更像一个古文家，还请他为永丰宋母萧夫人六十大寿代写过寿文；倒是年纪轻轻常来问学的张劼，才称得上欧阳成的同道中人。

曾经有一种说法说欧阳成藏书与胡思敬有"先友后觑"之故，但我认为可能是不准确的。欧阳成日记里不但没有与胡的直接交往，而且凡是提到胡思敬（漱唐）的地方，无不毕恭毕敬，对胡十分钦佩，对胡刻《豫章丛书》也赞誉有加。如其1926年1月3日的日记有云：

> 下午二时，过丰记书局，见胡漱唐侍御所著《退庐全书》总目：一《诗文集》；二《疏稿》；三《笺牍》；四《驴背集》；五《丙午厘定官制刍论》；六《审国病书》；七《戊戌履霜录》；八《大盗窃国记》；九《国闻备乘》；十《九朝新语》；十一《王氏读通鉴论辩正》；十二《盐乘》。
>
> 此老忠诚耿耿，为御史时，弹劾不避权贵，以直声闻天下。而复研精典籍，著述等身，至有十二种之多。江西人物自朱文端、李穆堂、彭文勤后，惟胡氏一人而已。至其辑刊之《豫章丛书》，网罗江西先哲之遗著，至一百零三种之多，

卷数有六百五十卷之巨，尤为征文考献者所深资也。

又 1929 年 11 月 11 日的《日记》提到欧阳武寄赠胡思敬藏书目录时说：

> 四弟邮寄《退庐藏书目录》，书凡七万余卷，无一精椠，无一古本，即此以知漱唐侍御之居官清廉，贫而好学，非他藏书家比也。

可见，欧阳成在胡思敬身后对他的议论是敬慕不已，而且为担心《豫章丛书》销路不好而忧心忡忡，与胡交恶的说法不知从何而来。

欧阳成在藏书与校书方面取得不凡成就，当然也受到种种条件的限制。欧阳成先后二妻二妾，膝下一女八男，负担自然綦重；经济的不裕，精力的分牵，交流与活动范围的制约，营建祠宇书院等财力的流散，都限制和影响了欧阳成在藏书事业上有进一步的发展。但他坚持藏书、抄书、校书，至死不废，其藏书活动一直到日寇犯占江西，自己窜避吉水老家，最终忧愤去世，其藏书事业才宣告停止，部分藏书为家人托宋育德售往上海，精华则入江西省图书馆。

乱世藏书，是一个藏书家的不幸，也是一个时代的不幸；唯一幸运的是，藏书家虽已作古，而其藏书得以善终，未曾灰飞烟灭，则实为不幸中的大幸。

| 武宁 葛第春 永寿砚斋 |

数家宝笈珠林富,此地锦函玉籢丰。观罢自矜真眼福,与君买醉骋青骢。

从全国视野看,可能大多数近代江西藏书家都是寂寂无闻;但他们对藏书事业的热爱,与全国知名的大藏家相比丝毫不逊色——清末民初武宁籍藏书家葛第春就是其中一位。江西省博物馆古籍部藏有原葛氏永寿砚斋古籍数千册,翻捡书页,我们从中能感受到他对藏书的热情与细致。另外值得一提的是,葛第春使用藏书印的数量,可以与木斋先生李盛铎并驾齐驱,看着累累红蜕,似乎就能窥见他翻检古籍、成瘾成癖的身影。

东箭南金世所稀

葛第春(1879—1952),谱名德泙,字玖荪,号卣尊,武宁县罗溪镇人,光绪五年六月四日出生于一个以儒为世业的书香门第。葛第春早年受业于名儒吴士鉴(絅斋)之门,学乃大进。后以武宁县学附生身份,中式光绪二十八年(1902)壬寅科并补行庚子(1900)恩科乡试第81名举人。在这一科的208位乡试同年当中,葛第春是年纪最小的一个。同科举人如万载辛际唐、南城刘凤起（未林）、南昌胡廷校、新建程学恺、泰和龙光勋、奉新宋煊寅、丰城熊际可等日后都成为知名的文史书画名家，是榜可谓人才济济，成为科举制度结束前江西科场的一次回光返照。

葛第春善属文，亦能诗，曾参加经训书院师生著名的《三村看桃花》同题倡和，其诗云："时令行阳淑气和，春城人事乐偏多。乘车迥出踏红雪，买櫂相携泛绿波。夹岸娇迷渔父醉，香泥轻溅马蹄涡。为贪景色游郊外，兴尽归来发楚歌"，颇见功力。他在京师参加会试时，游眺紫禁城，有《咫尺瀛洲》诗前四句云："峥嵘坊表树通衢，影燦花洲耀碧朱。极目龙门依北斗，立身鳌背望中枢"，少年志向略能窥得一斑。

中举以后，葛第春赴京会试不第，晋谒名相陆润庠而归。进入民国，他积极参与地方政治，并得到同乡、江西督军李烈钧的大力支持。1913年初，他代表武宁县当选为江西省议会议员，参与筹备国会事务。此后，葛第春一直厕身政界，列名"谠言社"，一度成为江西省参议会元老级的风云人物，还曾卷入1920年5月江西各界联合会与参议会因加薪事件引发的冲突。抗战期间，葛第春携家眷迁避各处，曾到过香港等地；1942年，省立武宁师范迁回武宁石门，葛第春、余心乐等被聘为文史教员。抗战胜利以后，葛第春专心致志投入教育事业，渐渐淡出人们的视野。1949年中华人民共和国成立，旋即"镇反"运动开始，已经七十多岁的葛第春对形势严重估计不足，认为自己从事教育，没有血债，不至于遭受什么不利。据其后人回忆，武宁县政府以开明绅士的名义敦促他回乡参加社会主义建设，从南昌到武宁后还安排了夹道欢迎。不久当地政府以葛氏曾担任伪职名义将其抓捕。

更不幸的是,他在人民法院工作的女儿葛端淑被安排批准执行父亲的死刑,白发苍苍的葛第春于 1952 年 3 月被枪决于老家罗溪,全部财产包括藏书也被人民政府没收。① 葛氏大部分藏书被南昌石渠阁书肆从武宁贩运到省,辗转由江西省文物管理委员会购入,今藏江西省博物馆古籍部。所著《永寿砚斋诗文集》,稿本,包括诗三卷、文一卷,今藏王氏新风楼。

勉和阳春侑绮筵

前人藏书之所,大率以斋、轩、楼、馆、堂等名月相尚,葛第春也不外如此。他早年藏书处叫"翠墨簃",后来得到一方刻有"永寿"古字的砚台,遂将藏书楼命名为"永寿砚斋"。江西同一时期以"砚"名斋的藏书家,除了他之外,只有蓝钰的"负笈砚斋"。但与蓝钰异趣之处在于葛第春喜好金石书法,常常临池挥翰、奏刀治印,还与南昌熊腾均雅好收藏。葛第春所用藏印内容不一而足,且篆法颇佳。仅笔者目力所及,他的姓名章有"卣尊""第春之印""葛卣尊印""武宁葛第春印";藏书印有"翠墨簃""永寿砚斋考藏考订印""武宁葛氏考藏金石书画之玺""卣尊眼福";因为江西葛姓多称晋代葛洪后裔,所以他还有一枚闲章内容是"抱朴子后人"。一些内容与藏书不相关的闲章有时也被葛氏加盖在藏书上,如"瞑琴说剑读画听香"和"崇仁邑长",前者颇饶雅致,后者说明可能他还短暂担任过崇仁县的县长,不过这个职务还有待考证。可能是某日一时兴起,葛第春将上述

---

① 《武宁葛氏七修族谱》,九江胡亚东先生提供。

印章一股脑儿加盖在所藏《岛居遗稿》卷二尾页上，堆金砌玉，颇有炫其雅艺的感觉。他还有一方印是摹刻"右将别部司马"，印文内容与藏书无关，却同样被钤盖在书上，以致笔者怀疑这批印章应该就出自葛氏本人之手，所以他才会这么肆意和自诩。他与奉新帅之宪一样，自己藏书，自己治印，不假手他人，故能自得其乐。

永寿砚斋藏书具体数量今日不得而知，我们只能看到 1950 年散出时已被拆分，所幸省文管会得到大宗，数量不详。我们可以推断，所有钤有"永寿砚斋"及其姓名印的书均为葛第春所藏。从这批古籍的类别和内容可知，葛氏藏书没有什么珍贵刻本，以清代诗文别集为多，特别是金石类的书最为特色。所藏有欧阳辅（棠丞）《集古求真》十六册全，黄易刻《秋景庵主印谱》四册，另外有一大批印谱及碑拓藏于馆中，可惜没有加盖藏书印以便证明它们是否曾是永寿砚斋插架之物。文史类书有东乡吴嵩梁《香苏山馆诗钞》十九卷，叶泰椿《岛居遗稿》二卷，卢浙《三芝山房读史随笔》两卷，以及《林君复姜白石诗》《仿宋刻太平御览》等，都曾经葛第春摩挲讽咏，钤印以纪"尊卣眼福"。

《永寿砚斋诗文集》中有一些诗描述葛氏

▲ 第春之印

▲ 葛卣尊印

▲ 永寿砚斋考藏考订印

买书、观书的经历。他当年会试下第后，囊中颇有余赀，遂肆意历览京师风物。某次风日晴和之时，葛第春与刘凤起（未林）一起游著名的海王村书肆，这里丰富的古籍书画让他大开眼界，这次游览也成为他大量访求古籍的重要契机；而同乡兼同年的刘未林，是当时著名的书法家和画家，联镳同游，又同有收藏之雅好，所以两人兴尽而返，捆载而归。葛第春曾赋诗纪游："京华跌荡称豪雄，握手先知凤好同。精鉴追踪孙北海，挈经私淑米南宫。数家宝笈珠林富，此地锦函玉躞丰。观罢自矜真眼福，与君买醉骋青骢。"

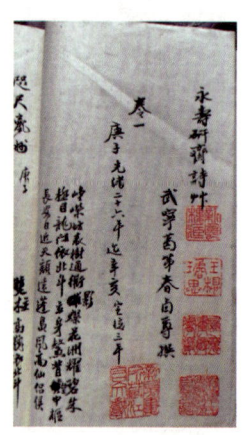

▲《永寿研斋诗草》

除了北京，南方更是天禄琳琅所在。葛第春曾到广州广雅书局登门访书购书，更可以按图索骥。广雅书局是光绪十三年（1887）两广总督张之洞创办，为国内较早开展图书出版业务的官书局，曾刊印过《皇清经解》等著名图书。葛第春慕名来访，所获亦丰，作诗四绝述事云："岭表硕儒嘉道多，雷塘学海导先河。如云才彦穷经邃，东塾大成集揣摩。""接武南皮喜后来，大兴书局度基开。广搜乙部菁华撷，鈲析爨疑博洽才。""琳宇蚵墙门第高，千楹宏旷近城濠。周环榕荔浓荫蔽，分校六堂多誉髦。"（自注：局中分东西南北前后校书堂）"埌鼙南天海沸腾，翻新花样勃然兴。雕栏亭榭蒇荒塞,万卷嫏嬛保未曾?"

曾几何时,葛氏公余政暇,藏书访古是他平生的一大嗜好。古人追求的窗明几净、插架满前、朱墨燦然、焚香读书,这样的人生乐事,观葛氏诗文,庶几近之矣。

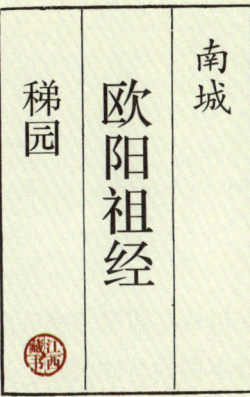

南城欧阳祖经梯园

　　费数年之设计，筹六万之金钱，为欧阳仙贻辛苦经营而成之，且自捐图书数百种，为个人捐书之提倡，公义殊可佩也。

▲ 欧阳祖经

▲ 欧阳祖经

在近代江西藏书家队伍中，欧阳祖经是一位与众不同的特殊人物：他本人不致力于古籍的积累与研究，却把毕生精力放在近现代图书馆的建设上；他没有以个人名义刊刻丛书，却组织馆藏古籍版片重印乡邦文献；当公藏机构需要充实图书时，他又毫不犹豫地将自己数万册藏书捐出，体现了一位藏书家的大爱情怀。因此，将这位近代图书馆学的先驱者列入藏书家队伍，是当之无愧的。

水木清华旧馆开

欧阳祖经（1884—1972），字仙贻，祖籍江西南城，世居南昌。清光绪十年元旦，欧阳祖经生于省城。1898年，欧阳祖经考入于江西崇实学校，后考取官派赴日留学生，就读于东京高等师范学校，专攻数理科学，并加入了同盟会。顺便提一句，光绪三十四年（1908）正月初六，留日江西籍学生中由宜黄欧阳沂（与鲁迅同寝室）发起，十二位来自全省各县姓欧阳的学生一起合影留念。有意思的是，后来成为藏书家的就有吉水欧阳成、南城欧阳祖经，还有一位是藏书家丰城欧阳熙之子欧阳溥存。

辛亥前后，欧阳祖经学成归国，先后在江西省立南昌一中、女师、心远中学、省教育厅等处任校长、秘书等职。此前，新建大塘的前清进士、工部主事程志和见他生性聪敏，博学经史，雅重其才，便将女儿程时光嫁给他。1922年，受东京高师同窗、北京女师校长许寿裳邀请，欧阳祖经前往北京女子高等师范学校任教务主任。1923年欧阳祖经北上时，就带着刚录取的新生刘和珍（藏书家方其道未婚妻）到北京入学。后来他与鲁迅等人同在一所学校教书，时常见面。

1927年，欧阳祖经见北方政局不稳，遂辞职回到南昌，当年11月被任命为江西省立图书馆主任，后称馆长。欧阳祖经到任后，鉴于图书馆馆舍严重不足，事业无法发展的情况，立即呈请当局拨给南昌百花洲内原纪念前清巡抚张芾、沈葆桢、知县江召棠等人的三公祠，建议全部划归馆方建设新馆。为了建造一座设施较为完善的图书馆，欧阳祖经亲自前往江苏、浙江两省考察图书馆的建筑布局，与一些专家详细讨论，寻求借鉴。返回省里后，欧阳祖经立即组织设计绘图，并制定投标规程、施工规程等。

据欧阳祖经的孙女欧阳琇披露，江西省图书馆新馆是由欧阳祖经的儿子欧阳诚等人设计监建的。1927年底，欧阳诚从唐山

▲ 江西省立图书馆同人摄影于旧馆阮楼

交通大学毕业,正碰到江西省立图书馆新馆正要开建,所谓举贤不避亲,又为了节省开支,欧阳祖经便把设计建造的重任交给了学土木工程、又开设了一所"七星建筑工程公司"的儿子。但在工程质量和进度方面,欧阳祖经一点也不顾情面。为了能把图书馆建好,他几次因为施工质量的事情与其他股东和施工方吵得面红耳赤。建材质量稍差就坚持退货重买,监理中发现问题一定要返工。最后,工程是按时按质完成了,但他儿子的公司却亏得一塌糊涂,欧阳诚一人就损失了数千大洋。尽管他为图书馆建设呕心沥血,却在任用亲属插手建筑工程的问题上为教育厅部分人员提供了攻击他的口实。

1930年8月图书馆新馆落成,成为与江西大旅社、邮政局并称的南昌三大地标建筑。然而图书馆未待开放便被征用,成为"国民政府陆海空军总司令行营"(后期为"国民政府军事委员会委员长行营",俗称"蒋介石南昌行营")。教育厅秘书陈剑修等人趁机状告欧阳祖经在馆舍建设中的问题,欧阳祖经愤然辞职,赴浙改任浙江大学图书课主任。

1933年,欧阳祖经夫人的同族姻亲程时煃任省教育厅长,非常同情他受到的不公正待遇,遂聘请他回赣任教育厅秘书。1935年,他接替丰城杨立诚,再次出任省图书馆馆长。

1938年,日军入侵江西。南昌沦陷前夕,欧阳祖经准备携家人避往桂林,而此时浙江大学也迁往江西泰和上田萧家,临行欧阳祖经将自己藏书数万册悉数捐给了自己曾任教的浙江大学。设在泰和上田的浙大图书馆,又恰恰是藏书家萧敷政的"遐观楼"。1940年8月,欧阳祖经应江西国立中正大学(校址在泰和杏岭)校长胡先骕之聘,任文法学院副教授。在泰和期间,为明抗倭心志,欧阳祖经访求史料,撰写《谭襄敏(谭纶)公年谱》《南明赣事系年录》《哭姚显微》《日本武士考》等,以励气节。在校期间,他谱写《晓月词》136首,以表其志,名动一时。此外,他还撰有《欧美女子教育史》《省名考》等行世。

1949年中华人民共和国建立后,全国大学院系调整,欧阳祖经于1951年调往兰州大学历史系任教。1959年,退休迁居北京。1972年7月病逝于北京。[①]

[①] 萧新民等:《欧阳祖经诗词集》出版前言,百花洲文艺出版社2007年版。

何处读书堂　品茶云雾香

著名的教育家兼藏书家侯鸿鉴在 1933 年 10 月曾到省图参观,他所看到的欧阳、杨两位馆长苦心经营的江西图书事业,在国内都算一流,只可惜省主席熊式辉把它当作礼物奉给蒋介石做行营,以方便蒋氏坐镇南昌指挥剿灭赣南"赤匪"。侯氏想去看书,也得在杨立诚的安排下悄悄潜入,"盖图书馆现为蒋氏行营,出入不易,故非预为约期,不克入观也"①。这倒是让侯鸿鉴可以顺利阅书,并详细记载了当时江西最大的公共藏书机构的藏书情况:

> 图书馆据东湖之胜,建筑恢宏,汇秘笈之珍,规模轮奂。费数年之设计,筹六万之金钱,为欧阳仙贻辛苦经营而成之,且自捐图书数百种,为个人捐书之提倡,公义殊可佩也。迄今馆中犹有纪念之书橱,珍示后人者。癸酉(1933)十月,余来南昌,访杨以明(即杨立诚)馆长于省教育会临时阅书室,由刘郁文君导视观文库所藏善本书籍及普通书籍,分类之法,仍以《四库》旧例经史子集分之。费两小时半之时间,选阅善本十余种,约记其概略如下:
> (一)全馆藏书一万六千余种,十一万四千余册。
> (二)宋刊元印本一种:《东莱先生文集》。
> (三)元刊本二种:《文中子说》及《豫章黄先生别集》。

---

① 侯鸿鉴:《漫道南国真如铁——西南漫游记》,辽宁教育出版社 2013 年 4 月版,第 27 页。

（四）明刊本一百四十余种，阅经、史、子、集各一种。

（五）清殿本二十余种，阅《孟子》及《御订全金书》两种。

（六）江西乡贤遗集一千一百五十余种，阅《文山》《荆公》两集。

（七）清抄本，阅顾祖禹《方舆纪要舆图要览》一种。

（八）江西各县志书，已有七十五县，尚缺六县。

（九）全省府志十三部，已完全。

（十）各省府志及各省省志，共四十余种。

（十一）普通经史子集，在第三层文库中者，约一万二千余种。

（十二）新书均置省会教育会，约四千余种。

（十三）《豫章丛书》，现正补刻完成，将付印。①

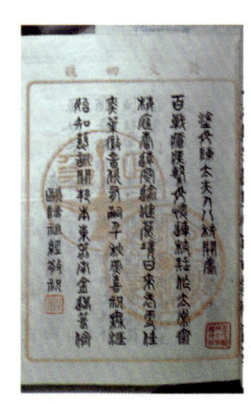

▲ 欧阳祖经捐赠《江城旧事》

▲ 欧阳祖经手迹

侯鸿鉴在文中提到有关欧阳祖经的两件大事，一是捐书，二是重印《豫章丛书》。在欧

---

① 侯鸿鉴：《漫道南国真如铁——西南漫游记》，辽宁教育出版社2013年4月版，第24页。

阳祖经第一次任馆长的时候，就捐献了价值约3000银元的书籍，数量在数百种之多。重印古籍也是为了便于传播文化，在开印之前，欧阳祖经将清嘉庆年间南昌学府所刻《十三经注疏》、退庐图书馆问影楼所刻《豫章丛书》104种版片，设立专门部门保管。在第二个任期中，他取出馆藏《豫章丛书》版片，重新刷印了一百部。这部书是宜丰籍藏书家胡思敬毕生所辑刻，在胡去世后归公藏，1927年江西战事突发，《豫章丛书》版片被损毁二百多块、五百多页，杨立诚和欧阳祖经先后延请刻工补齐刷印，每部装订264册，售价八十大洋。

在侯鸿鉴的记录中，我们还知道欧阳祖经和杨立诚搜集来的古籍中，有一些是泰和萧敷政的藏书，如殿本《御订全金书》七十四卷；奉新宋育德"卷雨楼"的书更多，如元刊《豫章黄先生别集》五卷，明刊《前汉记》三十卷，嘉靖丰城鄢懋卿刻本《文山先生集》二十八卷等，特别是明刊《嘉祐集》十五卷，书内密密麻麻留有宋育德的校记。此外，还有临川李氏所藏的书画精品，以李联琇所藏为多。

就像考古工作者自己一般会回避从事文物收藏与交流一样，出于避嫌，作为图书馆长的欧阳祖经没有自己个人的藏书楼，否则瓜田李下，很难说得清道得明，干脆就不进行图书收藏。但欧阳祖经毕竟是图书馆学方面专家，虽然不会在古籍版本和目录学方面专门进行研究，但不代表他没有藏书。欧阳祖经不像一般藏家追求的善本图书，而是致力于实用图书的收藏，当然一切为了实用。

南昌光复以后，欧阳祖经于1946年3月曾打报告给江西省、南昌市政府，说南昌沦陷期间敌伪政权非法进入他封存的住宅，除财产外，他个人藏书被取走，这批书抗战胜利后在南昌市立图书馆被发现，于是欧阳祖经要求图书馆发还他的个人藏书，并得到省主席曹浩森和南昌市长艾怀瑜的批准。这批书有二十一种、三百多册，大都盖有欧阳祖经个人的名章。这份档案现在保存在江西省档案馆中，为笔者发现并抄录如下，从中可以一窥欧阳祖经个人藏书之一斑：

书名	版本	册数	备注
欧阳氏族谱	祠堂本	肆册	祖藏
汲古斋课徒草及时文存	欧阳氏家刻本	式拾册	祖藏
房县志	同治宾兴馆本	陆册	先君宦游地
诗地理考略	鼎吉堂本	式册	有批点
四书古注	石印本	式拾册	有印鉴
说文句读	朱刻本	式肆册	有印鉴
四史	同文局本	玖玖册	有印鉴 原书一百册残魏志首册
清朝全史	日本文	式册	有印鉴
国语国策	崇文局本	壹拾册	有印鉴
日本国志	浙江局本	壹拾册	有印鉴
日本维新三十年史	普通本	陆册	有印鉴
江西全省舆图	石印本	拾肆册	
江西要览	漱芳斋本	叁册	残
读史兵略	武昌节署本	式陆册	有印鉴
格致镜原	积山书局本	拾陆册	有印鉴
楚辞章句	长沙刻本	肆册	有印鉴
五百家注昌黎集	商务本	式拾册	残 原书系商务馆赠
日本印大藏经	日本版	陆册	原书数十册只领回六册
无邪堂答问	广州刻本	伍册	有印鉴及批点
阮刻十三经注疏	南昌刻本	壹陆捌册	原书乙百八十册残 易诗春秋左氏传三经疏
元曲选	商务本	式陆册	残

以上所存书籍，计式拾壹种肆百玖拾壹册，均已先后领讫。此上

南昌市立图书馆　台照

具领人：国立中正大学教授欧阳祖经，三十五年叁月。

附注：《欧阳氏族谱》起至《无邪堂答问》止，计书十九种、二百九十七册，欧阳教授向饶前办事员其白手领回，当时欧阳教授出有临时收据，交饶其白带去，现未缴还，以后查出，应作废纸。

南昌市立民众教育馆馆长饶肇基，代理饶其白移交人万绳果。①

这批发还的藏书，基本上是清末到民国的刻印本、活字排印本和石印本，几乎没有一部称得上是善本古籍，可见欧阳祖经读书藏书并不侈谈善本，而是以实用为主。

在战乱与政治斗争中，藏书家们都显得无助与无奈，所藏之书也同人们的命运一样，聚散无常，生死由命，人犹如此，其奈书何。

二十世纪五十年代初开始的院系调整，是对旧教育体制的重新洗牌，被冠以"败寇"姓字的中正大学更是在劫难逃，包括前校长胡先骕在内的一大批教授被调往边远地域任教，欧阳祖经便是其中之一。欧阳祖经和很多学者一样，最初都是真心拥护新政权，而在经历一系列残酷的政治运动之后，他们噤若寒蝉，不敢以大学者自居，只能谨小慎微，苟活于世。晚年的欧阳祖经非常

---

① 《欧阳祖经清还书籍事由》，中华民国卅五年四月二十一日，江西省档案馆藏。

低调,命名自己在北京的书室为"稊园",稊就是稗草,《庄子·秋水篇》说"计中国之在海内,不似稊米之在太仓乎?"他把自己比作毫不起眼的稊秕,自谦与自卑兼有其意。这样的行事风格,也使欧阳祖经幸运地躲过各种劫难而登上寿。在"文革"行将结束的1972年夏,八十九岁的欧阳祖经在北京安然去世,遗憾的是,他一去数十年,再未回到过自己苦心经营的江西省图书馆。

彭泽

汪辟疆

小奢摩馆

于讲贯之暇，喜坟籍，往往午夜篝灯，屡忘就枕；又苦善忘，久而茫昧，爰置一册座隅，偶有会心，辄命笔札。

▲ 汪辟疆

▲ 汪辟疆藏《钱牧斋先生笺注杜工部集》

近代江西藏书家中，有不少出身书香门第。这些望族名重一乡，或科甲联芳，或簪缨累世，藏书也自然成为一门"家学"。中国近代著名学者、版本目录学家汪辟疆就属于这一种情况：他的伯父是状元，父亲是地方官，自己毕业的学校是北京大学，服务的大学又是名校，俯仰周旋，都是士林书海，其著书、藏书的条件十分优越。世代书香，相承一脉，他的孙女方方也是当代著名作家。

前山过雨云犹湿

汪辟疆（1887—1966），原名汪国垣，字笠云，号展庵，晚号方湖。汪辟疆出生于道光十三年，也正是这一年，他的伯父汪鸣相高中状元。汪辟疆的出生地是彭泽县黄花畈汪村（今黄岭乡老屋湾汪村），彭泽就是陶渊明不为五斗米折腰的故事发生地,千余年来陶公的高尚品行激励着此地民风,所以小小彭泽县,却出了不少人才。汪鸣相中的是癸巳科状元,曾任翰林修撰、广西乡试主考官,是江西有清一代为数不多的状元之一。汪辟疆的父亲汪际虞没有兄长如此高的科第,自己只是光绪二十三年(1897)的一个小拔贡,所幸朝考一等第六,覆试二等第一,历任河南泌阳、商城知县。汪辟疆出生后就跟随父亲在河南,父亲政暇亲自教授欧阳修诗文。略长后,汪辟疆入河南客籍高等学堂读书,1909年与弟弟汪国镇一同被保送京师大学堂。在他毕业那年,京师大学堂正式改名北京大学。

在当时的京师大学堂,学术气氛颇为活跃。汪辟疆与胡先骕、姚鹓雏、林庚白、周维华、王朝琮、赵继川、袁霖庆、程家桐等诗友结社倡和,号称"太学十君",这些年轻人倜傥不羁,挥斥方遒,日后在不同的领域都卓有建树,汪辟疆偶尔参与时事评论,涉猎颇广,曾率真地指出著名翻译家林琴南文章的瑕疵和错误,被林氏视为畏友。

汪辟疆对藏书及图书版本学的兴趣,就源于在京师大学堂的读书生涯。他曾通读巴陵方氏《碧琳琅馆遗书》,其中提到不少禁书和秘笈,他一边静读,一边尝试写《禁书书目提要》,尝试寻觅版本目录学门径。他看到清季末造,万方多难,于是借研究明末清初史料的机会,探求王朝兴衰运势规律,写成不少考证文章,投稿《国粹学报》,形成了一定影响。清末革命思潮风起云涌,汪辟疆倾向革命,宣统末年秘密参加了同盟会。辛亥革命成功后,汪辟疆却急流勇退,1913年左右,他去了上海,与苏曼殊等人结识。不久惊悉父亲去世,遽回故乡彭泽守丧,闭门读书五六年,不问世事。

1919 年，汪辟疆应江西实业厅长夏同和之聘，出任书记长。在昌期间，他与退居东湖的前清御史、大藏书家胡思敬交游频密，得以一窥"退庐"藏书津逮，更明确了自己从事版本目录学研究的志向。此外，他还与王易（晓湘）、王礼锡、朱希祖等名士交谊颇笃，时有往还。

为了生计，汪辟疆于 1921 年开始到南昌二中任教，又应熊育锡之聘为江西心远大学教授，1925 年又受章士钊之聘为北平女子大学教授，1928 年到南京，先后任第四中山大学、中央大学、金陵大学教授，此后他随学校避日寇至重庆，光复后回到南京，在中央大学一干就是三十多年，直到 1949 年中央大学改名南京大学，他都是本校的资深教授。汪辟疆于 1966 年"文革"狂潮骤起前夕去世，归葬雨花台望江坡公墓。

汪辟疆的学术成就，主要在诗学、文献和版本目录学研究三个方面。众所周知，他最有名的著作当数"当代诗坛排行榜"的《光宣诗坛点将录》，在书中，他接续《乾嘉诗坛点将录》的体例，将近代诗家一一进行评骘，系之水浒天罡、地煞，第之高下，公论允当。即使是倾动一时而且颇为自负的康有为、陈衍，也不得不佩服汪辟疆眼光独到与内行。据说郑孝胥曾对自己排位颇有微词，他跑去伪满洲国当汉奸后，汪二话不说把他踢出榜单，也表现出汪辟疆先德后才的立论思想。

其实汪氏的诗学成就，不只在诗词评论方面，他对近代诗学的见解，很多地方都是发前人所未发。例如他认为清诗"以近代为极盛"，有的方面甚至超过了宋诗的成就；又以地域为纲，叙述彼此之间的异同播迁。他将近代诗坛分为六大流派。《近代诗派与地域》《近代诗人小传稿》《光宣以来诗坛旁记》等都是他比较有代表性的诗学论著。

文献学方面,主要反映在唐人小说方面的研究。例如以前很多学者没有注意到唐代甘肃皇甫枚的作品,汪辟疆却从《三水小牍》一书中,辑出《王玄冲》《王知古》等六篇进行重点研究,取得很多突破,其《唐人小说》一书就是代表作。此外,他对《水经注》文献也有很多献替,进行过周密的考证,能补杨守敬之不足。

汪氏的目录学研究,体现在他的《目录学研究》一书内。此书考证精审、材料详赡,对目录学的定义、源流发展及演变等进行了细致的研究,阐幽发微,功不可没。他的《目录学研究》有很多前人没有进行过的工作,例如从其中考证了从汉代刘向《七略别录》到隋代许善心《七林》等在内的二十八种目录,梳理了中国目录学史的流变;又统计了宋代官修藏书目录就达十五种之多,超过以往任何一个时代,从而肯定了宋代版刻在图书史的历史地位;他很重视丛书的价值,对丛书的类别定义也进行了界定,指出"丛书之变迁,即学术之变迁",等等,可以说有嚆矢之功。

至哉天下乐　终日在几案

彭泽为蕞尔小县,藏书风气却很盛,从明末进士王演畴,到清代中晚期欧阳氏家族藏书,都久负盛名。如海州道台欧阳霖、翰林欧阳云兄弟,翰林欧阳熙,外交家欧阳述,以收藏书帖见称的欧阳惠叔,以及后出的陶博吾等,都是其中的佼佼者。由于汪家与其他文献之族为通家之好,所以也葆有藏书风气,累世藏书甚多，足够汪辟疆在乡守制期间恣意披阅翻读，五六年的下帷苦读，使他打下了扎实的旧学功底。

到大学任教以后，较为丰裕的薪水，为汪辟疆创造了良好的藏书条件。他生活俭朴，自奉甚俭，一有积蓄就去买书。他在南京晒布厂五号自筹资金建了一栋三层楼的房子，里面放满了图书，他为自己的藏书楼取了一个怪怪的名字，叫"小奢摩馆"，它源于梵文"奢摩陀"，翻译成中文就是"止""静"的意思，这层含义，让人想起彭泽籍翰林许业笏在弃儒禅修后取名"许止静"，也许也是这层含义。

除了小奢摩馆，汪氏的藏书楼还有一两个名称，却透露着山河破碎的悲辛：1937年12月前，汪辟疆随中央大学内迁，临行只匆匆拿了一些常用的经学和文学类的书籍。南京沦陷后，小奢摩馆的藏书毁于战火，其中比较难得的是他苦心孤诣研究《水经注》时搜罗的五十多种不同版本。此外，作为诗学研究专家，他收藏了清以来诗家别集，一度达到二百五六十种，这些珍贵古籍都在日寇的凶焰中化为灰烬。为此汪辟疆借用宋代皇室书斋"损斋"，痛心地将书斋改名"损之又损斋"，重庆简陋的书房，只好叫"读常见书斋"，表达了自己无限的愁怅与失落。到了晚年，他陆续将藏书捐给南京图书馆和南京大学图书馆，总算使"小奢摩馆"的藏书有了一个"止"和"静"的归宿。

因为自己懂书、爱书，所以汪辟疆对藏书很是珍视。除了善本书外，一般的古籍有条件的话他都收藏两部，一部收藏，一部自己批注使用，丹黄灿然，注释密布。而精藏的书，整洁挺刮，一尘不染，这都跟他细心呵护有关。他享受着坐拥书城，日夕披览，寒暑不辍，陶然世外的日子。他的藏书印，多用一长方型朱

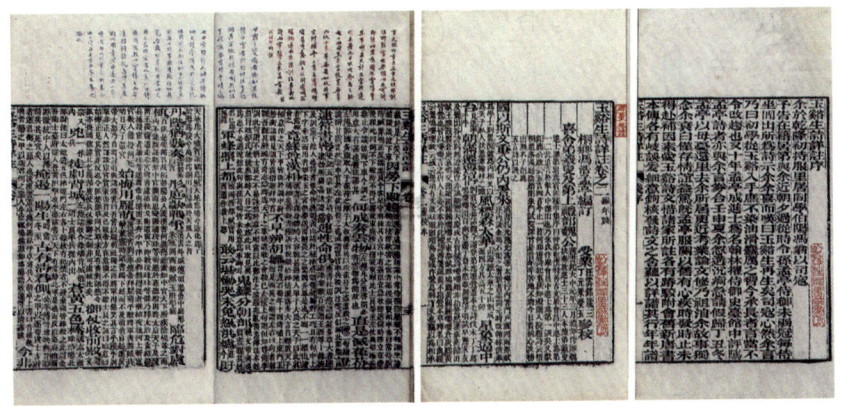

▲ 汪辟疆藏《玉溪生诗详注》

文印,内容是"彭泽汪辟疆藏书印",因为其书或毁或捐,市面上难得一见。笔者只曾见一种清初静思堂刻《钱牧斋先生笺注杜工部集》,为汪本人题签并钤有此印,售价八万;另有乾隆年间刻《玉溪生诗详注》一部,在2011年保利秋拍中以3.22万元成交。

汪辟疆为人恬淡,不计荣利。他曾与同样爱书如命的同事兼藏书家黄侃之间传有一段趣闻:黄侃藏有《元诗选》相同的两部清刻本,因好友汪辟疆十分喜欢,便出让了一部。事后黄侃获知即使是清刻本《元诗选》也是极其难得的珍本,有点后悔出价太低,想让汪补足差价,以便拿钱买别的书。于是黄写信给汪辟疆,并示以一诗,流露出自悔轻售《元诗选》之失。最初汪辟疆并未当回事,还和诗一首。谁知黄侃急了,竟登门拜访,约汪辟疆赴茶社叙谈,欲索回《元诗选》。汪辟疆仍未当真，岂知黄侃竟纠缠不已，不惜托人说项，拟以原价将书回购。汪辟疆后来考虑到该书并非自己急需，遂一笑允之。黄侃次日在日记中写道："汪辟疆肯以《元诗选》见还，令人感愧"①，从中可以看得出两人友情之率真和藏书的异趣，在此事中汪氏似乎更为超脱一些。

  善藏之家，亦必善读善用。汪辟疆曾说，一些好书要常读，他所收藏的清诗百家，自己能成诵者四五十家，其中又对顾炎武、全祖望、汪中、郑珍四家最为熟稔，"四十年间奔走南北，此四家著述未尝不以自随，且收庋各种版刻，晨昏展玩，心目开朗，亦人世之一乐也"。多读之外，就是勤记。汪辟疆在《读书说示中文系诸生》中介绍自己藏读心得，得益于勤作读书笔记。在读书的时候，要注意用不同的版本、不同的学说流派相互考异，注明出处与优劣，再将心得写成笔记。他曾描述"余于讲贯之暇，喜坟籍，往往午夜篝灯，屡忘就枕；又苦善忘，久而茫昧，爰置一册座隅，偶有会心，辄命笔札"，点明了读书笔记的积累作用。他给自己的学生订立《读书四约》，即"读书之先，先屏绝外诱，藉益志虚"；"笃信古人，勿轻谤议，铁求近功，勿忘勿助"；"前师胜于后师，目治胜于耳学，阙疑则可，奋臆则妄"；"勿求博极群书，但求博极一书"②。为此，他为学生开列十种"源头书"，鼓励学生从原典学起，多练童子功，他的学生程千帆等人，后来也成为著名学者。

---

① 黄侃：《黄侃日记》，江苏教育出版社2001年版，第371页。
② 徐雁、谭华军等：《汪辟疆和小奢摩馆》，见《可爱的南京·南京的书香》，南京出版社1996年版，第149页。

著名作家方方原名汪芳，她的祖父是汪国镇，1938年日寇进入江西，彭泽沦陷，汪国镇痛斥日军，被日寇杀害。痛不欲生的汪辟疆承担起抚养侄孙辈的义务，所以方方出生以后，以为汪辟疆就是自己的亲爷爷。在方方眼中，祖父慈祥而有趣，对孙辈尤其疼爱有加。方方甚至还记得小时候居住在南京晒布厂五号三层楼的事情，对后来的峨眉路新居印象更深，由此也能让我们一窥汪辟疆起居及藏书之所的面貌。据方方描述，在峨眉路的新宅"左玄武右鸡笼，前林后岗，风景极佳"，新房是一幢二层西式带花园的楼房，楼下住人，楼上藏书。晚辈们对他读书写字的印象也很深，即使是中风偏瘫后，汪辟疆仍用左手写字，并认认真真写上"方湖左笔"的款。这一时期他的藏书印，也多用"方湖"，这是汪辟疆老家彭泽乡里的一个小湖，取此为号，也流露出老人浓重的故园之思。

最后再说说"小奢摩馆"的故事。作为藏书的载体，"小奢摩馆"也有几次变迁。1962年，南京市政府要拓宽东海路，决定把汪辟疆、宗白华、王易、汤用彤等人的房子拆掉迁建，政府动员汪辟疆搬到南京大学宿舍的过渡房住一段时间，他积极响应配合政府号召，搬入鼓楼四条巷二十六号。在重新择址建房时，当局决定让他自己选一个地点，为他建造一栋独楼，以便做学问，最后汪辟疆选了峨眉岭上一处山坡野地，披荆斩棘，重新建房。正好他的女婿是建筑工程师，依照老人的想法画图兴工，不久以后就搬进了新家。这栋家居兼书房的建筑由政府出资兴建，在当时也是绝无仅有的旷典。① 可惜这处旧居在近年的拆建大潮中被房地产商看中,并不顾其后裔反对,最终拆了"小奢摩馆",建了商业楼盘——被誉为"国学大师"的汪辟疆故居兼藏书楼,就此灰飞烟灭。

---

① 郑逸梅:《汪辟疆筑屋峨眉岭》,见《艺坛百影》,中州书画社1982年版,第78页。

萍乡 文素松 思简楼

文氏成名，得前孙伯渊文字之助；文氏书散，又为后孙伯渊之攫，历史竟然如此巧合！

▲ 思简楼

文素松（1889—1940），字含和，号舟虚，光绪十五年十月初七日生于萍乡花庙前文家大屋。父文翰骅，生子女四人，素松居长，也是唯一的男丁。

他具有多重身份和传奇经历：系出名门，是萍乡文廷式的侄孙；以读书终身职事，却同时是一位官拜中将的武官；一心向佛，却以管理枪炮为职业；精于金石考据，却又是一位潜心内丹的武术名家。

文素松早年从江西陆军测绘学校毕业，辛亥革命时充江西湖口炮台副官。考入南京陆军入伍生队，复入湖北陆军第二学校，毕业后充陆军第八师炮一营军官追补生，再入保定陆军军官学校第三期重兵器科毕业，分发江西陆军第三混成旅炮兵营见习。又任滇军第八混成旅参谋，赣军司令部参谋。黄埔军校建立后，任第一期战术教官,并率领军校一期一队学生担任孙中山的保卫任务,获大总统四等嘉禾勋章。后参加北伐,任军校教导一团第三营营长、入伍生总队营长、黄埔军校管理部上校主任、北伐军大本营高级参谋。广州卫戍司令部参谋长,国民革命军总司令部军械处少将处长,中央兵工试验厂厂长,迫击炮训练所所长。国军编遣委员会第二分区点检组少将主任,国民政府训练总监部参事。抗战爆发后随军去重庆,任重庆党政委员会总务组中将组长。1940年4月21日因患高血压,在重庆江津病逝。①

文素松虽然寄迹行伍,戎马倥偬,但家族的文化基因一直发挥着重要作用。众所周知,萍乡文氏是著名的书香门第,文廷式的祖父文晟、父亲文星瑞既是官员也是大学者,族中兄弟文廷楷、文廷桄、文景清都是举人,各家藏书亦多。文廷式本人也富于藏书。据其妻刘品贞后来回忆说,丈夫在南京任陆军训练总监督,却兼任中央考古委员会的委员,喜欢看风水,"不吃烟,不喝酒,经常去古董店,买来古董就用显微镜看,经常看很厚的古书"。②

文素松交游颇广,曾拜在武术大师杜心五门下,主修内丹。他的师弟就是著名的武术家万籁声,文曾经力荐万氏为坠机受伤的熊式辉和杨永泰接骨疗伤。当然,文氏并不以武人自居,其交游主要集中在文人圈中。如民国二十年(1931)他为父亲营墓,曾请得乡贤陈三立撰文、金石家罗振玉隶书墓志③。最为人津津

---

① 刘品贞等:《文素松先生生平事略》,载萍乡市政协文史资料研究委员会:《萍乡文史资料》1990年第12辑,第122—128页。
② 《萍乡文物志》编辑部编:《萍乡古今》第4辑,1984年12月编印,第49页。
③ 《萍乡文君墓表》。

乐道的，就是文素松与齐白石的交往。齐白石不但其文氏刻藏印，还刻文氏所用铜墨盒，而且齐白石知道文氏中年丧子后一心向佛，遂画了一幅《阿弥陀佛图》以示安慰。1931年秋，还为文氏创作了十二开的《山水》册页，该作2011年曾以1.94亿元的高价成交。

文素松的藏书楼开始时叫"寅斋"，后来因为最疼爱的儿子文简（庆祖）在广州不幸夭折，遂取其名字中的"简"字，将书斋号改为"思简楼"，老年丧子，心中悲凉可知。

文氏在南京供职多年，又常往来上海，遂在汉府街租了一栋三层楼房，其中第三层放有几十个梓木箱子的图书文物。另外在上海英租界的摩尔明路，他也买了一栋房子，除了供母亲妹妹居住，这里也藏有三四十箱藏书。其中思简楼就是在上海的藏书之所，文素松往来沪宁之间，藏书鉴画，忙得不亦乐乎。

思简楼藏书的来源，多为其转宦各地，悉心搜访所得故家旧藏，日积月累，遂成百川汇海之势。原广东籍学者、礼部侍郎李文田的泰华楼藏书，文素松就觅得其稿本《四朝书刻纸版考》。还有一部分藏书是来自文氏家藏，文素松虽然没有从他们那里继承什么秘笈善本，但族中文献肯定不会轻易错过。如文廷式在甲午战后离京南返时，以诗文送行的友朋甚多，桐城澹然就撰书有《文芸阁学士南归诗帖》，此卷就为文素松悉心收藏。还有一种钤有"文廷式记"的《式古堂书画汇考》六十卷，清卞永誉辑，松竹斋抄本二册，原系何绍基旧藏，后归文素松，上钤有"寅斋""文素松印"，书首并有文素松题识。

思简楼大宗藏书来自各地书肆，他知道普通古籍再多，还不如购藏善本，所以倾尽全力，尽量购藏一些故家流出的钞本和稿本，从而形成自己的特色。这些与文氏所藏金石拓本一起，构成了思简楼的代表性藏书。其中重要者如后归藏书家叶景葵（揆初）的几种稿钞本，"《全上古三代文》钞本四册，见其凡例，与严稿不同，上有彭甘亭印，携归阅一过，知非严辑，不知何人著作，可异也"①，极具学术价值。台北的"中央图书馆"有一部著名的善本古籍、明代金陵王洛川校刊本《新刊大宋宣和遗事》，这部书是现在各种版本《宣和遗事》的祖本，亦系文素松"民国十四年（1925）得于南海故家"②，上面还有文氏大段的校记。上海图书馆藏有《春秋朔闰异同》二卷，清抄本，因系赵之谦校跋，所以弥足珍贵，也是文氏旧藏。普通之书散见于今日者，如嘉庆刻本赵绍祖《金石文钞》十册；无锡华恒泰稿本《红豆山庄医宝》一册；值得一提的是，他对故乡充满感情，曾想筹划创办一所学校；在参观萍乡的大成图书馆后，慨然将清初抄本《天隐和尚语录》七卷二册捐给图书馆，至今为萍乡图书馆的重要古籍。

除了藏书，文素松还热衷于收藏其他文物，这多少让人觉得有些"不务正业"，毕竟藏书家主要精力物力都集中在藏书上，才能有所成就。而文素松兴趣实在广泛，历代文物都是他涉猎的对象，如得自山西某庙的十二幅唐代壁画，明代仇英《汉宫春晓》十二条屏（今藏湖南省博物馆），陕西华阴出土的《济州刺史长这穆公杨胤墓志》等。还有一些特色藏品，如他的瓦削片的收藏也是蔚为大观，他甚至著有《瓦削文字谱》一书行世，在这一

---

① 叶景葵：《卷剩庵稿》四种，1961年铅印本。
② 马幼垣：《手校并题记王洛川本〈宣和遗事〉的文素松》，见《水浒二论》，三联书店2007年版，第431页。

方面,可谓走在古文字学的前列:

> 萍乡文素松,藏图书文物甚富。极少见者为瓦削片(即六朝时人在瓦片上的刻字,类似于偃师一带出土的"刑徒砖")。曾选印《瓦削文字谱》行世。抗战初期,文氏所藏,散在沪上,瓦削人不之识,潘承弼购得一百八十余片,悉以捐赠合众图书馆。主者不甚重视,以为与典籍无关,移交博物馆。法眼者所重为三代鼎彝、唐宋元明书画,于此类文物,亦等闲视之。实则此种瓦文,与草隶渊源有关,足资研究。犹忆曩年邹景叔得急就奇觚瓦片一,视为瑰宝,后以数万金售与日人,此瓦片即瓦削类也。①

孔夫子旧书网也曾以 4100 元的价格拍卖过一册文氏自著《瓦削文字谱》,该书为文素松签赠其堂叔、文廷式之子文公达,而又被著名藏书家潘景郑所得,上面有潘氏题跋手迹,所以才有此价。

杭州博物馆曾有他收藏过的一具青铜双鱼洗,如果用手摩擦盆沿,共振效应会使铜洗中央水珠飞溅,犹如被双鱼喷出一般。他不太在外人面前炫耀收藏,所以有的藏品就被外头吠影吠声的族众传得神乎其神,甚至有些骇人听闻。在他的家乡萍乡,人们传说他收藏有一串念珠,是喇嘛教徒所用,系用人的头盖骨琢磨而成。更有人煞有介事地传言,他还喜欢收藏头骨,曾经用紫檀

---

① 郑逸梅:《艺林散叶续编》中华书局 2005 年版,第 253 页。

▲ 萍乡文氏寅斋宝藏汉熹平周易石经残碑之印

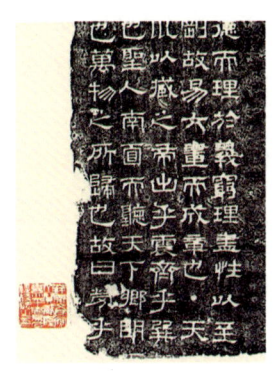
▲ 文素松藏拓片

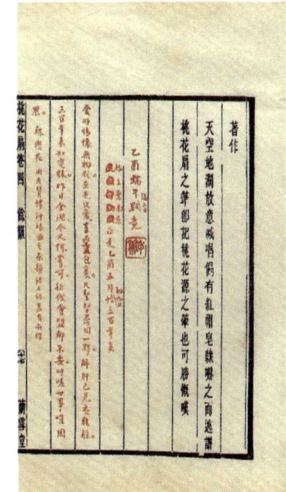
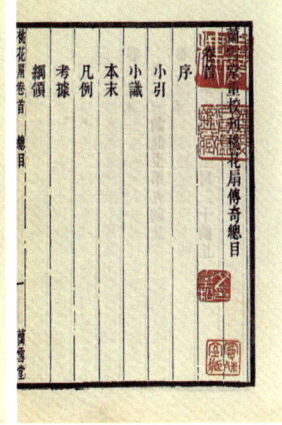
▲ 文素松藏《桃花扇》

木盒子收藏了明初名将常遇春的头骨,这当然是无稽之谈。①

文素松主要在金石学方面颇有建树,因此其著述也主要反映在这一方面。民国十五年(1926)年他曾刊行《寰宇访碑录校勘记》一卷和《补寰宇访碑录校勘记》二卷,此二书系孙星衍(伯渊)所著,文氏根据自己所知所见,对百年前的这位前贤名著一一加以校订。

文氏最有名的藏品,就是《汉熹平周易石经残碑》。《熹平石经》系享有盛誉的金石文物,相传为东汉著名书法家蔡邕书,熹平四年(175)刻于洛阳太学。书体方整严谨,挺拔峭峭,开魏隶之先声,是著名汉隶之一。原石久佚,传世所谓旧拓者皆宋、明重刻本。1922年首次于洛阳太学旧址发现后,十余年间陆续有所出土。先后合计得残石一百数十余石,残石先后为徐森玉、马叔平、文素松、陶兰泉、于右任、白坚、北京图书馆及潢川吴乐、胶县柯乐、江夏黄氏、闽县陈氏所得。其中《周易》残石,系文物贩子将完碑折成两段,将上段496字部分售与文素松,下段480字部分售与于右任,以射厚利。文氏意外获得一方国宝级文物,喜不自胜,遂请齐白石专门刻了一方"萍乡文氏寅斋宝藏汉熹平周易石经残碑之印",意犹未尽的文素松用珂罗版印行拓片,并在书前撰序说:

> 民国十八、九年,余因公往来洛、郑间。于洛河以南之米疙瘩村获汉熹平周易残碑一段,为字四百九十有六,且存

---

① 文雨村:《文素松是古董收藏迷》,载《萍乡古今》第4辑,1984年12月编印,第50页。

原碑之厚及其一边，可以考评今本之异同，与汉代之制度，书法精绝，犹其馀事也。

这块珍贵的汉碑与众多汉瓦均在日寇侵沪时被文氏埋藏地下，所幸躲过战火，后归上海图书馆藏。

最后谈谈思简楼藏书的归宿。据叶揆初《卷剩庵稿》载："闻文君素松藏书，皆为孙伯渊所得，校本抄本极多。……萍乡文素松思简楼遗书，尽归集宝斋。"① 这里孙伯渊不是大名鼎鼎的藏书家、版本目录金石学家孙星衍（伯渊），而是一位在苏州和上海开店的吴县籍书商，他的妹夫就是著名的书画家、吴湖帆弟子陆抑非。陆说他妻兄所开"集宝斋"藏书藏画甚多，令他大开眼界。② 令人觉得吊诡的是，文氏生前对孙伯渊即孙星衍的金石学最为服膺，曾倾注大量心血研究并补充孙伯渊的著作《寰宇访碑录》；而身后文氏思简楼藏书却在苏州被另外一位同名同姓的孙伯渊的集宝斋买下，陆续转售散出。文氏成名，得前孙伯渊文字之助；文氏书散，又为后孙伯渊之攫，历史竟然如此巧合！

---

① 梁战、郭群一编著：《历代藏书家辞典》，陕西人民出版社1991年版，第18页。
② 杨成寅：《非翁艺道概述》，载《新美术》1996年第17卷，第64页。

修水

陈寅恪

金明馆寒柳堂

近三百年一人而已。

▲ 陈寅恪

在江西近代史上,很少有家族能与义宁陈氏"一门三代五杰"相提并论。从陈宝箴、陈三立到陈衡恪、陈隆恪、陈寅恪兄弟,陈氏家族谱写了别样的辉煌传奇;从某种意义而言,像这样光前裕后、与国咸休的簪缨世家,在国内也是首屈一指。

绮罗高价等珠玑

义宁陈氏本是福建客家移民,清代早期从汀州府上杭县进入地广人稀的南昌府义宁州垦荒,最后定居今修水县桃里竹塅陈家大屋。到了清代中晚期,陈家走出了陈宝箴这样通过科举入仕的读书人,才彻底改变了家族的地位。陈宝箴(1831—1900)由举人入曾国藩幕,后仕至湖南巡抚,曾主持颇有影响的"湖南新政",是一位有魄力、有作为的封疆大吏;陈宝箴之子陈三立(1853—1937)为"维新四公子"之一,也是清末同光体诗派代表,近代诗坛之巨擘;陈三立长子陈衡恪(1876—1923)是近代著名画家,擅长篆刻、书法、诗文;次子陈隆恪(1888—1956),著名诗人;四子陈方恪(1891—1966)也是诗词大家;而三子陈寅恪则青出于蓝,是享誉中外的著名国学大师。

陈寅恪(1890—1969),籍贯义宁州(今修水),出生地却和父亲陈三立一样是湖南,这自然与祖父陈宝箴长期在湘中为官有关。陈寅恪出生之日,正是祖父任湘抚驻节星沙之时。由于陈宝箴父子提倡新学,中西并用,所以陈氏兄弟大都有留学海外的经历,陈寅恪也不例外。他先在家接受传统四书五经教育,打下了深厚的"旧学"基础;后留学日本、德国、瑞士、法国、美国,学习东方学和中西亚历史文化;到他35岁回国时,已经是满腹经纶的大学者。所以清华大学延请没有学历的陈寅恪,与王国维、梁启超、赵元任并称"四大国学导师",足见其学术地位之高。他的夫人唐篔,是台湾巡抚唐景崧的孙女,也是身出名门,所以陈在清华任教时被称作"公子中的公子,教授中的教授"。

身兼清华、北大研究生导师的陈寅恪一边教授佛学和边疆史,一边开始进行"以诗证史"的尝试,取得了很大突破。可惜抗战军兴,他被迫随校流亡,先后辗转任教于西南联大、香港大学和燕京大学。"南渡饱看新世局,北归难觅旧巢痕",内战结束后,他谢绝了傅斯年邀请赴台的安排,由清华大学转到岭南大学(后合并为中山大学),直到去世。

陈寅恪传世著述颇多,主要有《隋唐制度渊源略论稿》《唐代政治史述论稿》《元白诗笺证稿》《金明馆丛稿》《柳如是别传》《寒柳堂记梦》等，都是近现代学术的经典之作。

陈寅恪出身名门，却没有官宦子弟的骄矜之气。他治学严谨，博闻强记；通晓多国语言，擅长用不同领域的学术多方考证某一历史论题；他对政治不盲目遵从，平生最痛恨蝇营狗苟之事，尽管先担任中华民国的中央研究院理事，建国后又成为中国社会科学院学部委员，却从不矜炫人前，也从不以权谋私，始终保持着一个文化贵族和传统士大夫的尊严。人们就其学术与人格多有美誉，梁启超说自己著作等身，还比不上陈寅恪寥寥数百字；吴宓更将陈诩为"中国最博学的人"；傅斯年说他这样的人才，"近三百年一人而已"。

万古书虫有叹声

义宁陈氏累世藏书，余荫多滋。陈宝箴的书斋叫"四觉草堂"，陈三立的书斋叫"散原精舍"。陈寅恪的侄子陈封怀回忆说，"祖父藏书很丰富……六叔（即陈寅恪）在他十几岁以及后来自日本回国期间，终日埋头于浩如烟海的古籍以及佛书等等，无不浏览"[①]。父、祖的藏书不仅给陈家兄弟提供了丰富的滋养，也在潜移默化中传递了藏书的爱好。

陈寅恪早期的藏书斋号不得而知，我们只知道他在中山大学时期的住所叫"金明馆""寒柳堂"，我们且把它当作陈先生的书房斋号之一罢。众所周知，陈先生晚年致力于《柳如是别传》的

---

① 蒋天枢：《陈寅恪先生编年事辑》（增订本），上海古籍出版社1997年版，第20页。

撰述,他非常欣赏柳如是所写的《金明池·咏寒柳》,所以才想到以此名宅。柳如是的原词是:

> 有恨寒潮,无情残照,正是萧萧南浦。更吹起,霜条孤影,还记得,旧时飞絮。况晚来,烟浪迷离,见行客,特地瘦腰如舞。总一种凄凉,十分憔悴,尚有燕台佳句。
> 春日酿成秋日雨。念畴昔风流,暗伤如许。纵饶有,绕堤画舸,冷落尽,水云犹故。忆从前,一点东风,几隔着重帘,眉儿愁苦。待约个梅魂,黄昏月淡,与伊深怜低语。

此词为柳如是怀念故国故人最为沉痛之作,颇适陈寅恪晚年心境。他最激赏"春日酿成秋日雨,念畴昔风流,暗伤如许",最能衬托自己多病而且情绪压抑的遭际。江西士人崇尚气节,一直标榜"独立之思想,自由之精神"的陈寅恪,对名节气概十分看重,特别是1949年以后,他对自己的朋友和学生,也以这个标准重新定义,如有违反这一原则媚政阿俗者,不惜除名师门。实际上,"金明馆"也好,"寒柳堂"也罢,表面上是对明末清初一位奇女子柳如是的肯定与赞赏,其实也是陈寅恪以一位文化遗民的心境,在鼎革之际各种政治运动中保持独立人格的真实写照。他的宅第现在被改建为纪念馆,仍矗立在中山大学的校园中。人们走到这里,依旧可以感受到陈寅恪正直、独立的学者风度。

尽管陈寅恪有斋号,自己也有过"青园居士"这样的别号,但他在藏书上加盖的印却很随意,一般多用带隶意的楷书"陈寅恪印"。后来著名篆刻家方去疾为他治了一方篆文藏书印,但他并不常用,这批印后来流向了市场。

陈寅恪的藏书大多损失于战乱及"文革"。但有极少数的藏书侥幸得以保存,有的还流向了市场。2015年杭州西泠印社春拍,就上过五种陈寅恪旧藏,共计《国朝汉学师承记》(八卷,2册)、《七克》(十卷,4册)、《殷墟霾契考》(1册)、《天下才子必读书》(十五卷,2册)、《妙法莲华经论》(1册,钞本)等五种。这些书有的经郭廖的灵芬馆递藏,并无名贵珍稀古籍,甚至日本"和刻"《七克》一书,还是清初西班牙籍传教士庞迪我的著作,也在寓目之列,说明陈寅恪先生涉猎之广。

独为神州惜大儒

与那些成天只知提笼架鸟、选色征歌的"世家子弟"不同,陈寅恪可以说是嗜书如命。早在留学欧美时期,陈寅恪就大量买书,而且中西书籍都是他涉猎的对象。吴宓就说"首惊其藏书之丰富","哈佛中国学生中,读书最多者,当推陈君寅恪及其表弟俞大维。两君读书多,而购书亦多。到此不及半载,而新购之书籍,已充橱盈箧,得数百卷"。甚至他应清华大学之聘,行将返国时,也大量购置相关书籍,以至无力支付返程费用,只好托吴宓向校长曹云祥支取五千多元垫付。

读书人好书,但往往却为书所困,以致经济上捉襟见肘,炊爨不继,这种事情也多次发生在身为大学者的陈寅恪身上。特别是日寇侵华,万方多难,陈寅恪带着妻子和三个女儿冲锋冒镝辗转各地,备极艰辛。内战末期,经济崩溃,北平孤城也是物价飞涨,一夕数惊。当局发行法币不久又折改银圆券,过了一段时间

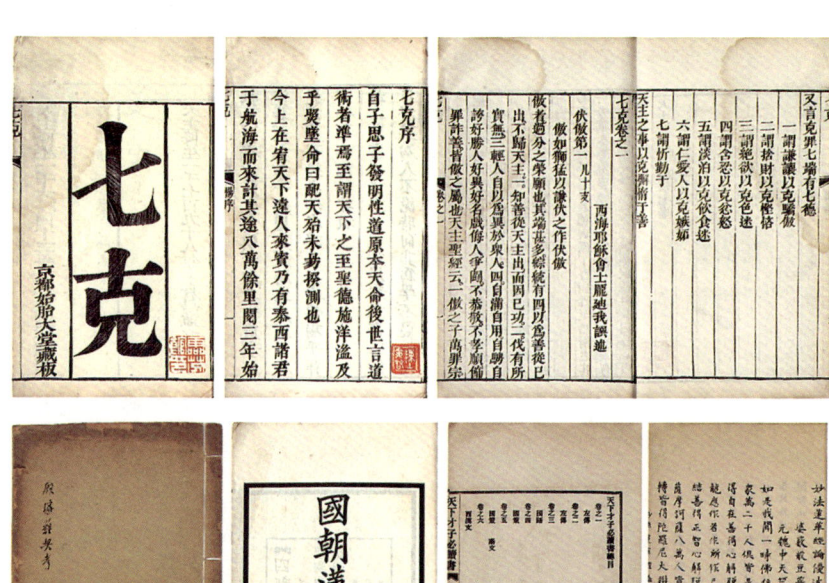

▲ 陈寅恪藏《七克》等书

▲ 陈寅恪印

▲ 陈寅恪藏书

银圆券改成金圆券,很快又贬值,教授们经常是拿着成捆的钞票买不到一斤米。陈寅恪家也很快山穷水尽、室如悬罄。他的好友、北大校长胡适知道他无米下锅,连过冬的煤都买不起却又好不意思开口向人借钱,遂用了一个变通的方法,让校方向他买一些"富余"的藏书,以当时的"硬通货"美金支付。结果陈寅恪不肯落人口舌,给了北大一汽车的书,都是西文、佛学和中亚语言文字方面的好书,却只收了两千美元。要知道,就是其中一部《圣彼得堡梵德大辞典》就值这个数。①

卖书是不得已而为之,而在战乱中书籍蒙受损失就是无可挽回的了。1937年7月,卢沟桥事变爆发,日军全面侵华,凶焰直逼平津,教育部决定将北大、清华、南开三所大学南迁。陈寅恪在离开北平赴长沙时,托付留守的侄子陈封雄把清华园家里的藏书赶紧寄到长沙来。但书到长沙时,他已经南下岭南了。1938年10月13日,长沙发生大火,火灾持续烧了三天三夜,寅恪先生放在亲属家中的那些书籍,也在大火中化为了灰烬,寅恪先生得此消息后,只能仰天长叹,欲哭无泪。

祸不单行。同年末,西南联大迁至昆明,陈寅恪也随校到昆明。他走的路线是长沙经香港、安南(越南)赴滇,陈寅恪把自己最为珍视的藏书装进了两只大箱子,交由滇越铁路部门托运。而行李托运到云南蒙自取件,却发现被坏人调了包,里面全是砖头,所有的书都不翼而飞,这对陈来讲如同五雷轰顶,却追查无门。据他后来回忆,其中丢失的好书有《蒙古源流注》、《世说新语注》和《五代史记注》,以及一些梵文佛教经典、巴利文《长老

---

① 季羡林:《回忆陈寅恪先生》;张东宝:《陈寅恪之轶事》。

尼诗偈》一部。这些书除了有版本价值之外，上面密写陈寅恪的疏注，是他研究学问的心血之作，无良小偷盗走这些书卖不到几个钱，却毁了陈寅恪的治学心力。这批书被越南小偷在当地出售，结果到十多年后的1955年，陈寅恪收到一位越南华侨的来信，说他在海防买到了这批书中的《新五代史》批注两本，看到眉批，知道是陈寅恪先生的东西，打算清理一下，把包括此书在内的藏书都奉还故主。陈寅恪收信后十分高兴，哪知风云突变，越南战事骤起，那位华侨的藏书连同家产全部付之一炬，陈的这批失物最终逃脱不了毁灭的结局。

对于一个读书人来说，生命中最宝贵的东西就是他的藏书，如果用"珍若拱璧"来形容一点也不为过。如果藏书发生意外，就是最大的打击，所以藏书"四厄"，几乎要夺去藏书家的生命。诚如吴宓先生的女儿吴学昭女士在《吴宓与陈寅恪》一书中所写的那样："那都不是普通的书籍，而是寅恪伯父多年心血的结晶；书页的空白处布满寅恪伯父写记的考证、比较和见解心得，学术价值无可比拟！"两次劫难，几乎使寅恪先生藏书的精华全部损失了，这样的损失不仅是个人的，而且是文化的一次重大劫难。[①]

给陈寅恪精神的"最后一击"，就是1966年开始的"文革"劫难。作为"封建权威"的代表，这位国学大师注定是在劫难逃。一批批"红卫兵"对陈寅恪夫妇进行了多次肉体与精神上的折磨，令两位老人痛不欲生。最后，"红卫兵"抄走了他的藏书与手稿后，老人再也承受不起这样的打击，1969年10月7日，陈寅恪

[①] 唐宝民：《陈寅恪经历的两次"书劫"》，载《阳江日报》2015年4月14日，第C03版。

在悲愤交加中离世；11月21日，夫人唐篔弃世。可以说，把读书写书当作最大快乐的陈寅恪，却在眼睁睁看着藏书与书稿被毁时"人琴俱亡"，这正是那个时代读书人与藏书家所遭受痛苦的一个缩影。

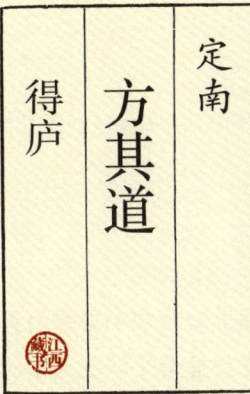

得失任天心,但愿文章惊海内;庐屋在人境,敢劳车马过门前。

▲ 方其道

如果一个藏书家没有些传奇故事,生平经历也许会显得平淡无奇;而有的藏书家生平经历过于传奇,就会使他的藏书业绩显得平淡。客家藏书家方其道就是如此:他是鲁迅名篇《为了忘却的纪念》女主人公刘和珍烈士的未婚夫,抗战时成为一名少将;抗战胜利后却贫病而卒,几乎没有人知道他曾是一位拥有众多古籍善本的藏书家。

飘零身世几经年

方其道(1893—1946),小名罗安,别名方兴,字致之,定南横江堡(今定南县历市镇车步村方屋排)人。光绪十九年二月十九日,方其道出生在赣南著名的客家围屋"虎型围"里。尽管从这座虎虎生威的围屋中走出来的方其道一生戎马倥偬，但他身上却一直有一种潜藏的浓郁文人气质。一股融溶着客家人坚韧沉毅性格基因的血液，在他身上流淌。

别称"莲花塘"的定南县其实并不大，人口也不多，但方家在城乡各姓中算是小有名气。方其道四岁由祖父方吉澍亲自教导，十四岁随舅舅黄炳焕在信丰县读书。为了出人头地，他家又将方其道送往省城南昌，就读江西陆军小学，与后来的江西省主席熊式辉同班。日后转入湖北武昌陆军预备学校，又与白崇禧同窗。方其道成绩优秀，很快又考取保定陆军军官学校，与修水廖士翘、吉安刘峙及张治中等人是同学。保定陆校本是与黄埔军校齐名的名牌军校，但那时的校长王汝贤却是个大字不识的草包，他本是袁世凯的马夫，被袁世凯委任为校长。保定陆校一直有倾向革命的传统，进步思想一直很活跃，引发了王的不满。为杀一儆百，王将被人举报违反校规禁看报纸的方其道开除，从而引发学潮，方其道愤而回赣，就读于江西省立法政专门学校法律科。1917年毕业后，他曾做过一段时间中学教师，随即投身报界。先后任《大江报》记者，用"瘦痴"的笔名发表文章，抨击时政，其犀利的笔触，泼辣的文风，受到进步青年的欢迎。

1921年，方其道在江西任《中庸报》经理期间，租住在南昌毛家园47号刘家，而刘家的女儿，就是就读江西女子师范的刘和珍。刘和珍与方其道志同道合，一起参与组织"觉社"，出版《时代之花》周刊，宣传新文化、新思想、新风尚。方其道与刘和珍在相互接触中自由恋爱，并在当年订婚。不久因"觉社"思想激进，触怒了统治江西的北洋军阀蔡成勋、方本仁、邓如琢等人，方其道被迫出走，辗转上海、湖南、广东、广西，最后入福建赖世璜部任军职。方其道将身边积蓄的八十个大洋寄给未婚妻，使刘和珍得以在南昌女子师范学校毕业以后，在教育家欧阳祖经帮助下顺利考入北京女子师范大学外文系就读，并在校中担任学生自治会主席，领导学生开展驱除顽固守旧的校长杨荫榆的运动。方其道担心她的安全，不久也北上北京，先为记者，后在该校教务处任职。

1926年3月18日，刘和珍组织女师大学生参加反对日本帝国主义侵略我国的抗议集会和游行示威，被段祺瑞反动政府杀害，年仅二十二岁。方其道抚尸痛哭，在追悼会上挂着他一字一泪的挽联："生未同衾，死难同穴，劳燕惜分飞，六载订婚成一梦；内除国贼，外抗强权，疆场共有约，白宫溅血泣黄泉"，令鲁迅等在场师生潸然落泪。

尽管方其道后来在近四十岁时娶浙江才女朱洁华为妻，但他与刘和珍的感情实在无法磨灭。自刘牺牲时起，他就承担起奉养刘和珍母亲何氏和十六岁胞弟刘和理的义务（刘和理后来还考上武汉大学）。为了担负起两个家庭，方其道不得不重新投身军界。他投在武昌、保定时期的同学，北伐军第一军师长刘峙手下任中校秘书，此后追随刘峙十三年，刘任河南省主席、开封绥靖主任，方则在河南省政府担任秘书长、战地服务团团长、少将军法处处长。到了1940年，他随刘峙到重庆就任卫戍司令，因处决政治犯问题与刘峙意见不合而辞职回到赣县，从事园艺果树工作。此时江西省境大部沦陷，日机常来轰炸，赣州情势也比较紧张。失业使方其道生活窘迫，而生性耿直的他，尽管与白崇禧、熊式辉等炙手可热的军政人物是同班同学，也从不轻易求人，所以一度到了要靠变卖藏书过日子的地步，就这样一直艰难地挺到抗战胜利，返回南昌。在省城，老同学、原江西保安处处长廖士翘中将及时施以援手，把方请到自己家里休养，并聘他到所创办的翘材中学教书。但相貌清癯、身体羸弱的方其道不久竟因风寒病故。廖士翘在日记中沉痛地记载：

> 方致之兄，少年同学。其性情爽直聪明，侪辈不多见。后工法律，任河南省政府委员兼秘书长九年，复任陪都卫戍总司令部军法处长，以主官越法而求去。回至赣县，市得陋室一所，自力耕种，毫不为苦。复以保甲长之压迫，出任测量局少校秘书者二年，勤勉奉职，丝毫不苟。三十四年（1945）被选为省参议员，携二子二女，于三十五年（1946）春乘小舟晋省。因受风寒，喉痛发热，在予寓所住廿余日，饮食起居不见苦痛，因担任翘材中学国文功课，恐误时间，移住校中，病势略觉沉重，迭经中西医治，不意竟于三月二十九日午后六时五十分仙逝，伤哉！予为其治衣棺，暂厝于校侧，并撰一联以挽之："功宣豫蜀，学究朱王，剩得一架图书，廉吏清高人共仰；交契卅年，魂归二月，忍看满园桃李，春光黯淡我何堪。"①

可叹作为藏书家的方其道，竟在光复之后倏然而逝。廖以共砚之情、同袍之谊，将好友归葬故乡定南车步乡牛皮圆小老鸦山。

---

① 廖士翘：《我生大事记》，民国三十五年三月廿九日条，南昌市档案馆藏手抄本。

人似秋云多散淡

　　方其道一生颠沛流离，倍尝苦楚，但爱书、藏书爱好从来不忍舍弃。在最为艰难的抗战时期，他也是卖掉一些可有可无的普通古籍，而保留最精华的善本。他深深懂得取与舍、失与得的关系：暂时的失去，是为了永久的得到；物质上的贫乏，是为了精神上的富足。所以他为自己的书房取名"得庐"，并题有一副嵌字对联："得失任天心，但愿文章惊海内；庐屋在人境，敢劳车马过门前。"衣食无继的方其道，却充满着自信与乐观。他教导自己的弟弟方强多读书，少玩乐。方强上中学想要他买件新衣服，他回信说"衣服穿得不丽都不失面子，无学问乃真失面子耳"，令方强终生难忘。方强高中毕业，看透了世道黑暗的方其道写信让他去投考什么大学都可以，就是不要投考中央军校和中央政治大学，"要做国家的人，不要做蒋家的人！"在方强眼中，兄长即使在做少将时，也"平时不用卫士随从，不嫖不赌，性喜买书，尤喜讲究版本"。

　　藏书家要想获得高品质藏书，就必须到文化名城和图书流通中心去访书。方其道在北京、开封这些古都和重庆这样的大后方居留，都能接触到很多藏书世家散出的古籍精椠。即使在赣南，也能遇到很多江浙西迁避乱的文化人在此出让自己的藏书，所以方其道能聚沙成塔、集腋成裘，逐渐使"得庐"藏书变得插架满前。民国三十一年（1942）元月二日，廖士翘曾专门参观过方其道在赣县绿树掩映中的书房：

（元月）二日午前，因有空袭警报，特往访方致之兄，盖一面避空袭也。其宅在小南门城根下，地势高起，可览全城，且有各种树木，诚城市中之山林。方君藏古画甚多，元、明、清历代名人作品均有，古书则有宋版、元版、明版，古砚则有砖砚、端砚，琳琅满目，扩张眼界不浅。①

在方氏藏书上，都会钤盖"莲塘方其道所藏经籍记"藏书印，此印竖长方型，朱文，两行，中有界格，古意弥浓，应属名家奏刀。印中用"莲塘"，表示自己不忘定南故里。

得庐藏书，目力所及者有清康熙年间刻汇印本宋荦《绵津山人诗集》二十九卷、《枫香词》一卷、《漫堂说诗》一卷、《筠廊偶笔》二卷《筠廊二笔》二卷、《怪石赞》一卷、《漫堂墨品》一卷；张仁熙《雪堂墨品》一卷；宋至《纬萧草堂诗》三卷，以上共八册一函，现存上海图书馆。市场上流通者，如明末常熟毛晋汲古阁刻元好问《中州集》十卷首一卷、嘉庆六年写刻本唐寅《六如居士全集》六册等。

正如前文廖士翘所言，除了古籍，方其道

▲ 莲塘方其道所藏经籍记

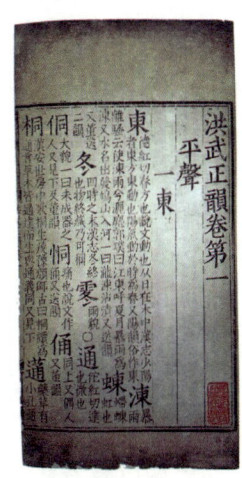

▲ 方其道藏明隆庆衡府刻本《洪武正韵》

---

① 廖士翘：《我生大事记》，民国三十年元月二日条，南昌市档案馆藏手抄本。

也收藏不少名人字画。现在留下来的，如"扬州八怪"中的黄慎《执圭图轴》、李方膺《兰芷图轴》等珍品、林则徐书《天马赋》八条屏等真迹。此外还有几百件历代碑刻拓片，这些藏品现在都归赣州市博物馆收藏。馆中还有一册方其道收藏的《墨拓麟苏园法帖》，背面全部用方其道在抗战时期的书信裱贴成册，这样"顺便"保存了大量的方其道手迹。

然而，好景不长，为了养家糊口，方其道被迫开始变卖藏书。文人都好面子，方其道不好意思公开售卖，只能悄悄送到赣县街头小店代售。民国三十一年（1942）十二月，廖士翘在赣县街头闲逛，发现一家小店有古籍出售，不禁大为惊异，"询其来源，多出自方致之先生之家，因前后市得十余种。中有《韩》文、《柳》文、《春秋四传》、《山海经》等，皆系明版。纸张、字体、墨色皆足使人悦目赏心"[①]。这说明，方其道的藏书质量在廖士翘之上，方出让的明版书算是中等藏品，却很大程度丰富了廖氏松泉园的藏书。当然方其道留下的精华还是不少，1946年他去世时方妻朱洁华的挽词中有一句："居开封、居重庆、居赣州，谁知半路分别，剩下图书满架，儿女成行"，说明还是有不少藏书遗存，只有少量散出各方。1949年以后，方其道的藏书大部分归江西省图书馆所有，书画则归赣州市博物馆所有。

最后值得一提的是，方其道三女儿方可，南京大学毕业，嫁给了兴国籍翰林藏书家谢远涵的小儿子谢传锽，倒是成就了赣南两位藏书家之间的一段佳话。

---

① 廖士翘:《我生大事记》，民国三十一年十二月二十六日条附见，南昌市档案馆藏手稿本。

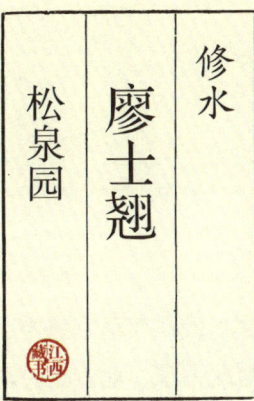

修水

廖士翘

松泉园

书虽得意,然价甚钜,又想此种书物非其他物品,随时得以买到,忍痛买收,只为国家保存一份文献,将来陈诸图书馆,更足使社会人士得想眼福,较之其他费似又胜多矣。

在近代江西藏书家中，有一位出身行伍的客家籍藏书家，他就是民国时期江西省保安处处长廖士翘中将。

奇峰万叠雁横飞

▲ 廖士翘

廖士翘（1891—1951），字卓如，清光绪十七年四月初二日，出生于南昌府义宁州安乡长坑村桃树坑，也就是现在的修水县黄沙港乡长坑村。廖氏五代之前为赣南客家，迁此附籍。他早年私塾发蒙，后进入由梯云书院改制的修水梯云小学就读。因为家境贫寒，1900年，廖士翘咨送学费全免的江西省陆军小学第四期就读，并以优秀成绩毕业，先后进入武昌陆军第二预备军官学校和保定陆军第一预备军官学校肄业，并考入日本陆军士官学校学习工兵，

1923年毕业回国，先后任广州军政部少校科员，第六军教导营营长，黄埔军校工科学生队主任，并参加北伐。1928年蒋介石创立军官教育团，委任廖为少将参议兼地形学教官。1932年回省任第三区（设九江）行政督察专员兼武宁县长，次年任江西全省保安处处长（副处长蒋经国），中将军衔。抗战时期指挥江西保安团各部坚持对日作战，屡立战功。1946年退役转而从事教育，思想上逐步倾向进步，支持子女参加地下党组织的活动，并为南昌解放作出重大贡献。1951年在"镇反"运动中被错误杀害，1986年得以平反。

万方多难故人书

廖士翘一生戎马倥偬，军机之余却好藏书。其实他交际的对象也不仅限于跃马挽强的军人，一些文化名流和藏书家如陈三立、欧阳成等都跟他有过交往，只是一般人不知道他喜欢藏书罢了。1933年开始廖士翘在庐山牯岭营建别墅，名叫"松泉园"，题刻自署"松泉主人"，拟作自己将来退憩读书之所，可惜他耗费几年心血刚刚营建停当，日寇铁蹄就践踏而来，他的"松泉园"藏读之梦遂告破灭，藏书只能跟着他从南昌开始辗转各县，不遑宁处。

廖士翘曾经留下一套日记手稿，叫《我生大事记》，共十四册，时间跨度约十五年左右，字数约20多万字。日记主要部分集中记录抗战时期的行止，笔者曾将全书披阅一过，从中勾稽出他的相关藏书活动。

廖士翘的藏书，主要来自两个时间段，一是供职南昌时期，

▲ 廖士翘藏明刻套印本《周礼》

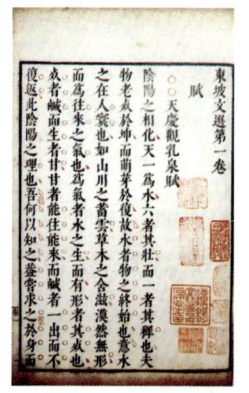

▲ 廖士翘等递藏《东坡文选》

另为抗战播迁时期。他在南昌灵应桥置有房舍（后迁墩子塘新宅），这里距戊子牌、磨正街、万子祠的"文化一条街"不远，业余时间可以在此选买书籍。这些古籍后随他漂泊各地，乱世藏书之不易，可见一斑。例如他曾以二百六十块大洋购入《二十四史》全套，南昌沦陷前搬到奉新温汤，又迁到吉安澧田，再迁泰和高城和两塘。1944年7月战事吃紧，又不得不迁往宁都，中途部分古籍浸水，令廖士翘心痛不已。①

廖士翘的藏书中的精品来自抗战时期。一方面，北方士人流播入赣者日众，为了生计及行动方便，不得不出售一些随身携带的古籍；另一方面，江西本省一些故家大族，也因日寇侵袭蹂躏，散出故物甚多。只是廖士翘身边可用财力有限，又育有六男四女，全家老小二十余口，全仰仗自己的薪俸所入，经济拮据之窘境，真是一言难尽。廖氏平常自己还得领着家人开荒种菜以补家用之不足，所以藏书一事，也是省吃俭用之外努力营求。

抗战时期廖士翘入藏古籍主要有：明刻本《王文成公集》三十一册，系廖士翘从广东曲

---

① 廖士翘：《我生大事记》，民国二十九年十月二十六日条，南昌市档案馆藏手稿本。

江回泰和途中,经过赣州石渠阁时买入。石渠阁原在南昌,因为日寇犯赣而迁此。此书刊刻精良,只惜封面破烂,遂交由吉安重新裱订。廖士翘认为王阳明是一代大儒,也是文武双全的军事家,是自己效仿的榜样,而王阳明一生功业,恰在赣州、吉安,在此得到这部善本也是天意,所以他表示"予固当珍藏之,子孙亦宜宝之"①。一个月后他在泰和又买到一部《山谷内集》,上有陈三立跋语,认为"当属善本,可宝之"。笔者判断此书应该是陈三立光绪二十五年(1899)仿宋版影印的那套黄庭坚诗文全集,玉扣纸精印,二函十六册,内集二十卷,外集十七卷,别集二卷,印刷精美,纸张坚白。此书为陈三立延请湖北黄冈著名刻工陶子麟刻成,行世后名盛一时,成为清代覆宋刻本之典范,所以廖士翘爱不释手。②

抗战胜利后,廖士翘也曾在南昌书贾罗某处买入一套元刻本《资治通鉴目录》十二函七十二册,明版《四书》一部二十册,开价每本万元(法币),最后以三十一万元忍痛买下。廖士翘说,"书虽得意,然价甚钜,又想此种书物非其他物品,随时得以买到,忍痛买收,只为国家保存一份文献,将来陈诸图书馆,更足使社会人士得享眼福,较之其他费似又胜多矣",读来令人感佩不已。③

廖氏藏书中的精品,大体继承自莲塘方氏遗物。方氏奕世

---

① 廖士翘:《我生大事记》,民国三十三年正月十八日条,南昌市档案馆藏手稿本。
② 廖士翘:《我生大事记》,民国三十三年二月二十九日条,南昌市档案馆藏手稿本。
③ 廖士翘:《我生大事记》,民国二十五年元月条附见,南昌市档案馆藏手稿本。

书香，到了方致知（之）也就是方其道手上达到最高峰，然后败落。方其道为廖士翘陆军小学同学，曾任河南省府委员兼秘书长、陪都卫戍总司令部军法处长，退职后寓居赣县，民国三十五年（1946）三月二十九日在南昌去世。"藏古画甚多，元、明、清历代名人作品均有；古书则有宋版、元版、明版；古砚则有砖砚、端砚，琳琅满目。"[1] 方在世时就开始变卖藏书，民国三十一年十二月，廖士翘在赣县街头发现有古籍出售，不禁大为惊异，"询其来源，多出自方致之先生之家，因前后市得十余种。中有《韩》文、《柳》文、《春秋四传》、《山海经》等，皆系明版。纸张、字体、墨色皆足使人悦目赏心"[2]。方氏去世后，更多藏书散出，现在江西省图书馆所藏善本古籍中，每多钤有"莲塘方冀道所藏经籍记"者，大多曾是方氏之物而归诸廖士翘递藏，如《韩》文、《柳》文等书，今均妥藏于江西省图书馆。

廖士翘虽然不以书法鸣世，但公馀颇喜临池，有时还为友朋挥翰题字，所以金石碑帖也是他收藏的内容之一。如民国二十二年（1933）春末，他入藏宋拓《天发神谶碑》四册、《秦汉金石集珍》四册、《北魏嵩高灵庙碑》、《汉玄儒先生娄寿碑》、《李阳冰城隍庙碑》等数种，虽然比不上临川李宗瀚、泰和欧阳辅那样热衷于原碑原拓，但他藏以致用的精神还是可嘉的。[3] 其他书画类藏品如在吉安所购明仇英所画仕女图一幅，上有唐寅题字，古色

---

[1] 廖士翘：《我生大事记》，民国三十一年元月二日条，南昌市档案馆藏手稿本。
[2] 廖士翘：《我生大事记》，民国三十一年十二月二十六日条附见，南昌市档案馆藏手稿本。
[3] 廖士翘：《我生大事记》，民国二十二年五月末条附见，南昌市档案馆藏手稿本。

古香，虽然品相残破，但廖认为毕竟是真迹，等战争结束后修补一番还堪寓目。①

按廖士翘自己的说法，"书画、图章、古瓷、古镜等皆予所喜"，除了古籍，他还收藏了一些其他类别的文物。1928年后南昌拆除城墙开马路，一些墓葬陆续出土了不少古瓷，1933年廖士翘曾花了几百元大洋买了一批。他的藏瓷甚至吸引了在赣的德国军事顾问莱谢劳将军亲到他家观赏，但廖自己感觉对古董不是太在行，他曾在吉安买得宫款端砚一方，一直对真赝拿捏不准。至于他认准了的东西，就舍得花大价钱买入。1943年他曾在吉安买入唐宋时期犀角觥觚一个，花掉了他一千四百大洋，可以说是不惜血本。其他的零星藏品，如岷山游击队钟石磐副司令送给他缴自敌酋的日本倭刀一柄，则是一件特殊的战利品。

最后谈谈廖士翘的藏书印。廖自己对印石颇为讲究，至少也算是半个行家。1940年12月他在上饶访宝源斋老人，买得田黄图章石数方；1941年底西泠印社名家周礼（沃士）流寓泰和，廖曾邀其夜宿，对床大谈田黄、鸡血、鱼脑冻、都成坑、尼姑寮等印石名品，如数家珍，廖当即请周礼为治印数方。廖士翘的藏书印和名章，可能就出自周礼之手。② 省内另一位篆刻高手王迪惠（宗涛）也为他治过一方"廖士翘五十后书"印，以供用于书法作品，前后陆续为廖刻印二十余方，当然其中哪些属于王氏所刻，

---

① 廖士翘：《我生大事记》，民国二十八年二月十二日条，南昌市档案馆藏手稿本。
② 廖士翘：《我生大事记》，民国三十年十二月廿七日条，南昌市档案馆藏手稿本。

▲ 廖士翘

▲ 廖士翘

▲ 修水廖士翘珍藏经籍记

则不得而知。①

满天凉露满天秋

抗战胜利以后,廖士翘曾想规划传统文化与教育的复兴事业,他在日记中说:"有一种新事业之萌想,即集合海内有名学者,研究各种学问,使我国学术权威宣扬于世界,增高民族地位也。"他打算把自己在星子温泉附近买的地皮上创设一个文化村,开设包括建立文化、经济、交通等学科,他还提到"于庐林建设藏书楼",想把自己的藏书也捐献给未来的图书馆,"藏书楼宜分中、西图书室及字画金石陈列室",他剖白心迹说,"天下无难事,只怕心不专,予愿意为此事而尽瘁,想天必助我成功也"。廖士翘这一理念,也说明了自己的藏书的态度。此前他告诫过子弟:"富贵之家,声威赫赫,钟鸣鼎食,车马盈门,然不数年或数十年,屋颓门圮,亲朋冷落,古人所谓世禄之家,鲜克有终。惟积善之家,书香继世,历数成而不稍衰。予亦常见之,故'积钱不如积书'之格言足以信之无疑也。予素持此主义,

---

① 廖士翘:《我生大事记》,民国三十一年二月二十三日条,南昌市档案馆藏手稿本。

而对于积书，尚未力行，时以为憾。"只是可惜内战爆发，他在庐山设立一所新式大学，并将藏书悉数捐出的想法根本不可能实现。

尽管廖士翘生前没来得及实施，但他藏书的公益思想一直还是很强烈的。1942年廖士翘入藏方氏遗书后就表示过，"以后予当不断求之，如能收藏至汗牛充栋，于修江筑一图书室，公诸于青年寒士，则予愿足矣"。1951年他被冤杀后，藏书以"反革命分子"的财产的名义被没收，由文管会转交江西省人民图书馆接收，现在成为江西省图书馆的公共藏书。世事无常，历史以这种方式实现了他"为国家保存一份文献，将来陈诸图书馆，更足使社会人士得享眼福"的愿望。

现在江西省图书馆所藏廖士翘藏书，以元明刻本，特别是明末多色套印本见称。仅著录于《江西省图书馆馆藏珍本古籍图录》（江西人民出版社2010年12月版）的廖氏藏书，就有明嘉靖十四年徽藩崇古书院刻本《锦绣万花谷》一百二十卷；嘉靖三十五年杨慎《艺林伐山》二十卷；嘉靖三十五年莫如士刻《韩》文五十一卷、《柳》文四十七卷；嘉靖四十三年《两汉书抄》十五卷；嘉靖刻本《春秋四传》。套印本古籍，洵为廖氏藏书特色，如万历朱墨套印《选诗》七卷，《周礼》二十卷，《东坡文选》二十卷，五色套印本《刘子文心雕龙》二卷，堪属精品。

究廖士翘藏书事业，因其毕竟是军旅藏书家，花在古籍鉴藏与精椠时间肯定不多，因此颇有欠缺之处。比如他对自己的藏书整理、管理和利用不够，没能留下藏书目录之类的文献，使我们对他藏书的数量把握不准；也没有过抄书、校书、刻书之举，与同道交流也比较少。廖士翘还有一个在雅致方面值得疵议的问题，就是他常用的藏书印"修水廖士翘珍藏经籍记"本来刻得不错，但他加盖于古籍上的印泥质量，实在不敢恭维。笔者目力所及十余部廖氏藏书，大多印油漫漶，以致我怀疑他是否是用办公用的劣质印泥所钤，虽然说战争条件下谈不上熏沐焚香来做赏心乐事，但准备一盒八宝印泥应该不难。笔者还看到廖氏所藏两部古籍，即明代嘉靖四十三年（1564）刻的《两汉书抄》上藏书印竟都盖倒，又在印边重新加盖一次的尴尬事，寓目及此，令人瞠目，纯属率尔操觚之举。

无论如何，廖士翘藏书毕竟历尽劫波，如其所愿地在身后进入公藏序列，与他多舛的命运相比，也算是一种善终罢。

| 万载 | 龙榆生 | 风雨龙吟室 |

炫昼仍留鸥背日,飘蓬犹恋劫余生。

近代词学大家龙榆生有着不同常人的经历：他出身名门，父亲是晚清进士，著名学者；他与汪精卫有同门之谊，于是抗战胜利之后被指为"汉奸"而陷牢狱之灾；新中国建立以后，历次政治运动他都榜上有名，却被邀请与毛泽东同桌欢宴；"文革"开始，龙榆生在劫难逃，不幸罹难。

▲ 龙榆生

极天烽火悲重九　撼地寒潮逼四围

1902年3月19日，龙榆生出生于万载县株潭镇凫鸭塘。株潭界于湘赣之间，是著名的工商业大镇，以烟花爆竹为特产，百姓生活颇为富足。龙氏家族是株潭乃至万载的望族，他的父亲龙赓言（1853—1940），与文廷式、蔡元培、董康等同是光绪十六年（1890）进士，

▲ 风雨龙吟室

曾在安徽桐城、宣城等地做过知县，后来又在湖北安陆、随州等地做过知府，一度还做过江南乡试同考官。辛亥以后，龙赓言回到万载创办集义小学，龙榆生就是在父亲的亲自教育下熟读了《史记》的前传、《文选》等文史名著，并学会了诗词骈文。

1916年，龙榆生身体孱弱，几次经历大病几死。像这样的情况，去上北京大学的愿望已不太可能实现，龙榆生心情极为沮丧。1921年春，他的堂兄龙沐光介绍他去武昌高等师范学校拜著名学者黄侃（季刚）为师，学习声韵、文字及词章之学，后又追随黄侃前往苏州、扬州游历。此后龙榆生往返家乡与上海之间，艰辛为稻粱之谋，直到1924年至1928年上半年受聘任教厦门集美中学，生活才略为稳定。期间，龙榆生拜闽派诗人陈衍（石遗）为师，后经陈衍介绍，担任上海暨南大学国文系讲师兼国立音乐院诗词课，翌年升为教授。在暨南期间，龙榆生开始研究词学，并与当时的诗词大家新建夏敬观、修水陈三立、程十发、夏承焘等切磋学问。最为重要的是，他拜著名词学大师、"清末四大家"之一的朱祖谋（彊村）为师，奠定了扎实的词学基础。1931年12月，朱祖谋去世，临终前将自己的遗稿和校词用的朱墨双砚相授，表示龙成为他的衣钵传人。1933年4月龙榆生开始主编发行《词学季刊》，总共出版11期，发表了大量词学论述，最终奠定了他成为"近代四大词家"之一的历史地位。

1937年8月13日淞沪抗战爆发后，上海成为沦陷区。1940年2月，得知孤岛中的龙榆生儿女众多、生活窘迫的情况，朱祖谋的另一弟子、汪伪政权主席汪精卫任命他为立法院立法委员兼汪的家庭教师，旋又任命龙为中央大学文学院院长。这些职务后来成为龙榆生"从逆"的证据，抗战胜利后，龙榆生被捕，先后关押于南京老虎桥监狱和苏州狮子口监狱看守所,最终被判处有期徒刑12年。龙榆生被关了两年零三个月,直到1948年2月5日,才由夏承焘的弟子潘希真等设法将他保释出狱。

上海解放以后,龙榆生才真正获得新生。他先任上海商务印书馆编审部馆外编审,又受陈毅接见,转任上海市文物管理委员会编纂,1950年秋改任文管会研究员。1951年调任上海博物馆编纂、研究员、资料室主任。1956年2月,在陈毅的安排下,龙榆生特邀列席政协第二届全国委员会第二次会议,2月6日晚受中共高层款待,与毛泽东、周恩来、董必武、邓小平、彭真、郭沫若等同桌把酒论诗,这可能是他一生中最春风得意的时光。

回到上海以后,龙榆生转任上海音乐学院民乐系教授,专心致志地从事词学研究与音乐教育,甚至有余力与赵朴初等人一起研究佛学。但好景不长,"反右"开始后,1958年龙榆生被打成"右派",被安排去上海社会主义学院脱产学习,直到1961年9月摘掉"右派"帽子。期间他还满怀希望地向毛泽东寄送词学著作,以冀得到庇护。"文革"开始后,龙榆生还是未能幸免,1966年11月1日,龙家遭上海音乐学院造反派查抄,书稿文物悉被扫空,对龙打击甚大,终日神情恍惚。5日,龙榆生肺炎复发,高烧不退,渐至昏迷,18日凌晨,龙榆生因病发心肌梗塞,与世长辞。

炫昼仍留鸥背日　飘蓬犹恋劫余生

龙榆生是集读书、著书、校书和藏书为一体的学者,其整理校订词学著述最成体系,也最有特色。如1940年至1945年间龙榆生在南京时，为回避汪伪政府的政治活动，他潜心闭门读书，倾全力进行词学整理。此间完成了父执文廷式《云起轩词》的重校集评工作。文廷式与龙氏父子同为袁州府人，又与龙榆生父亲龙赓言系同榜进士，文氏所著《云起轩词》走的是苏、辛一路，气象豪迈，加上词学理论与龙榆生相近，所以龙榆生不但为其整理遗稿，还整理出版了文廷式的其他著作如《纯常子枝语》等。当时钱仲联撰《文廷式年谱》，就得到了龙榆生资料上的大力支持。另外，恩师朱祖谋及同仁作品集《沧海遗音续集》也是龙榆生加以校辑出版。1949年以后，龙榆生校订了朱敦儒的《樵歌》和《苏门四学士词》。《苏门四学士词》于1957年8月由中华书局出版，分《淮海居士长短句》《豫章黄先生词》《晁氏琴趣外篇》《柯山词》四种三册。此集的出版，非但在于利用善本校勘，富有版本参考价值，更重要的是龙榆生调动了自己的词学体验，丰富了对词的标点。正如他自己所说："宋人词在句读上也常有些出入，不能像后来订词律的弄得那么死。这里面确有不少养料，惟在读者善于吸收而已。"龙榆生的这些活动，在中国现代词学史，乃至学术史上都留下了浓墨重彩的一笔。

龙榆生自己的著作主要集中在对词的起源、词的发展、词的创作、词的艺术风格以及作家作品进行全面探讨，重点放在唐宋词。撰有《词体之演进》《今日学词应取之途径》《清真词叙论》《漱玉词叙论》《南唐二主词叙论》《苏辛词派之渊源流变》《苏门四学士词》《东坡乐府综论》等论文。1940年以后，龙榆生论词多转向清代，先后编撰了《近三百年名家词选》《晚近词风之转变》《论常州词派》《陈海绡先生之词学》等。在音韵学方面，还撰有《论词谱》《论平仄四声》《令词之声韵组织》《填词与选调》，及《词学十讲》《词曲概论》这两部晚年的讲义,成果极为丰硕。

很多藏书家的藏书斋号命名都与自己的经历或藏书理念有关,龙榆生也不例外。他的别号多变,斋号也不一而足,这与他多舛的人生经历息息相关。龙榆生的母亲杨玉兰是龙赓言的侧室,在他6岁时就去世了。母亲的早逝,使得他的童年缺乏母爱的温暖,加上身体瘦弱,所以性情孤僻内向,不太愿意与别人交流,在心理上总觉得有一种说不出来的孤独情怀和不安定感。他后来取了一些诸如"忍寒词客""怨红词客""荒鸡警梦室主"等感情色彩偏晦暗悲戚的别号,也是心理的自我暗示。其实他的字是"沐勋",意思是"家族的恩典与荣耀",但他宁愿常用一个叫"龙七"的号,这不仅是模仿古人的习俗,也确实因为他在堂兄弟中排行第七。龙榆生品性孤傲高洁,所以性爱修竹,自己也常画竹,中年以后还用过"箨公"一名。当然,他最常用的斋号是"风雨龙吟室",诗词集也叫《风雨龙吟室词》,还请了江西同乡夏敬观、欧阳竟无和胡先骕写了序;1955年,著名画家吴湖帆为他画过一幅《风雨龙吟室图》,由书法家沈尹默题诗,此图描摹如虬龙般的苍松劲柏之下,如磐风雨之中,数椽茅屋,一卷缥缃,主人正在手校词谱,气定神闲。此画寄兴修远,气象开阔,与其早年襟抱不开的"忍寒"心境大为异趣,倒是能反映龙榆生后来词学苏、辛的壮阔气蕴。

"风雨龙吟室"中收藏了龙榆生游历南北所购图书,特别是大量词学文献和琴谱,包括极为稀见的明代琴谱和诗词集。上世纪三十年代,龙家已有藏书数十箱,数量近万册,只可惜在抗日战争中辗转散失颇多。1949至1964年之间,龙榆生先后将藏书中善本分别捐赠予上海图书馆、上海音乐学院、浙江省图书馆、

▲《风雨龙吟室》(吴湖帆绘,沈尹默题诗)

广西省图书馆、南宁市图书馆及杭州大学图书馆,其中包括王鹏运、朱祖谋、沈曾植、俞陛云、曹元忠、吴梅、赵尊岳等人的手稿以及包括批注点校的词学文献,又上述诸人间往来论学之信札,亦捐赠无遗。这些图书及手稿丰富了近代词学研究的史料,也是"风雨龙吟室"藏书的精华。其中有一件流入市场的康熙年间宋荦刻《施注苏诗》,也是龙榆生旧藏,2012年曾拍出105800元的善价。

"文化大革命"开始以后,感觉到风雨欲来的龙榆生首先烧掉了自己数十年所写日记,但他没想到这场浩劫如此深入彻底。当他最后一批图籍和自作诗词稿尽被"红卫兵"抄走,几乎全部被毁,龙榆生也由此愤然辞世。真是

"风雨"满城,"龙吟"不再。

1979年,龙榆生恢复名誉。此后,他的著作单行本陆续重印,张晖著《龙榆生年谱》也得以面世。2015年,洋洋九大册的九卷本近千万字的《龙榆生全集》正式出版。历史最终记住了这位伟大的词人。

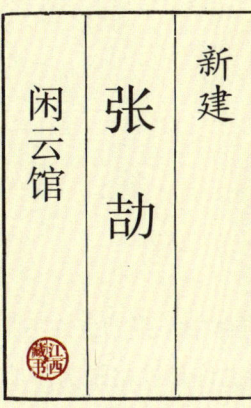

喜蓄书及借抄,不婚不宦,恐以累其心也。

在近代江西藏书家群体中,张劼也许不是藏书数量最多的一位,但这位"单身贵族"也许是性格最为鲜明,也最具士人风骨的藏书家之一。

案头环壁列奇书

张劼(1890—1945),字蕴青,号瑟斋,别署"杏隐后人",原籍新建,居于南昌。因其十世祖为明末大学士张位,张位致仕后退隐于南昌东湖杏花楼,常与汤显祖等人时相过从。张劼取王勃《滕王阁序》诗"闲云潭影日悠悠"之意,创"闲云馆"于东湖边,藏书颇多,其中不乏宋、元善本。明清易代以后藏书散出,部分归李明睿所有,藏于阆园之圣沙楼。清初江西战乱频仍,古籍尽毁于兵,到张劼这一代,几乎没有任何遗存。张劼以相国后人自励,重取"闲云馆"为楼名,也有矢志恢复先人旧观之意,藏书上多钤此印。

张劼僻居南昌永和门内(今南昌大学二附医院附近)戴家巷,

◀ 张劼藏宋应昇《方玉堂诗草》

四邻为菜圃，均为张氏族人所业。百十年来张家衰落为灌园翁者比比，只有他家还算保留了一点读书人的面子。张劼之父为私塾先生，勉力把次子张勖送到日本早稻田大学学农。张劼自民国初年自江西第一师范毕业后，也被父亲送去了日本明治大学学了一年法律，尽管学习时间不似欧阳祖经、宋育德、廖士翘等人长，甚至比他的老师熊译元也少一年，但他仍在留日一年中努力学习了英文和日文，略能通读英、日书报。回国以后，张劼在江西一师附小任教。一师后来并入南昌第一中学，他就成为一中附小的老师。当时一中条件比较好，老师待遇一直比较稳定，因此张劼安心在附小从事教育事业，一干就是几十年。

为了致力藏书事业，张劼一生没有成家，没有妻子儿女，在家况上颇似宋人林和靖，只是他没有梅妻鹤子,而是以书为终生伴侣。为了购书,他平常省吃俭用,也尽量不与人应酬,也不过问窗外纷乱的时事,只管做自己的学问。但是这并不表明张劼只是一个沉溺于古书中的书呆子,他收藏有当时的"禁书"如《新青年》《新潮》《创造周报》等先进读物,甚至购藏了英文和日文版的《资本论》,他从书刊中了解世界各地时政风云,只是平常不为人知罢了。表面平静如水的"闲云馆",其实同样激荡着一颗爱国之心。

典籍优游南面王

▲ 闲云馆藏

"闲云馆"坐落于戴家巷内一大片菜园子中间,是一幢新建的三进平房,大门朝南,朝东有一个侧门与巷道相通,除弟弟张勖住在前一进外,中间一进和后面张母所居那一进,全是张劼藏书之所,四面不是书架就是书箱,由于积书成山,光线又不好,所以张劼白天自己索书还要用手电筒去找。当时他所服务的南昌一中接收了大部分原经训书院的好书,而论典藏质量而言,逊色"闲云馆"远甚,在当时的省立图书馆,有些图书如方志等,均不如此处精善。另外,张劼颇重视西学,自己藏书中有一部分是英文原版的数学书,其中有一套据称是"英国最古老的数学杂志"。

张劼的生活简单却有规律：每天下午放学就往南昌的旧书一条街的戊子牌、磨子巷走，从扫叶山房、点石斋、石渠阁到文翰阁等旧书店，每天都要巡视一遍，看看有没有新收进来的古籍可供采买。除了过年，不论风雨，张劼一年四季都是如此"巡书"。另外，他还定期收到南京、北京及上海等地书肆寄来的书目，一些善本及大部头的书，大多从这一渠道获得，因此张劼的藏书越来越多，而生活方面仍俭于自奉，每天只是一些豆腐青菜、咸菜稀饭，他平常不吸烟、不喝酒，只喝点香片茶。据他的学生回忆，在印象中，他永远只穿一套衣服，即学校发的黑制服，顶多天冷加上一件旧大衣，雨天穿长统皮鞋，每个月工资七八十元，除了十元供自己和母亲生活费用外，全部贴在书上了。从某种意义上说，张劼是一个不折不扣的藏书家兼"苦行僧"。但在他自己看来，生活并不单调，书籍给了他一个丰富的精神世界，坐拥书城，如南面而王，自得其乐，有道不孤。

即使如此，张劼并不是一个读死书而不近人情的人。对张劼一生倾敬有加的学生熊德基（1913—1987），于张劼老师受知最深、感情最切。熊不但在这里受到张劼老师版本目录学方面的启蒙，而且在这里接受了进步思想，为日后参加反对军阀独裁的革命活动奠定了思想基础。在熊眼中，张劼老师正直仗义，平常不苟言笑，但对自己的学生很爱护，是一位真正的绅士。例如有的亲友穷困潦倒，向张借钱接济一下，他抓个五元十元塞给他们，从不问他们什么时候还（五元可供当时平民一个月的开支）。某次一位平日经常攻击诽谤张劼的同事被军警追捕，慌不择路跑到"闲云馆"，张劼二话不出，把他藏在书橱中，送菜送饭十多天，一直到局势平静安然脱险为止。熊德基在北平求学，信中偶然提及北京物价很贵，没想到张劼给他寄来一部明版《两朝从信录》，叮嘱他卖掉以改善生活。熊知道老师爱书如命，但在道义方面一点也不含糊，自己变卖老师心爱之书实在受之有愧，便把书又寄了回来。南昌市长伍毓瑞慕名前来拜访，张劼不卑不亢、不激不随，只泡一杯茶、一包烟，从容待客，一如平素，又以文武之道，一张一弛（伍为军旅出身），官民殊途，绝不回拜。①

从严格意义上来说，张劼也并不是与外界绝缘。他与一些藏书家同行也有着很深交谊。例如欧阳成对他不婚不娶，钻研文献的精神颇为感佩：

> 新建张劼，明大学士位之后也。年三十八岁，专治旧学，欲著《江西艺文志》一书，多所搜录。喜蓄书及借抄，不婚不宦，恐以累其心也。昔柯惟骐将著《宋史新编》自割势以坚其志，未及张君之自然也。闻吾颇有异书，踵门造访，亦今日有志之士也。②

欧阳成日记中记录两人交往有六七处，时间大多在欧阳成返赣客居南昌期间。其中还提到欧阳成为了审查省志馆有关宋应星的传记，向张劼请借宋应昇《方玉堂集》孤本八册，并进行了誊抄，正是张劼的慨允，使此集能传播世间。

---

① 熊德基：《追念张劼老师》，载《江西大学学报》（社会科学版）1980年第3期，第74页。
② 欧阳成：《南云精舍日记》稿本，1933年12月5日条。

张劼与欧阳成的交往，也见诸张的学生熊德基的记载中，只是熊德基不知道这位操着吉水腔的藏书家是欧阳成罢了：

> 大约在一九三三或三四年间，只有一个在税务局工作的外地人，四十多岁，经常星期日来他家，风度很潇洒，有点名士气，每次来后都是斜倚在他客厅的藤卧椅上吸着烟谈书。有一次，那个人耻笑四库馆臣有些也是徒有虚名：《四库存目》中指斥明人张燧的《千百年眼》而不收，可是却在《正目》中收了他的集子，其实，《千百年眼》就在集子里！张老师连声赞同，也举了个例子。以后我问到这个人，他说，"他有钱，版本学很精，倒买了些好书"。来往有一两年，我也未听说他去那人家回看过没有。①

谈到张劼藏书，就不得不提他在藏书方面的启蒙老师熊译元，熊领他进入藏书事业令他终生难忘，性格耿直的张劼，甚至为捍卫老师的名誉不惜放弃到手的宝贵工作。那是日军

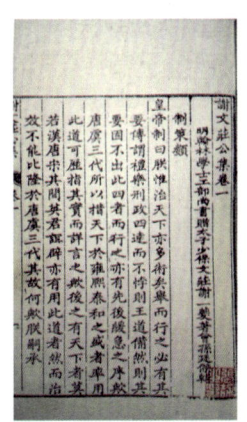

▲ 张劼藏嘉靖刻本《谢文庄公集》

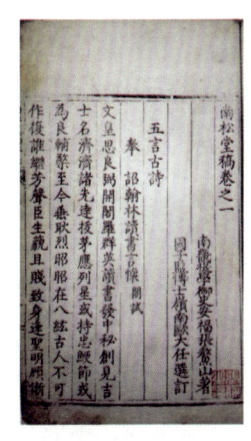

▲ 张劼藏万历刻本《张鳌山集》

---

① 熊德基：《追念张劼老师》，载《江西大学学报》（社会科学版）1980年第3期，第74页。

陷赣时期，张劼从南昌逃难到万安、遂川教点书，失业后又到临时省会泰和，此时已是身无分文。经王咨臣介绍，他去见江西通志馆的负责人南丰吴宗慈，张吴两人相谈甚欢，吴当即聘请张为通志馆编辑。在座的协纂万载辛际周，听说他是熊译元的弟子，却悠悠地说了一句"丰城熊译元先生对版本目录学也不甚了了"，张劼闻听此言，愤而退回聘书，继续过着流落街头的日子。①

闲云馆藏书在1938年6月赣北沦陷后，开始分批撤离南昌，总共有一百多箱。张劼将珍贵书籍用船运到松湖街（在新建与丰城之间）的学生家秘藏；又把《四部丛刊》、《古今图书集成》和其他一大批杂志，运到弟媳即张勋之妻李氏的新建昌邑乡老家庋藏。家中还存余一批书刊，实在无力运走，只能凭天由命。南昌沦陷以后，张劼远在吉安，日夜牵挂两处藏书，几乎夜不能寐。没有人知道，藏书对于孑然一身的张劼来说，是他的全部生命。有人向他建议，与其让藏书处于敌焰寇氛威胁之中，不如抢运到敌后来，全部捐给新成立的中正大学，张劼慨然应允。中正大学方面也很高兴，但校长胡先骕却招募不到勇士冒险去敌占区偷运古籍，只能望书兴叹。

丧失了心爱的藏书的张劼，感觉自己就是失去灵魂的躯壳。他痛恨日寇使自己弃书别宅、辗转流离，也痛恨日寇使无数平民背井离乡，生灵涂炭。在吉安、泰和一带流落的张劼就食弟弟张勋寓所，一有空就去酒楼宣讲抗日，讲得慷慨激昂，直至涕泗纵横，不能自已。在旁人眼中，这个掉光头发的老头是一个"怪

---

① 王咨臣：《忆明相国后人藏书家张劼老师》，《新建县文史资料》第3辑，1990年内部出版。

人"、"疯子",谁又能理解这位爱国藏书家的内心世界?在日寇进行殊死挣扎的1945年初,江西战事吃紧,省政府不得不再次迁往宁都,部分职员疏散到更远的山区。正是在这样的背景下,张劼随难民逃到武夷山下的黎川县,他没有看到几个月后日寇投降、南昌光复的那一天,这位不幸的藏书家最后客死黎川,去世的具体时间都无从考证。

1950年"土改"开始后,人们在松湖镇发现古籍一百多箱,新建文化所闻讯及时赶到,将书运往江西省人民政府图书馆保管。经原南昌乡村师范校长涂闻政先生鉴定,这正是张劼"闲云馆"藏书。1954年,负责整理古籍的王咨臣先生遂请江西省图书馆将这批闲云馆藏书与其他古籍一起全部接收。张劼生前将藏书捐为公藏的愿望,到此终于实现。[1]

名山事业千古传

据王咨臣先生估计,张劼"闲云馆"藏书多达十万卷。其中多为江西省、府、州、县志,还有明末清初时期纸张洁白、墨色如漆的善本书,包括他的祖先张位的《问奇集》《闲云馆集钞》《词林典故》,临川陈际泰《已而集》,新建熊文举《雪堂先生集选》等。由于特殊原因,很多种在乾隆时期被列为禁毁书,为此张劼还专门写成一部《清代禁书著录江西先哲著述及传略》,著录江西作者二百零一人,书二百六十余种,依其所属府县及时

---

[1] 周建文、程春焱主编:《江西省图书馆馆史》,江西人民出版社2010年版,第95页。

代,各系小传。

闲云馆最为宝贵之书,当数明代奉新宋应昇《方玉堂集》。宋应昇虽然不如宋应星日后声价之重,而宋应星的生平交游,恰可从乃兄诗文中窥豹一斑。《方玉堂集》二十八卷,根据欧阳成的记载,张劼为此支付了八十大洋,这正是张劼一个月全部的收入。此书为乾隆二十四年宋应昇的曾孙宋瑾刻于宜黄,白口,每半页八行,满行十八字,但据笔者观察,此集序跋应该是利用崇祯刻本原来的版片,"祯"字等均未避清讳。加上集中一些"违碍字眼",使此书列入清代禁毁书目,传世颇罕。另外闲云馆藏新昌(今宜丰)胡维霖《白云洞汇稿》也是一种比较罕见的禁毁书,现均藏江西省图书馆,《四库禁毁丛书》据以影印,嘉惠士林。

作为江西籍藏书家的张劼,最主要的精力是地方文献的搜集整理,而且立志要修一部《江西艺文志》。他曾告诉熊德基及其前来启蒙的妹夫王咨臣,阮元在南昌校刻注疏《十三经》,编《皇清经解》,基本是自己不动手,只列个书目,全依靠江西的一些重要门人来完成,最后的结果,江西经学家的作品一概不用。张劼分析说,这既有江西自清代以来学术落后于江南其他省份的原因,也有自己不注意保存、整理和宣传乡邦文献有关。清代中期金溪人王谟有感于此,发愤编辑《豫章十代文献略》;清末到民初,陶福履和胡思敬又先后辑刻《豫章丛书》,都是有功于桑梓的。各地的方志,对自己地方的文献存佚漠不关心,只知道蹈袭前文,不知道去核对搜访,拾遗补阙。尤其《艺文志》一门,粗疏浅陋,近乎于无。而近代以来,遗书渐出,新著又至。虽然时局不靖,但做学问的人,还是要抓紧时机搜集乡邦文献,以便在时局稳定时大干一番事业。为了实现这一愿望,他开始整理资料,梳理脉络，陆续草就了一些篇目。张劼甚至挤出一点钱来去买彩票，希望自己有朝一日中个头奖，然后把这些钱去续刻新辑《豫章丛书》。从中可以看出，张劼为代表的一批有着崇高理想的有志之士，在内忧外患之际，宁愿亏待自己的工作生活条件，而愿意把所有精力与积书都用于文献整理事业，这种高尚情操十分让人感动不已，也足令那些拥好书、居奇货，或秘于高阁，或炫于人前的所谓"藏书家"们汗颜。

附录一 近代江西藏书家分布图

附录二 近代江西藏书家关系图

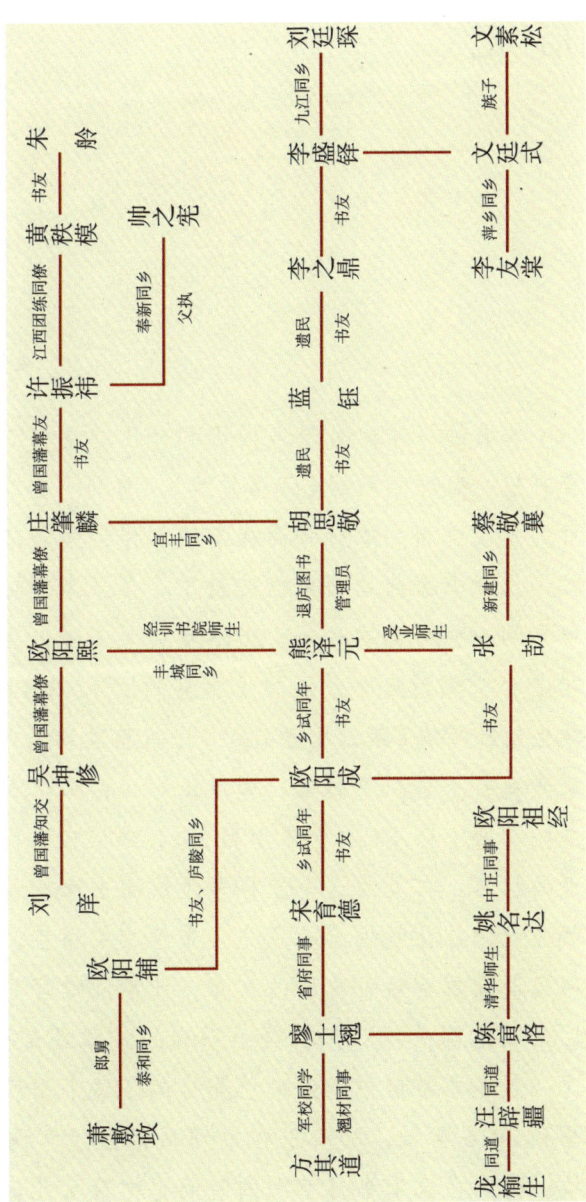

后 记

　　本书的写作，有很多内因和外因。早在2001年的时候，曾有机会整理欧阳熙《荣雅堂集》，看到一些有关近代江西藏书的零星资料。那时我尚在丰城工作，所居二水厂一带就是另一位藏书家熊罗宿家族的村子。在泉港横坊和白马寨，都曾见到一些前贤的藏书。2013年赴英交流，曾将伦敦大学亚非中心所藏新建蔡敬襄的手稿复制回来；2014年暑假，组织学生对欧阳成《南云精舍日记》进行整理和录入，算是为藏书家研究打下了一个基础。那年正好江西师范大学的苏米老师主持了一个杂志叫《艺术鉴藏》，我建议在里面开设一个藏书家的栏目，打算为这个专栏写近代藏书家的稿子，苏先生慨然应允，并让责编云从龙先生布置相关事宜，于是就写了第一篇谈熊罗宿后补史堂的文章，此后陆续写了十多篇，尽管后来杂志因故停刊，但这个系列的文章还是坚持写下来了，这一点是非常值得感谢两位先生的。这个系列断断续续一直写到2016年初，那时正在办理从南昌大学调到出版社的手续，得以在三个半月空闲的时间里把最后几篇完稿，心里才算安心下来。

　　为了查找江西近代藏书家有关的史料，利用各种书刊资料和网络资源必不可少，特别是对书信和日记史料的利用，让我们更容易深入到藏书家的内心世界。我坚持尽最大可能亲自去藏书家的故乡看看，查阅谱牒和其他资料，以使传记更翔实和准确。在泰和上田萧氏"退观楼"旧迹，吉水林桥欧阳成"南云精舍"故址，奉新锁石帅氏"五千卷书室"遗存，我们的感受想必是与众不同的；我总忘不了在考证藏书家生卒时间过程中，胡亚东先生说起外祖父葛第春被"镇压"时，在电话中号啕大哭的情景。

　　至于本书的名字，记得以前访学燕园，买到过台湾学者苏精的《近代藏书三十家》，觉得这种写法和提法很有意思，甚至先后买了两本。我知道江西近代藏书事业与一些发达地区无法相提并论，但有毕竟比没有好。把先辈的故事发掘出来，也是一种告慰与传承。

　　在本书即将绣梓之时，巧遇著名藏书家韦力先生在江西的访书之旅，有幸陪同韦先生奔赴各地实地考察藏书楼及书院建筑，感佩韦先生的执著与坚毅。想到这本小书如果能请到这位藏书界执牛耳者的序言，是何等快慰之事。所幸韦先生很爽利地满足了我的意愿，寅夜写成了序言，披读一过，颇感愉悦与惶恐，衷心感谢韦先生率直的勉励与批评。

　　最后要感谢为本书写作提供帮助的江西省图书馆馆长周建文先生和副馆长何振作先生，古籍特藏部主任陈学军女士及古籍部各位老师；感谢江西省博物馆副馆长叶蓉女士；江西省和南昌市档案馆的老师；南昌王令策、廖垠之、陈勇军；奉新张旭东、樊明芳；九江胡亚东；泰和萧剑勇诸先生和学生曾瑶的帮助。还有学苑出版社的孟白社长的支持，洪文雄、陈佳两位编辑的努力，才有这本小书的面世，感谢你们。

2017年2月15日，剑川毛静草于雕龙虫馆